Dieser Band gehört zu einem auf 16 Bände angelegten Abriß der deutschen Literatur vom Mittelalter bis zur Gegenwart, dessen Charakteristikum auf dem Wechselspiel von Text, Darstellung und Kommentar beruht.

Die Reihe ist als Einführung vor allem für Schüler und Studenten konzipiert. Sie dient selbstverständlich auch allen anderen Interessierten als Kompendium zum Lernen, als Arbeitsbuch für einen ersten Überblick über literarische Epochen.

Das leitende Prinzip ist rasche Orientierung, Übersicht und Vermittlung der literaturgeschichtlichen Entwicklung durch Aufgliederung in Epochen und Gattungen. Die sich hieraus ergebende Problematik wird in der Einleitung angesprochen, die auch die Grundlinien jedes Bandes gibt. Jedem Kapitel steht eine kurze Einführung als Überblick über den Themen- oder Gattungsbereich voran. Die signifikanten Textbeispiele und ihre interpretatorische Aufschlüsselung werden ergänzt durch bio-bibliographische Daten, durch eine weiterführende Leseliste, ausgewählte Forschungsliteratur und eine synoptische Tabelle, die die Literatur zu den wichtigsten Ereignissen aus Politik, Wirtschaft, Kunst und Wissenschaft in Beziehung setzt.

Die deutsche Literatur

Ein Abriß in Text und Darstellung

Herausgegeben von
Otto F. Best und Hans-Jürgen Schmitt

Band 14

Philipp Reclam jun. Stuttgart

Expressionismus und Dadaismus

Herausgegeben von
Otto F. Best

Philipp Reclam jun. Stuttgart

Universal-Bibliothek Nr. 9653 [4]
Alle Rechte vorbehalten. © 1974 Philipp Reclam jun., Stuttgart
Durchgesehene und bibliographisch ergänzte Ausgabe 1978
Satz: Brönner & Daentler KG, Eichstätt
Druck und Bindung: Reclam, Ditzingen
Printed in Germany 1984
ISBN 3-15-009653-7

Inhalt

Expressionismus

Einleitung

Man wird der Vielgestaltigkeit und Vielschichtigkeit der um 1910 einsetzenden Strömung des Expressionismus am ehesten gerecht, wenn man sie als »Sammelbewegung« versteht und den Begriff Expressionismus als »Sammelbezeichnung« verwendet. Gleiches Lebensgefühl verband die Angehörigen der sogenannten expressionistischen Generation, machte sie zu Schicksals- und Leidensgenossen, für die Ahnung und Erfahrung einer gesellschaftlichen Katastrophe Aufforderung zu revolutionärer Wandlung waren. Revolution des Geistes sollte politisch-gesellschaftliche Revolution nach sich ziehen.

Durch die erstrebte enge Verklammerung von Kunst und Leben, die Bindung künstlerischer Intention an außerästhetische Zielsetzung, wurde jedoch das eine dem andern ausgeliefert. Das Scheitern der politischen, lebensverändernden Revolution konnte nicht ohne Folgen bleiben auf die künstlerische. Das Wort von der »Zunge ohne Hände«, die »zu sprechen« wagt, wandte sich jetzt gegen die, die Wort und Aktion im Programm aneinandergekettet hatten. Diesem extremen Spannungsfeld, das aus der erzwungenen Verbindung des subjektiven Für-sich-Seins der Kunst mit zeitbezogenen Gesellschaftspostulaten entstand, verdankt sich das Überragende wie das weniger Geglückte und Mißlungene des Expressionismus.

»Wandlung«, »Erneuerung«, »Steigerung« waren die zentralen Schlagworte der neuen Bewegung, vielfältig beschworen, gläubig verkündet. Die Aufforderung »umzudenken« (Reinhard Johannes Sorge) sollte ein neues »geistiges« Zeitalter heraufführen, einen neuen Menschen schaffen, empirischem Positivismus wie Materialismus ein neues geistbezogenes Lebensgefühl entgegensetzen. Kunstwende sollte Weltwende bewirken, »die Wiedergeburt der Gesellschaft

aus der Vereinigung aller artistischen Mittel und Mächte«
einleiten (Hugo Ball). Die Kunst, in der Geist und Stoff
einander durchdringen, galt als Wegbereiterin einer neuen
»Epoche des Geistigen« – Hoffnungen, Erwartungen,
Glaubenssätze, vor mehr als einem halben Jahrhundert ausgesprochen. Ernüchtert, voll Skeptizismus und vielleicht sogar mit leisem Neid blicken die Nachgeborenen, die die
Herrschaft von Ungeist und Unmenschlichkeit erlebt haben
und noch immer erleben, zurück auf den großen, Geist und
Seele gleichermaßen ergreifenden Aufbruch, der Individuum und Gemeinschaft, Gesinnung und Aktion, Kunst
und Leben in einer erneuerten Welt zusammenzuzwingen
suchte. »Die Welt kann nur gut werden, wenn der Mensch
gut wird«, schrieb Kurt Pinthus 1919 und formulierte damit bündig die neue Aufgabe des Kunstwerks: Es sollte
zum Träger missionarischer Gesinnung werden und seine
Zweckbezogenheit durch erhöhte Spannung zur Faktizität
des Geistigen hin ausgleichen. Nicht Reproduktion, sondern
Produktion lautet die Forderung. »Der erneuerte Mensch«,
schreibt Alfred Wolfenstein, »wird diejenige Kunst lieben,
von der er selbst sich gezeugt fühlt. Eine neue Einheit von
Leben und Kunst kann triumphieren. Diese Einheit wird
nicht wie in vergangener Epoche dadurch entstehen, daß
Natur die Kunst bestimmt: Sondern die Schöpfung der
Kunst soll zur Schöpfung des Lebens werden.« Dem Dichter fällt damit die Rolle des »Künders« zu, der das »Wesenhafte«, das »Sein« zu erfassen und ihm zum »Ausdruck«
zu verhelfen vermag. In der Kunst solle der »Verwirkli-
chungsprozeß nicht von außen nach innen, sondern von innen nach außen gehen«; es gelte, »der inneren Wirklichkeit
durch die Mittel des Geistes zur Verwirklichung zu helfen«,
denn der Geist löse »die Welt auf, um sie, erlösend, neu zu
schaffen«. Die Kunst münde »in den Willen der Menschheit [...], ins Ethische, ins Politische, fraglich, ob zum Besten der Kunst, sicherlich zum Besten der Menschheit« (Pinthus).

Im Rückblick bietet sich die Bewegung des Expressionismus dar als zerbrochen, gescheitert. Sie war von vornherein dazu verurteilt, da der innere, nur in der Vorstellung lösbare Widerspruch, den ihre Zielsetzung barg, zum Scheitern führen mußte. Der Preis für die »Erlösung« des Künstlers in der Gemeinschaft bestand letztlich im Verzicht auf »neue Form«. Während jene Expressionisten, die das sittliche Ideal vom »neuen Menschen« auf Kosten ihrer Kunst realisieren wollten (wie Becher und Johst), schließlich nur durch die Erinnerung an ihre Ziele fortlebten, blieben jene, denen es vor allem um das »Ästhetische«, um die »neue Form« ging (wie Benn, Einstein), in ihren Werken lebendig. Aber inwieweit sind sie überhaupt noch relevant für die ethischen Postulate, die in Programmen und Manifesten des Expressionismus eine so sichtbare Rolle spielen? Mit anderen Worten: diese Bewegung wollte mehr sein als Literatur, sie stellte der Kunst Aufgaben, die sie nicht zu bewältigen vermochte. Demaskieren sollte die Kunst und zugleich Neues stiften, den kritischen Blick auf die bürgerliche Gesellschaft richten und der Divination, dem »inneren« Sehen, dem »Schauen« obliegen. Sie forderte Freiheit, Menschlichkeit und Teilnahme, wandte sich, zu brüderlicher Hingabe aufrufend, gegen Egoismus und Partikularismus, verband in diesen Forderungen jedoch gottgleiche Selbstverantwortlichkeit mit der Unbedingtheit menschlicher Teilnahme, was lähmenden Widerspruch bedeutet. Daß sie wirksam sei, die vielen erreiche, erwartete man von der Kunst, daß sie die Zeitgenossen in einem ihnen verständlichen Symbolkanon anspreche und dennoch das Geheimnis der Kunst bewahre, das in der spielerisch-unaufdringlichen Verschmelzung von Geist und Stoff, Sinn und Sache besteht. Zu dem Widerspruch zwischen forensischer Effektbezogenheit als Eindruck, sach- und erscheinungsbezogen, und verinnerlicht-artistischem Ausdruck, der mehr und anderes sucht als sich selbst, trat, in ihm sich spiegelnd, jener von subjektiver Leidenschaftlichkeit, vitalistischem Impuls und objektiver, geisterfüllter Formung, von irrational-visionärem Entwurf und rational-gesellschaftsgerichteter Forderung. Der Glaube suchte sich in der Ekstase, der Vereinigung von sinnlichem und religiösem Empfinden, verwandelnde Bahn zu brechen, doch Dauer vermag die Ekstase nur im Bild zu gewinnen. Wandlung setzt Ablehnung voraus, Zerstörung von Bestehendem; durch Abwendung ist sie Demaskierung und durch Hinwendung zu Neuem zugleich utopische Projektion. Die Irritation am Dasein, an einer gott- und geistfernen Zeit, deren Mißklänge als allzu schrill empfunden werden, schafft Sehnsucht, die über sich hinausweist, sich im Gegenentwurf objektiviert. Sie schlägt sich in einer Bild- und Symbolwelt nieder, die zum Bekenntnis herausfordert und, zuletzt, zur Aktion drängt. Das Prinzip des Geistes, der Verstofflichung sucht – »Die Realität muß von uns geschaffen werden. Der Sinn des Gegenstands muß erfüllt sein« (Kasimir Edschmid) –, hebt sich jedoch in dem Maße auf, wie es sein Ziel nicht nur lautstark verkündet, sondern den heuristischen Wegweiser zur begehbaren Brücke zu machen sucht. Das Problem der Avantgarde besteht ja seit Menschengedenken darin, daß sie sich in dem Maße ad absurdum führt, wie sie ihr Ziel, Beseitigung des Bestehenden, Nachrücken an dessen Stelle zu erreichen sucht oder gar erreicht.

Die Intention der Wandlung drängt danach, sich in drei Richtungen zu realisieren. Höchstes Ziel ist die Verwirklichung des Absoluten im Kunstwerk und dessen Einwirken auf die Zeit. Die zweite naheliegendere, weniger anspruchsvolle, aber weitreichendere und folgenreichere Möglichkeit bietet sich als Aktion, Veränderung der Gesellschaft, also dessen, was den »Unterbau« des Geistes darstellt. Zur Einwirkung auf die Zeit, in zerstörerischer Spiegelung sie fassend, durch Grotesk-Kunst oder Anti-Kunst, die das Absolute schließlich im Nichts verwirklicht und zeitlicher Beschränkung enthebt, führt der auf zynischer Abwehr und Resignation beruhende dritte Weg. Expressionismus als ästhetische Ausdrucksart, Aktivismus als politisch-soziale Gesinnung, Grotesk-Kunst, Dadaismus als ihre extreme Steigerung sind nur andere treffendere Namen für diese dreifache Entfaltungsrichtung der Wandlungsidee.

Die Vertreter expressionistischer Kunst setzten in Manifesten und programmatischen Aufrufen, die sich häufig als kaum verhüllte Propaganda darboten, in zahllosen Deklamationen und Äußerungen, was sie für neue Maßstäbe hielten; sie verkündeten Kriterien, denen die neue Kunst gerecht werden sollte. Damit wurde idealistisch die Wirkungsrichtung verkehrt: statt neuer Kunst aus einer verwandelten Gesellschaft hatte sich eine neue Gesellschaft aus gewandelter, visionärer Kunst zu ergeben. Das folgenreiche Mißverständnis bestand darin, daß der Geist die Gesellschaft und nicht die durch Revolution umgeformte Gesellschaft den Geist verändern sollte. Der gleiche Geist, wäre zu ergänzen, dessen Ohnmacht, so er sich nicht mit der Gewalt der Waffen ungeistiger Mächte verbindet, tausendfach erwiesen ist. Gerade das Geschehen im 20. Jahrhundert hat aufs deutlichste gezeigt, daß die Initiatoren einer Revolution zuerst die gesellschaftlichen Verhältnisse umbauen müssen, ehe sie daran denken können, neue künstlerische Normen zu verwirklichen. Weder verändert der Geist das Fleisch noch umgekehrt: beide stehen in Wechselwirkung zueinander. Deshalb verfiel mit dem Scheitern der Revolution von 1918 auch der Glaube an die gesellschaftsverwandelnde Kraft der Kunst.

»Gegenüber den vergangenen Künsten ist das eigene jubelnde Ja dieser bis in ihre Form hinein von ihrem Ethos durchklungenen Kunst: Menschen hervorzurufen – zu wirken, daß die menschliche Tat die trägen Umdrehungen des Gegebenen rings herrlich überwiege. Ihr Klang ist Welt, – nichts festeres als sie! Diese niemals Erstarrung duldende Welt reißt die Wirklichkeit sich nach. Sie ist über den Ländern und Bürgern der Utopie des unendlichen Menschen.« Solcher bergeversetzende Glaube an die Macht des Geistes, wie er aus Wolfensteins Bekenntnis spricht, verweist auf den Bereich religiösen Erlebens. Opposition gegen den Materialismus des 19. Jahrhunderts mit seinem determinierenden Wissenschaftsglauben, das Verlangen nach Wiederbehausung im kosmisch-transzendenten Bezug brachte eine Erneuerung religiöser Dichtung im überlieferten Sinn, führte aber darüber hinaus, was in diesem Zusammenhang äußerst wichtig ist, zu einer Definition von Dichtung überhaupt als »religiöser Dichtung«. Entmythisierung und Entmythologisierung ließen in einer Zeit, da die traditionellen Religionen ihre Unfähigkeit bewiesen hatten, auf die Probleme des Menschen eine Antwort zu geben, ein Vakuum entstehen, das der Kunst Aufruf und Antrieb sein konnte. Ablehnung der bürgerlichen Gesellschaft und der etablierten Kirchen resultierten aus der gleichen kritischen Haltung. Die Expressionismus-Forschung hat diesem messianisch-sinngebenden und auf Transzendenz im religiösen Sinn deutenden Aspekt des Expressionismus bislang in ungenügendem Maße Bedeutung beigemessen.

Im Vokabular der expressionistischen Dichtung, deren Gottesbegriff, wie Wolfgang Rothe gezeigt hat, sich in weitgehender Übereinstimmung mit jenem der dialektischen Theologie befindet, spielen denn auch Wörter wie »Licht« und »Geist«, Begriffe wie »Liebe« und »Güte« eine dominierende Rolle. Der Neuentdeckung der Seele als Revolte des Irrationalismus, getragen von Rückzug auf das Ich, der »Einkehr in sich selbst« (Paul Kornfeld), »Thronerhebung des Herzens« (Franz Werfel), Innerlichkeit auf der einen entspricht Wiederbelebung des »verschütteten Geistbegriffs spezifisch gnostischer Schattierung« (W. Rothe) auf der anderen Seite. Geistreich statt Gottesreich. Und wie für das Christentum die fast zweitausend Jahre umfassende Erfahrung in Enttäuschung mündete, durch den Widerspruch zwischen Sein und Schein ständig äußerster Zerreißprobe ausgesetzt, da sein Messias als ein Erschienener, nicht als ein Kommender gesehen werden muß und der »neue Mensch«

damit als Realität zu gelten hat, so konnte auch der Expressionismus, der die Kunst, durch ihre Bindung an Gesinnung, Aktion und indem er sie beim Wort nahm, ihres utopischen Aspekts beraubte, letztlich zerbrechen und sich im grauen Licht der Wirklichkeit auflösen. Die Dichtung vermochte weder Heil noch Heilung zu bieten, noch den absoluten Anspruch der Botschaft mit der Verbindlichkeit der eigenen Wahrheit im Glauben an den Geist zu versöhnen. Aus dieser Verwurzelung im Geistig-Religiösen ist es wohl vor allem zu erklären, daß die marxistische Kritik, vertreten durch Georg Lukács, die auf Religion und Transzendenz verweisenden Voraussetzungen ablehnt. Für Lukács ist die expressionistische Bewegung lediglich eine neue »quantitative Steigerung der Verlorenheit und Verzweiflung«, Ausdruck der »Ratlosigkeit einer wurzellosen und zersetzten kleinbürgerlichen Intelligenz, als kleinbürgerliche Großstadtpoesie«. Das ist indessen nur ein Gesichtspunkt, der die gesellschaftliche Relevanz des Expressionismus in Frage stellt, aber damit das Gesamtbild verzerrt.

Die historische Distanz läßt das Massiv am Horizont, einzigartig in der Literatur des 20. Jahrhunderts, als einheitliches, scharf umrissenes Gebilde erscheinen; andererseits ist es gerade diese zeitliche Entfernung, die die Komplexität, das Widersprüchliche an ihm um so deutlicher sichtbar macht. Es ist inzwischen üblich, die Zeit von 1910 bis 1925 die Epoche des Expressionismus zu nennen. 1960 schrieb Richard Brinkmann in seinem Forschungsbericht *Expressionismus:* »Ein dichtungsgeschichtlich erfüllter Begriff des Expressionismus löst sich in weiten Bereichen der Forschung langsam aber sicher auf. Was konkret bleibt, ist im allgemeinen ein Kollektiv-Begriff dieses Namens für ideologische und soziologische Phänomene, die durch die sozialen und politischen Tatsachen und durch die ganze Atmosphäre der Zeit bedingt zu sein scheinen, wie sie ihrerseits diese Atmosphäre mitbedingen.« Hätte demnach Georg Lukács mit seiner Wertung von außerästhetischen Gesichtspunkten nicht so unrecht und wäre unter dem Expressionismus eine Bewegung zu verstehen, deren »geistiges Zentrum«, wie Walter Muschg sagt, »jenseits des Ästhetischen« liegt? Ist es denkbar, daß wir, die Nachgeborenen, verstrickt in einen historischen Ablauf, den bereits die Vertreter des Expressionismus vergeblich zu regulieren suchten, erst Abstand gewinnen mußten, um sachlich respektvoll zwischen Gesinnung und künstlerischer Leistung, Gemeintem und wirklich Neuem zu unterscheiden? Tatsache scheint zu sein, daß der Begriff des Expressionismus als Bezeichnung für eine Literaturrevolution ernsthaft in Frage gestellt wird, sobald man die Analyse auf das eigentlich Künstlerische, das sich in der Sprache und ihrer Struktur darstellt, konzentriert und sich dazu bereitfindet, den ideologischen Ballast, die ethischen und metaphysischen Elemente beiseite zu lassen und auf effektvoll-pathetische Gesinnungsäußerungen kühl zu reagieren. Aber was bleibt dann?

Isoliert man, in Übereinstimmung mit Gottfried Benn, die Begriffe Vision–Protest–Wandlung als Ausdruckscharakteristik der expressionistischen Bewegung, so entspricht dieser Dreiheit ein Dreischritt, der sich, wie erwähnt, in den Bewegungsphasen Expressionismus–Aktivismus–Dadaismus fassen läßt, wobei freilich der Dadaismus nicht Ausdruck der erstrebten Wandlung sein kann, sondern gerade als Zeugnis von deren Ausbleiben, also als eine Art zum Teil parallel sich vollziehender Reaktion auf das Scheitern des zentralen Postulats expressionistischer Vision verstanden werden muß. In der Auseinandersetzung zwischen dem ausgreifenden Pathos und der brutalen Faktizität unterlag das Geistige. Nach der Befreiung von der zweckbezogenen Botschaft feierte es seine Auferstehung — im Gelächter des Dadaismus, als Zurücknahme des Absoluten, das der Expressionismus dem bürgerlichen Relativismus entgegenzusetzen versucht hatte, in die reine Kunst. Verzicht auf inhaltliche Fixierung, »die Idee der kreativen Irrationalität und die Idee des schöpferischen Spiels [...] (gegenüber

einer Zeit des durch die Technologie geschaffenen Massen-
menschen und einem geniezerstörenden überaus wirksamen
Zwangssystem)« (Richard Huelsenbeck) öffnen ihm eine
neue Möglichkeit der Realisierung höchster Freiheit – im
Nichts, als Absolutem.

Herausforderung durch die Zeit schafft Gemeinschaft, führt
zu Abwehr in gemeinsamer Zielsetzung. »Aber man fühlte
immer deutlicher«, heißt es im Vorwort zu *Menschheitsdämmerung,* »die Unmöglichkeit einer Menschheit, die sich
ganz und gar abhängig gemacht hatte von ihrer eigenen
Schöpfung, von ihrer Wissenschaft, von Technik, Statistik,
Handel und Industrie, von einer erstarrten Gemeinschafts-
ordnung, bourgeoisen und konventionellen Bräuchen. Diese
Erkenntnis bedeutet zugleich den Beginn des Kampfes gegen die Zeit und gegen ihre Realität. Man begann, die Um-
Wirklichkeit zur Un-Wirklichkeit aufzulösen, durch ihre
Erscheinungen zum Wesen vorzudringen, im Ansturm des
Geistes den Feind zu umarmen und zu vernichten.« Abwehr
und Angriff im Namen des Geistes, der als das Menschlich-
ste am Menschen gesehen wurde, gegen sterile Verwissen-
schaftlichung des Daseins, die drosselnde Mechanisierung
des Lebens nicht weniger als gegen Historismus und Deter-
minismus, gegen die als einseitig und gewaltsam empfundene Akzentuierung des Stoffes, der nach durchdringender
Belebung durch den Geist verlangt. Es ist schwer zu sagen,
was am Expressionismus nur Experiment, das sich nicht
als solches verstand, sondern in ekstatischer Anstrengung
dem gelungenen Vollzug gleichgesetzt wurde, und was als
wirkliche produktive Gewinnung künstlerischen Neulands
gelten kann.

Die entscheidende künstlerische Leistung des Expressionis-
mus lag in der Zeit vor dem Ersten Weltkrieg, mit dem sich
bestätigte, was Ahnung und Bewußtsein empfunden hatten.
Ihre Wurzeln reichen zurück bis zu Nietzsches Predigt von
Einsamkeit, Antihistorismus und dionysisch-ekstatischer
Daseinserhebung, zu Wedekinds antibourgeoisem grotesken

Überrealismus, Ibsens analytischer Symbolik, Dostojewskis und Tolstois sozialkritischer Mystik, zu Walt Whitmans weltumarmenden Hymnen und den französischen Symbolisten, allen voran Baudelaire, deren Erlebnis des Nächtigen, Bösen sich als Sehnsucht und Klage in vollendeter Form aussprach. Die Zeit um 1910 erwies sich als unerhört produktive Phase, in der das Erlebnis des Widerstands gewaltige Kräfte entband und Autoren wie Däubler, Kaiser, Döblin, Stadler, Benn, Trakl, Heym erstmals gedruckt wurden. Es ist die gleiche Zeit, in der die Zeitschriften *Die Aktion*, *Der Sturm* (1910), *Das neue Pathos* (1913), *Die weißen Blätter* (1915) zu erscheinen begannen. Während des Ersten Weltkriegs, in dessen Gefolge sich das Bild der Welt völlig verändern sollte, verstärkte sich in dem, was als eigentlicher Expressionismus definiert wurde, mehr und mehr die Stimme politisch-revolutionärer Dichtung und übertönte es schließlich als Aktivismus. Mit der Niederlage, die nach dem Scheitern der Revolution doppelt spürbar wurde, gewannen Ernüchterung, Skepsis die Oberhand, verlor der Expressionismus seine schöpferische Virulenz, seine Vitalität versickerte im Echo auf das Tagesgeschehen. Rhetorische Begeisterung trat definitiv an die Stelle von poetischer Intensität.

Es wäre noch von den Folgen zu sprechen. Sie sind nicht abzusehen. Das aktivistische Element lebte sich aus innerhalb der eng gezogenen Grenzen von Kommunismus und Nationalsozialismus; Einflüsse in künstlerisch-formaler Hinsicht lassen sich selbst in der Dichtung der unmittelbaren Gegenwart nachweisen. Es sei nur an Peter Weiss und Ingeborg Bachmann erinnert, an die Stiltendenzen unserer Zeit, die sich durchwegs bis zum ersten Quartal des Jahrhunderts zurückverfolgen lassen. Was die Ideen des Expressionismus am Leben erhält, ist der Einzelwille. Der gleiche Einzelwille, der auch im ersten Dezennium unseres Jahrhunderts den Anfang bildete, Strömung und volltönende Weltanschauung einleitete. Carl Sternheim feiert ihn in seinem Aufsatz *Kampf der Metapher*, der die Expressionisten – unter denen Benn und Stadler für ihn die Ausnahme bilden – mangelnder Phantasie, des Fehlens wirklich neuer »Begriffe« zeiht, da von ihnen nur die alten »mit vollen Backen bis zum Platzen aufgeblasen« worden seien. Der Geistgläubigkeit und einem vagen Kollektivwollen setzt Sternheim »Wirklichkeitsenthusiasmus« entgegen. »Keinem Lebendigen soll der Dichter das einzig lohnende Ziel, eigener, originaler, einmaliger Natur zu leben, damit verstellen, daß mit seit ewigen Zeiten klischierten Melodien er ›höhere Menschheit‹ vorharrt, die diejenigen geringschätzen, die mit mir eine vorhandene wirklich kennen und mit Inbrunst lieben.« Es ist diese vorhandene Menschheit in ihrer Körperlichkeit und Geistigkeit eine bleibende Realität. Sie ist weder zu umgehen noch wegzuleugnen. Deswegen schreckte auch Bert Brecht, der vom Expressionismus ausging, davor zurück, seinen »neuen« Menschen, den sozialistischen, auf der Bühne vorzuführen. Er bleibt, von einer Andeutung in *Die Maßnahme* abgesehen, Postulat, dialektischer Zukunftsentwurf. Das Paradies, im Gefolge der Aufklärung auf die Erde verlagert, als Möglichkeit, durch Fortschritt installierbar, liegt nicht länger mehr hinter den Schleiern des Himmels, sondern der Zeit. Die Zukunft bewegt sich mit den Menschen. Auch der Gedanke an das erlösende »Neue« – er ist nichts anderes als heuristisches Prinzip, ein »Als ob«.

I. Theorie

Eine Theorie des Expressionismus im eigentlichen Sinn hat
es nicht gegeben. Zwar mangelt es kaum an Manifesten, an
pathetischen Gesinnungsäußerungen, nach Poetiken des Expressionismus sucht man indessen vergeblich. Abgesehen von
Gedanken Herwarth Waldens zur »Wortkunst-Theorie«
(»Einblick in die Kunst«; »Das Begriffliche in der Dichtung«), von sporadischen Hinweisen bei Gottfried Benn
(»Epilog und lyrisches Ich«) finden sich keine gründenden
theoretischen Bemerkungen zur Lyrik des Expressionismus.
Ähnliches gilt für den Gattungsbereich der Dramatik. Wassily Kandinskys Programmschrift »Über Bühnenkomposition«, Vorwort zur »Bühnenkomposition« »Der gelbe
Klang«, half zwar neben des Autors und Oskar Kokoschkas Experimente den Weg des expressionistischen Dramas
bereiten, zur Weiterentwicklung ihrer Ideen und Breiten-
wirkung ihrer Stücke kam es indessen nicht. Weniger zu-
rückhaltend war man bei der Formulierung einer verbind-
lichen Theorie für das epische Kunstwerk. Alfred Döblin
und Carl Einstein lieferten höchst ernstzunehmende Beiträge. Die Prinzipien ihrer Theorie. expressionistischer Erzählkunst sind weit über ihre Epoche hinaus wirksam geblieben.
Postulat und Entwurf einer – so man diesen Begriff dennoch verwenden will – Theorie des Expressionismus gilt
mithin primär dem Ethischen, der Weltanschauung, in deren Dienst die Kunst und deren Anschauung zu treten haben. Die Stelle der Theorie einer ästhetisch progressiven
Kunst nimmt jene der progressiven Idee vom »neuen Menschen« ein, als programmatisch-propagandistischer Wand-
lungs- und Erlösungsruf. Statt ästhetischer Verwirklichung
– ethische Gesinnung.

THEODOR DÄUBLER[1]

Expressionismus (Auszug)

Der Volksmund sagt: Wenn einer gehängt wird, so erlebt er im letzten Augenblick sein ganzes Leben nochmals. Das kann nur Expressionismus sein!
Schnelligkeit, Simultanität, höchste Anspannung um die Ineinandergehörigkeiten des Geschauten sind Vorbedingungen für den Stil. Er selbst ist Ausdruck der Idee.
Eine Vision will sich in letzter Knappheit im Bezirk verstiegener Vereinfachung kundgeben: das ist Expressionismus in jedem Stil.
Farbe ohne Bezeichnung, Zeichnung und kein Erklären, im Rhythmus festgesetztes Hauptwort ohne Attribut: wir erobern unsern Expressionismus!
Alles Erlebte gipfelt in einem Geistigen. Jedes Geschehn wird sein Typisches. Da die Notwendigkeit, sich zusammenfassend zu äußern, in vielen Köpfen entscheidend einsetzt, vehement hervorzuckt, bekommen wir einen Stil. Er wird allgemein verbindend sein und die Äußerung des Persönlichsten fördern und erleichtern. Unsre Not, so und nicht anders zu tun, ist keineswegs im Sinn einer fatalistischen Notwendigkeit gedacht, sondern im Geiste von: Eines tut not! Folglich Freiheitsbewußtsein. Künstlerisches Behaupten. Die Dinge, die wir schöpfen, sollen ichbegabt sein: nicht für unsern Standpunkt perspektivisch entfaltet, sondern aus sich selbst hervorkristallisiert. Der Mittelpunkt der Welt ist in jedem Ich; sogar im ichberechtigten Werk. Der Rahmen des Gemäldes wird die Grenze seiner Begreifbarkeit; das Bild zieht uns weder zu sich, noch weist es uns einen Platz zum Betrachten an: es wälzt sich aus sich selbst in seine Ertastbarkeiten. Wenn wir beim Schöpfen sind, so

1. Bio-Bibliographie s. S. 34.

geben wir dem Ding seinen geistigen Schwerpunkt, der zugleich der Mittelpunkt seiner Sachgemäßheit sein muß. Damit hats einen Kern. Von dem strömt nun unsre eigne Leidenschaft aus. Wir staunen, daß wir sie so zusammenfassen und dadurch steigern konnten.

Der Kubismus ist perspektivisch als Höhenansicht gedacht, ähnlich wie das Curt Glaser bei den Chinesen aufdeckt. Dort entrollen sich die Dinge unter uns wie aus einer Art Vogelschau. Ein Auge im Aeroplan blickte gewissermaßen in den Kubismus. Nun gings noch weiter: die Dinge zeigten von selbst ihre innern Geometrien. Sie strahlten aus eigner Seeleninhaberschaft. Folglich abermals mystische Perspektive, Auftakt zu einer Hierarchie, Rückfluß in den Ichkristall. [...]

Zuerst war die Güte: wir schleierten, kaum roterknospt, veilchenzart und blausicher in morgenrosa Verliebtheit zueinander. Wir vergewissern uns auch jetzt noch unsrer innern Grünbündeleien. Farbe ist vollkommenes Wohlgesinntsein: wir bringen ebenso wie die Blumen der Welt ihre Buntheit. Unsre Seelenfalter blühn, sternen empor in ihr blaues Freiheitsein. Rasche Goldströme verwolken sich in Werken. Wir beschenken Mensch und Wald mit roter Schönheit. Wir wissen von weißer Einfalt. Ausfälle aus Heftiggelb langen in blaue Unabwendbarkeiten. Ihre Farbe wird schöpferisch. Auf sich allein gestellt, beblaun sich hoffnungsbunt. Sie glauben an lila Quallen, an schwarze Flugzüge durch Klarblau. Grüne Andacht staunt, wie sich die Seele holdrot in sich selbst emporraketet. [...]

Wir alle sind Menschen geworden, um geistig geschaute Kuben emporzurecken zu den Gestirnen. Wir verleiblichen unser Sternbild. Sternbilder in Stein sind Wesen voll von Haß oder Gruppen aus Liebe. Aus Schönheit. Wir haben Scham über uns gezogen, damit unsre Nacktheit geometrisch erstrahlen, sich in Marmor hineinkristallisieren kann. Bei Archipenko werden Seelen Steinwürfe gegen die Planeten, Steinausbrüche zum Sternbild des Herkules. Der Mensch ein

Gehäuse für Geistigkeit. Sein dauerndes Leid dazusein: ein Nest, aus dem das Sternenkind die Ewigkeit erfliegen wird! Das sagt Archipenko. So ist der Expressionismus!

KASIMIR EDSCHMID[1]

Über den dichterischen Expressionismus (Auszug)

Der Expressionismus hat vielerlei Ahnen, gemäß dem Großen und Totalen, das seiner Idee zugrunde liegt, in aller Welt, in aller Zeit.

Was die Menschen heute an ihm sehen, ist fast nur das Gesicht, das, was erregt, das, was epatiert[2]. Man sieht nicht das Blut. Programme, leicht zu postulieren, nie auszufüllen mit Kraft, verwirren das Hirn, als ob je eine Kunst anders aufgefahren sei als aus der Notwendigkeit der Zeugung. Mode, Geschäft, Sucht, Erfolg umkreisen das erst Verhöhnte.

Als Propagatoren stehen die da, die in dumpfem Drang des schaffenden Triebes zuerst Neues schufen. Als ich vor drei Jahren, wenig bekümmert um künstlerische Dinge, mein erstes Buch schrieb,[3] las ich erstaunt, hier seien erstmals expressionistische Novellen. Wort und Sinn waren mir damals neu und taub. Aber nur die Unproduktiven eilen mit Theorie der Sache voraus. Eintreten für sein Ding ist eine Kühnheit und eine Sache voll Anstand. Sich für das Einzige erklären, Frage des bornierten Hirns. Eitel ist dies ganze *äußere* Kämpfen um den Stil, um die Seele des Bürgers. Am Ende entscheidet lediglich die gerechte und gut gerichtete Kraft.

Es kamen die Künstler der neuen Bewegung. Sie gaben

1. *Bio-Bibliographie s. S. 86.*
2. *verblüfft, erstaunt.*
3. *Die sechs Mündungen, En., 1915.*

nicht mehr die leichte Erregung. Sie gaben nicht mehr die nackte Tatsache. Ihnen war der Moment, die Sekunde der impressionistischen Schöpfung nur ein taubes Korn in der mahlenden Zeit. Sie waren nicht mehr unterworfen den Ideen, Nöten und persönlichen Tragödien bürgerlichen und kapitalistischen Denkens.

Ihnen entfaltete das *Gefühl* sich maßlos.

Sie sahen nicht.

Sie schauten.

Sie photographierten nicht.

Sie hatten Gesichte.

Statt der Rakete schufen sie die dauernde Erregung.

Statt dem Moment die Wirkung in die Zeit. Sie wiesen nicht die glänzende Parade eines Zirkus. Sie wollten das Erlebnis, das anhält.

Vor allem gab es gegen das Atomische, Verstückte der Impressionisten nun ein großes, umspannendes Weltgefühl.

In ihm stand die Erde, das Dasein als eine große Vision. Es gab Gefühle darin und Menschen. Sie sollten erfaßt werden im Kern und im Ursprünglichen.

Die große Musik eines Dichters sind seine Menschen. Sie werden ihm nur groß, wenn ihre Umgebung groß ist. Nicht das heroische Format, das führte nur zum Dekorativen, nein, groß in dem Sinne, daß ihr Dasein, ihr Erleben teil hat an dem großen Dasein des Himmels und des Bodens, daß ihr Herz, verschwistert allem Geschehen, schlägt im gleichen Rhythmus wie die Welt.

Dafür bedurfte es einer tatsächlich neuen Gestaltung der künstlerischen Welt. Ein *neues Weltbild* mußte geschaffen werden, das nicht mehr teil hatte an jenem nur erfahrungs-gemäß zu erfassenden der Naturalisten, nicht mehr teil hatte an jenem zerstückelten Raum, den die Impression gab, das vielmehr *einfach* sein mußte, eigentlich, und darum schön.

Die Erde ist eine riesige Landschaft, die Gott uns gab. Es muß nach ihr so gesehen werden, daß sie unverbildet zu uns kommt. Niemand zweifelt, daß das das Echte nicht sein kann, was uns als äußere Realität erscheint.

Die Realität muß von uns geschaffen werden. Der Sinn des Gegenstands muß erwühlt sein. Begnügt darf sich nicht werden mit der geglaubten, gewöhnten, notierten Tatsache, es muß das Bild der Welt rein und unverfälscht gespiegelt werden. Das aber ist nur in uns selbst.

So wird der ganze Raum des expressionistischen Künstlers Vision. Er sieht nicht, er schaut. Er schildert nicht, er erlebt. Er gibt nicht wieder, er gestaltet. Er nimmt nicht, er sucht. Nun gibt es nicht mehr die Kette der Tatsachen: Fabriken, Häuser, Krankheit, Huren, Geschrei und Hunger. Nun gibt es ihre Vision.

Die Tatsachen haben Bedeutung nur so weit, als, durch sie hindurchgreifend, die Hand des Künstlers nach dem faßt, was hinter ihnen steht.

Er sieht das Menschliche in den Huren, das Göttliche in den Fabriken. Er wirkt die einzelne Erscheinung in das Große ein, das die Welt ausmacht.

Er gibt das tiefere Bild des Gegenstands, die Landschaft seiner Kunst ist die große paradiesische, die Gott ursprünglich schuf, die herrlicher ist, bunter und unendlicher als jene, die unsere Blicke nur in empirischer Blindheit wahrzunehmen vermögen, die zu schildern kein Reiz wäre, in der das Tiefe, Eigentliche und im Geiste Wunderbare zu suchen aber sekündlich voll von neuen Reizen und Offenbarungen wird.

Alles bekommt Beziehung zur Ewigkeit.

Der Kranke ist nicht nur der Krüppel, der leidet. Er wird die Krankheit selbst, das Leid der ganzen Kreatur scheint aus seinem Leib und bringt das Mitleid herab von dem Schöpfer.

Ein Haus ist nicht mehr Gegenstand, nicht mehr nur Stein, nur Anblick, nur ein Viereck mit Attributen des Schön- oder Häßlichseins. Es steigt darüber hinaus. Es wird so lange gesucht in seinem eigentlichsten Wesen, bis seine tie-

fere Form sich ergibt, bis *das* Haus aufsteht, das befreit ist
von dem dumpfen Zwang der falschen Wirklichkeit, das bis
zum letzten Winkel gesondert ist und gesiebt auf *den* Ausdruck, der auch auf Kosten seiner Ähnlichkeit den letzten
Charakter herausbringt, bis es schwebt oder einstürzt, sich
reckt oder gefriert, bis endlich alles erfüllt ist, das an Möglichkeiten in ihm schläft.

Eine Hure ist nicht mehr ein Gegenstand, behängt und bemalt mit den Dekorationen ihres Handwerks. Sie wird
ohne Parfüme, ohne Farben, ohne Tasche, ohne wiegende
Schenkel erscheinen. Aber ihr eigentliches Wesen muß aus
ihr herauskommen, daß in der Einfachheit der Form doch
alles gesprengt wird von den Lastern, der Liebe, der Gemeinheit und der Tragödie, die ihr Herz und ihr Handwerk ausmachen. Denn die Wirklichkeit ihres menschlichen
Daseins ist ohne Belang. Ihr Hut, ihr Gang, ihre Lippe sind
Surrogate. Ihr eigentliches Wesen ist damit nicht erschöpft.

Die Welt ist da. Es wäre sinnlos, sie zu wiederholen.

Sie ist im letzten Zucken, im eigentlichsten Kern aufzusuchen und neu zu schaffen, das ist die größte Aufgabe der
Kunst.

Jeder Mensch ist nicht mehr Individuum, gebunden an
Pflicht, Moral, Gesellschaft, Familie.

Er wird in dieser Kunst nichts als das Erhebendste und
Kläglichste: *er wird Mensch.*

Hier liegt das Neue und Unerhörte gegen die Epochen vorher.

II. Lyrik

Es entspricht dem Wesen des Expressionismus, daß er sich in der Lyrik am reinsten verwirklichte. Gefühl vermag sich unmittelbar auszusprechen, in schlichter Anrufung wie in pathetischer Entfesselung. Ein für die Ausdruckshaltung des Expressionismus charakteristischer Gegensatz, der die reflektierende »Sturm«-Kunst wie den direkten intuitiven Aufschwung zur »Spitze des Gefühls« (Edschmid), Abstraktion wie Einfühlung umfaßt. Was beide verband, nannte Max Herrmann-Neiße den »Neuen Rhythmus«. 1913 schrieb er an Paul Zech: »Ich höre in unserer ganzen jetzigen Lyrik immer ein Gemeinsames heraus, das ich den ›Neuen Rhythmus‹ nennen möchte. In diesem ›Neuen Rhythmus‹ gibt es natürlich ›erfühlt-klingende‹ Gedichte und ›skeptisch-groteske‹, gibt es ›das Neue Pathos‹ und ›die Neue Skepsis‹ (völlig gleichberechtigt).« Zwei Seiten, die beide für die Suche nach neuen Ausdrucksformen stehen.

Auf die »letzten Jahre« zurückblickend, definierte Kurt Pinthus 1915 in seinen Betrachtungen »Zur jüngsten Dichtung« ihre »Entwicklung« als ein Hindrängen »aus Qual und Schrei, aus Bewunderung und Hohn, Analyse und Verehrung [...] zum Wesentlichen, zur Essenz nicht nur der Erscheinung, sondern des Seins«. Ähnlich, nur lapidarer, beschreibt Gottfried Benn die Grundhaltung expressionistischen Stils »als Wirklichkeitszertrümmerung, als rücksichtsloses An-die-Wurzel-der-Dinge-Gehen bis dorthin, wo sie nicht mehr individuell und sensualistisch gefärbt, gefälscht, verweichlicht verwertbar in den psychologischen Prozeß verschoben werden können, sondern im akausalen Dauerschweigen des absoluten Ich der seltenen Berufung durch den schöpferischen Geist entgegensehen«. Bemühen um das Absolute, »Wesenhafte«, das »Eigentliche« – den reinen Ausdruck. Eine titanische Radikalität, neben der sich anderes wie schwächliches Gestammel ausnimmt. So schreibt Ernst Blaß, der kommende Dichter werde »kritisch« sein, »träumerische Regungen in sich nicht niederdrücken. Noch im Traume wird er den ehrlichen Willen zur Klärung diesseitiger Dinge haben und den Alltag nicht leugnen. Und diese Ehrlichkeit wird seine tiefste Schönheit sein.« Benns Formulierung kontrastiert scharf zu solcher Schein-Definition. Blaß setzt im blinden Taumel ethische und ästhetische Kategorien gleich, verwendet die eine zur Definition der anderen und nimmt Gesinnung für Stilwillen – wie viele seiner Weggenossen.

Moralisches Pathos, visionärer Sturm, Intensität, Verkündigung sollen »aus den Zwängen der Form und der Materie« herausführen »zu freiem Bekennertum und kosmischer Schau«. Durch Verflüssigung, Erneuerung im schwingenden Rhythmus, durch kühne Bilder, Steigerung der Zeit zum »metaphysischen Traum von neuer Menschheit und neuem Gottestum«, wie Rudolf Kayser in der Einleitung seiner Anthologie »Verkündigung« schrieb. An die Stelle der »Weltanschauung« hat nach Lothar Schreyer das »Schauen« zu treten: »Im Gesicht sind wir mit der Welt eins.« Freilich, dies und anderes sind mitreißende, volltönende Äußerungen, die mehr über Gesinnung als über künstlerische Form aussagen. Sie verhüllen kaum den Widerspruch zwischen geschlossenem künstlerischen Anspruch und offener zukunftsgerichteter Ansprache. So erklärt es sich, daß die Literaturwissenschaft dazu neigt, den Expressionismus in seiner eigentlichen und sichtbaren Form mit ästhetischen Maßstäben gemessen als »eine Erscheinung zweiter Ordnung« (Werner Milch) zu charakterisieren. Keine Frage, dieses harte Urteil trifft für den größten Teil der expressionistischen Lyrik zu, für jenen, dem das lyrische Gebilde nur ein »Gefäß«, »Träger« der Gesinnung, Vehikel für die zukunftsbewußte Idee, die pathetische Empörung oder schlicht für ekstatisch-rhetorischen Ausdruck war. Lassen sich überhaupt, wenn man nicht nach Gesinnung, sondern nach Form und Stil fragt, an der expressionistischen Lyrik besondere epochentypische Merkmale isolieren? Benns eingangs erwähnter Beitrag zu einer Begriffsbestimmung kann einschränkend ergänzt werden: Sie galt für einen qualitativ bedeutsamen, aber quantitativ bescheidenen Teil der Lyrik des Expressionismus.

Das Aufbegehren gegen die gegebene Wirklichkeit, die Bemühung um ihre Überhöhung zu einer hermetischen Sprachwirklichkeit, absolut und autonom, lassen sich allerdings bereits für die Zeit nach 1910 nachweisen; seit Nietzsche waren sie als stilbildende Möglichkeit vorhanden, von der expressionistischen Generation, d. h. von einigen ihrer Vertreter, wurden sie im Protest radikalisiert. In seinem Aufsatz »Die Lyrik des Expressionismus« weist Edgar Lohner zudem darauf hin, daß »die Bestimmungsmerkmale jenseits nationaler Eigentümlichkeiten als gesamteuropäische Erscheinungen in einem übernationalen Raum zu suchen sind«. Die Lyrik des Expressionismus stehe in der Kontinuität der »modernen Lyrik«, die von Baudelaire, Rimbaud und Mallarmé ihren Ausgang nahm. Das bedeutet aber, um mit Hugo Friedrich[1] zu sprechen, daß das »Gedicht [...] nicht mehr an dem gemessen werden [will], was man gemeinhin Wirklichkeit nennt, auch wenn es sie, als Absprung für seine Freiheit, mit einigen Resten in sich aufgenommen hat«. Dieser Verlust des naiven Realkontakts führt dazu, daß die Kunst untauglich wird, Botschaften zu vermitteln, Gesinnung zu tragen. An die Stelle der Allerfahrung tritt Icherfahrung, zwischen Ich und All drängt sich die Chiffre oder der Zerrspiegel des Grotesken. Ein Riß wird sichtbar, Kunstwillen, ästhetisches Postulat von ethischem, von menschheitlicher Gesinnung trennend. Andererseits sagt Benn, der damit bis zur Auflösung des Begriffes Expressionismus geht: »Wir können also wohl sa-

---

1. »Die Struktur der modernen Lyrik. Von Baudelaire bis zur Gegenwart.« Hamburg 1956.

*gen, daß ein Bestandteil aller Kunst die expressionistische
Realisation ist und daß sie nur zu einer bestimmten Zeit,
nämlich der eben vergangenen, repräsentativ und stilbe-
stimmend in vielen Gehirnen in Erscheinung trat.« Überwindung des Gebrauchscharakters der Sprache durch be-
wußtes Spiel mit den Sinnelementen, deren greifbarstes und
vordergründigstes das Wort selber ist, kennzeichnet sie.
Verwandlung der Wirklichkeit im Wort, als Zeichen, ihre
Transfiguration in der Chiffre, Öffnung in neue gründende
Bezüge oder in Wortkombinationen, die eine neue hermeti-
sche Wirklichkeit konkretisieren, Brechung der Phänomene
des Realen zum Grotesken, teils in verfremdendem Rückgriff auf Metrum und Reim, gehören zu ihren Wesensmerk-
malen. »Die Inhalte eines Gedichts wie Trauer, panisches
Gefühl, finale Strömungen«, schreibt Gottfried Benn, die
habe jeder, aber Lyrik werde daraus nur, »wenn es in eine
Form gerät«. Dieses Umschaffen der Wirklichkeit, ihr Um-
gießen in eine Form, Verschlüsselung zum »Wesen« hin, das
ist es, was man bei vielen Vertretern des Expressionismus
vergeblich sucht. Ihre »Humanitätsmelodie«, ihre Gefühls-
und Bewußtseinsinhalte, Gesinnungspostulate, sprechen sich
offen, hymnisch, ganz und gar sachbezogen aus. Die wirk-
lichkeitsnahe, totale Objektgebundenheit läßt ihren Symbolcharakter nicht zur Entfaltung kommen. Sie sind zeit-
typisch, höchst geeignet, Botschaften zu übermitteln, den
anderen zu erreichen, ihn mitzuziehen, aber sie sind ephe-
mer, glatt mitteilbar. Der Widerspruch: Kunst entsteht erst
dann, wenn die Dinge, zu Zeichen gewandelt, in der Vision,
dem höheren Bezug »aufgehoben« sind. Damit gewinnen
sie Eigenleben und sind dem mitteilbar Gesellschaftlichen
entzogen.*

THEODOR DÄUBLER

Am 17. August 1876 in Triest geboren als Sohn deutscher Eltern; zwei-
sprachig aufgewachsen in Triest und Venedig; 1898 Übersiedlung der
Familie nach Wien, entscheidender Kontakt mit moderner Kunst;
Vagabundenleben zwischen Neapel, Berlin, Wien, Venedig, Rom; in
Paris 1903 Freundschaft mit Braque, Picasso und Chagall; 1910 erste
Fassung seiner *Nordlicht*-Dichtung beendet; 1916 Kunstkritiker in
Berlin; 1921 erste Reise nach Griechenland; »Genfer-Ausgabe« des
Nordlicht-Epos abgeschlossen; bis 1926 in Griechenland, zahlreiche
Reisen im Vorderen Orient, dann Rückkehr nach Deutschland; Vize-
präsident des PEN-Clubs, Sektion Deutschland; 1932 Beginn von
Krankheit, vereinsamt, von der Öffentlichkeit schließlich wenig beach-
tet, am 13. Juni 1934 in St. Blasien im Schwarzwald gestorben.

*Theodor Däubler gehörte zu den Wegbereitern des Expres-
sionismus. Der von Novalis wie Rimbaud Einflüsse verar-
beitende Visionär und kosmische Sänger erscheint in seinen
volltönenden, von barockem Bilderstrom getragenen Gedichten als mystischer Rhapsode. Er singt die Dinge, be-ruft
die Natur, die Welt, verleiht ihr in Metapher, Symbol und
Gleichnis Seele, gesteigerte Expression. An Vorstellungen
der Chinesen erinnernde Polarität von Hell und Dunkel,
Sonne und Mond, Mann und Weib trennt und verspannt
seinen Bilderkosmos. Nacht und Chaos drängen zu Licht
und Erlösung in allumfassender Versöhnung. In der Gestalt Christi wurde sie dem Autor Wirklichkeit. Die Sonne,
Mittelpunkt der Welt, ist deren Sinnbild. Und wie die
Liebe zu Gott nur in der Liebe zum Nächsten Gestalt zu
gewinnen vermag, so ist die Wärme der Sonne nur über die
Erde erfahrbar, in deren Schoß der »Sinn von dieser Welt«
verborgen liegt. »Das Nordlicht«, Däublers Hauptwerk, ein
»Lied von der Erde«, ihrer Wiedergeburt, mystisch-gnosti-
sches Epos, feiert, als Kosmogonie, Weltschöpfung und
Menschheitsweg, den Erlösungsakt, die Lichtwerdung als
Verflüssigung des im Dunkel Erstarrten durch den Geist:
»Die Welt versöhnt und übertönt der Geist« lautet der
letzte Vers. Däubler, dessen Poesie gewaltige Mythenräume*

durchwanderte, mußte erleben, wie sein Werk im Blick der
Nachgeborenen als subjektive Phantasien abgewertet wurde.

PURPURSCHWERE, WUNDERVOLLE ABENDRUHE
Grüßt die Erde, kommt vom Himmel, liebt das Meer.
Tanzgestalten, rotgewandet, ohne Schuhe,
Kamen rasch, doch sie versinken mehr und mehr.

Furchtbar rot ist jetzt die Stunde. Wutentzündet
Drohen Panther. Grausamfunkelnd. Aufgebracht!
Dieser bleibt: ein Knabe reitet ihn und kündet
Holder Wunder tollen Jubel in die Nacht.

Nacht! der Abend, aller Scharlach mag verstrahlen.
Auch der Panther schleicht im Augenblick davon.
Aber folgt dem Knaben! Sacht, in schmalen Glutsandalen
Tanzt er nackt im alten Takt von Babylon.

Alle Flammen abgeschüttelt? Auf der Füße
Blassen Spitzen winkt und fiebert jetzt das Kind:
Weltentschwunden? Sterne sind die sichern Grüße
Stiller Keuschheit überm Meere, vor dem Wind!

DIE ERDE TREIBT IM NORDEN TAUSEND BLAUE FEUERBLÜTEN
Und übermittelt ihren Sehnsuchtsschaum der Nacht,
Drum soll der Mensch auch seinen Flammenkelch behüten,
Wenn er, durch ihn belebt und lichterfüllt, erwacht.

Fürwahr, mir sind die Glutanschürer Gärtnerscharen
Von einer langbegrabnen, auferstandnen Pracht:
Versteinte Wälder wollen sich uns offenbaren,
Und Pilger holen sie aus finsterm Erdenschacht.

Ja! Pilger graben, wühlen sich stets mehr hinunter,
Stets tiefer in der Erdenmutter dunkles Heiligtum;

Ihr Herzschlag, ihr Gehämmerwerk, erhält sie munter:
Asketen aber sind sie zu des Urlichts Ruhm.

Auf ihrer Freiheit, ihrer Glutenkernesnähe
Beruht und tagt das ganze Dasein dieser Welt,
Sie sorgen, daß der Totgeglaubte auferstehe,
Durch sie wird jede Nacht vom Nordlichte erhellt.

So wandeln wir in wunderbaren Flammengärten:
Hoch türmen Feuerlauben sich ins Grau empor;
Die fernen Drachen wurden freundliche Gefährten
Und schimmern still vor meines Weibes sicherm Tor.

Ihr Grubenarbeiter, Ergrübler freier Wunder,
Vertraut dem Irrlicht nicht, das listig euch umschwirrt:
Bleibt unbeirrte, biedre Erdenherzerkunder,
Seid eurer eignen Willenstiere ernster Hirt!

Der Sonne könnt ihr bloß im Erdenschoße nahen,
Dort unten stoßt ihr auf den Sinn von dieser Welt,
Und auch das Licht der Dinge, die noch nie geschahen,
Wird, urbestimmt, durch euch in uns hervorgeschwellt.

ELSE LASKER-SCHÜLER

Am 11. Februar 1869 in Elberfeld geboren als Tochter des Bankiers Aaron Schüler; 1894 Heirat mit dem Berliner Arzt Berthold Lasker, 1899 Scheidung; 1902 *Styx*, erste Gedichtsammlung, Freundschaft mit Peter Hille, Alfred Döblin, Kurt Hiller, Gottfried Benn, Franz Werfel, Karl Kraus und Georg Trakl; 1901 Ehe mit Herwarth Walden (1911 geschieden). 1905 *Der siebente Tag* (G.), 1909 *Die Wupper* (Dr.). 1912 Beginn der Freundschaft mit Franz Marc, die bis zu dessen Tod vor Verdun 1916 andauerte. 1913 *Hebräische Balladen* (G.), *Der Prinz von Theben* (En.). 1933 Flucht nach Zürich, 1937 Emigration nach Palästina. 1943 *Mein blaues Klavier* (G.). Am 22. Januar 1945 in Jerusalem gestorben.

Ihre Kunst war für die Lasker-Schüler weltbewegende Prophetie wie leichtfüßiges Spiel, Selbstbespiegelung in vielen Masken wie Menschheitsbeschwörung. Hinter beidem verbargen sich Lebensangst, Weltschmerz und – Langeweile. Motive aus dem jüdischen Glaubensbereich, der chassidischen Legendenliteratur verschmelzen in ihrer Dichtung mit solchen aus der orientalisch-europäischen Märchenwelt. Es zieht sie zurück zu den Wurzeln des Glaubens ihrer Väter, »meinwärts«, zurück zu »Jakob« und einem mythischen Hebräertum, das sie in »rückwärtsgewandten Visionen« zu erfassen sucht. Ihr »Paradiesesheimweh« verweist auf Jerusalem, auf das Land der Hebräer. Magische Phantasie beschwört in hintergründig transparenter und doch zur Verrätselung neigender Sprache den Ursprung, erhellt an ihm die müde Einsamkeit, rechtfertigt die »Weltflucht«. »Du süßer Gott«, heißt es in den »Hebräischen Balladen«, »[...] Deines Tores Gold schmilzt an meiner Sehnsucht.« Sie verkörpere »die Unvernunft der Dichtung [...], die der Expressionismus wiederentdecke«, sagte Walter Muschg von ihr. »Sie ist der Widerspruch gegen die Phantasielosigkeit in Person. Der expressionistische Aufbruch erscheint in ihr als eine neue Freiheit der Phantasie.« Ihr Gedicht »Ein alter Tibetteppich« gewinnt aus dem Teppichmotiv die Liebessituation: das »Verwirktsein«. Es ist zugleich Traum- und Liebesgedicht, im Teppichbild konkret, als Traum phantastisch. Sinn und Klang, Wort und Bild seien in eins verwoben, rühmte Karl Kraus an diesem Gedicht. Die Lasker-Schüler löst die Beziehung zwischen Ich und Welt, Ich und Du in einem artistischen Spiel auf und schafft einen Schwebezustand, eine Art »Traumsicherheit«, die für das Wesen ihrer Lyrik charakteristisch ist.

Weltflucht

Ich will in das Grenzenlose
Zu mir zurück,
Schon blüht die Herbstzeitlose
Meiner Seele,
Vielleicht ists schon zu spät zurück.
O, ich sterbe unter euch!
Da ihr mich erstickt mit euch.
Fäden möchte ich um mich ziehen
Wirrwarr endend!
Beirrend,
Euch verwirrend,
Zu entfliehn
Meinwärts.

Mein Volk

Der Fels wird morsch,
Dem ich entspringe
Und meine Gotteslieder singe ...
Jäh stürz ich vom Weg
Und riesele ganz in mir
Fernab, allein über Klagegestein
Dem Meer zu.

Hab mich so abgeströmt
Von meines Blutes
Mostvergorenheit.
Und immer, immer noch der Widerhall
In mir,
Wenn schauerlich gen Ost
Das morsche Felsgebein,
Mein Volk,
Zu Gott schreit.

Hebräische Balladen
von
Else Lasker-Schüler

A. R. Meyer Verlag
1913
Berlin-Wilmersdorf

Titelblatt der »Hebräischen Balladen« in der Reihe »Das lyrische Flugblatt« mit einer Zeichnung der Autorin

Ein alter Tibetteppich

Deine Seele, die die meine liebet,
Ist verwirkt mit ihr im Teppichtibet.

Strahl in Strahl, verliebte Farben,
Sterne, die sich himmellang umwarben.

Unsere Füße ruhen auf der Kostbarkeit,
Maschentausendabertausendweit.

Süßer Lamasohn auf Moschuspflanzenthron,
Wie lange küßt dein Mund den meinen wohl
Und Wang die Wange buntgeknüpfte Zeiten schon?

Jakob

Jakob war der Büffel seiner Herde.
Wenn er stampfte mit den Hufen,
Sprühte unter ihm die Erde.

Brüllend ließ er die gescheckten Brüder.
Rannte in den Urwald an die Flüsse,
Stillte dort das Blut der Affenbisse.

Durch die müden Schmerzen in den Knöcheln
Sank er vor dem Himmel fiebernd nieder,
Und sein Ochsgesicht erschuf das Lächeln.

Mein blaues Klavier

Ich habe zu Hause ein blaues Klavier
Und kenne doch keine Note.

Es steht im Dunkel der Kellertür,
Seitdem die Welt verrohte.

Es spielen Sternenhände vier
– Die Mondfrau sang im Boote –
Nun tanzen die Ratten im Geklirr.

Zerbrochen ist die Klaviatür . . . . .
Ich beweine die blaue Tote.

Ach liebe Engel öffnet mir
– Ich aß vom bitteren Brote –
Mir lebend schon die Himmelstür –
Auch wider dem Verbote.

GEORG HEYM

Am 30. Oktober 1887 in Hirschberg (Niederschlesien) geboren als Sohn eines Justizbeamten; fühlt sich in Schule und Elternhaus nicht verstanden; früh Selbstmordgedanken, von denen ein 1904 begonnenes Tagebuch Zeugnis gibt; 1907 Abitur; Jurastudium in Würzburg; seit 1908 in Berlin und Jena, 1911 Examen als Kammergerichtsreferendar. 1911 *Der ewige Tag* (G.); 1912 *Umbra Vitae* (G.). Ertrank am 16. Januar 1912 beim Schlittschuhlaufen auf der Havel.

Georg Heym schrieb am 20. November 1911 in sein Tagebuch: »Meine Phantasie, meine Seele, sie haben Angst und rennen wie verzweifelt in ihrem Käfig. Ich kann sie nicht mehr fangen.« Acht Wochen später fand er den Tod. Verzweiflung und Katastrophen beschwörende Angst bilden immer von neuem das Thema seiner Gedichte. Der elitäre Subjektivismus spricht sich in Vereinsamung, Egozentrik, Langeweile aus. Leben als Gefangenschaft, Wiederkehr des ewig Gleichen, im Bewußtsein des Endzeitlichen passiv Hinzunehmenden. Im Gedicht »Die Hölle I« heißt es: »Laternen werden durch die Nacht geschwungen, / Und einen Toten trug man an uns vorbei. / Er war im ewig grauen Einerlei / Vor Langeweile wie ein Pilz zersprungen.« Selbst das Sterben, der übliche Fluchtweg, bringt den Gefangenen keine Befreiung aus dem Kreistrott: Ausweglosigkeit ist unheilbar. Melancholie dominiert in Heyms Gedichten, wo Endzeitwissen in Visionen ekstatischen Ausdruck findet. Simultane Schichtung der Bilder bricht in seinen parataktischen Versen (durchweg fünfhebige Jamben, von monotonen Reimen zu Vierzeilern verbunden) die als stillstehend, als gleichförmig empfundene Zeit auf und dynamisiert ihre zähe Uniformität. An die Stelle des Vergleichs, dessen Neben- und Nacheinander, trat mehr und mehr die linienlösende, Simultaneität vermittelnde Bildfügung. Die gestaltenreiche Wolke ist eines der häufigsten Motive. Bilder überfallen Heym, sich überstürzend, versetzen ihn in Taumel, steigern die Obsession zur Ekstase. Christliche Glaubensinhalte wandeln sich wie bei Trakl im dichterischen Bild zur apokalyptischen Vision vom Weltuntergang. »Man könnte vielleicht sagen«, schreibt er am 15. September 1911, »daß meine Dichtung der beste Beweis eines metaphysischen Landes ist, das seine schwarzen Halbinseln weit hinaus in unsere flüchtigen Tage streckt.« Trakl gleich ist Heym, der Baudelaire bewunderte und sich in dessen Nachfolge sah, ein »Todesdichter«, nur daß er die Überzeugung ausweglosen Seins zum Tode noch unverhüllter und eindeutiger ausgesprochen hat als jener. »Was ist das Leben?« fragt er, der, obwohl eine vitale Erscheinung, mit dem Tod auf so vertrautem Fuße stand, daß man seine Sehnsucht nach Kampf und verändernder Revolution als Hoffnung deutet, in dem Gedicht »Was kommt ihr, weiße Falter, so oft zu mir?«: »Kleines Schiff in Schluchten / Vergeßner Meere. Starrer Himmel Grauen. / Oder wie nachts auf kahlen Feldern / Verlornes Mondlicht wandert und verschwindet.«

Wolken

(Letzte Fassung)

Der Toten Geister seid ihr, die zum Flusse,
Zum überladnen Kahn der Wesenlosen
Der Bote führt. Euer Rufen hallt im Tosen
Des Sturms und in des Regens wildem Gusse.

Des Todes Banner wird im Zug getragen.
Des Heers carroccio[1] führt die Wappentiere.
Und graunhaft weiß erglänzen die Paniere,
Die mit dem Saum die Horizonte schlagen.

Es nahen Mönche, die in Händen bergen
Die Totenlichter in den Prozessionen.
Auf Toter Schultern morsche Särge thronen.
Und Tote sitzen aufrecht in den Särgen.

Ertrunkene kommen. Ungeborner Leichen.
Gehenkte blaugeschnürt. Die Hungers starben
Auf Meeres fernen Inseln. Denen Narben
Des schwarzen Todes umkränzen rings die Weichen.

Es kommen Kinder in dem Zug der Toten,
Die eilend fliehn. Gelähmte vorwärts hasten.
Der Blinden Stäbe nach dem Pfade tasten.
Die Schatten folgen schreiend dem stummen Boten.

Wie sich in Windes Maul des Laubes Tanz
Hindreht, wie Eulen auf dem schwarzen Flug,
So wälzt sich schnell der ungeheure Zug,
Rot überstrahlt von großer Fackeln Glanz.

Auf Schädeln trommeln laut die Musikanten,
Und wie die weißen Segel blähn und knattern,
So blähn der Spieler Hemden sich und flattern.
Es fallen ein im Chore die Verbannten.

1. *Kriegswagen.*

Das Lied braust machtvoll hin in seiner Qual,
Vor der die Herzen durch die Rippen glimmen.
Da kommt ein Haufe mit verwesten Stimmen,
Draus ragt ein hohes Kreuz zum Himmel fahl.

Der Kruzifixus ward einhergetragen.
Da hob der Sturm sich in der Toten Volke.
Vom Meere scholl und aus dem Schoß der Wolke
Ein nimmer endend grauenvolles Klagen.

Es wurde dunkel in den grauen Lüften.
Es kam der Tod mit ungeheuren Schwingen.
Es wurde Nacht, da noch die Wolken gingen
Dem Orkus zu, den ungeheuren Grüften.

Die Gefangenen I

Sie trampeln um den Hof im engen Kreis.
Ihr Blick schweift hin und her im kahlen Raum.
Er sucht nach einem Feld, nach einem Baum,
Und prallt zurück von kahler Mauern Weiß.

Wie in den Mühlen dreht der Rädergang,
So dreht sich ihrer Schritte schwarze Spur.
Und wie ein Schädel mit der Mönchstonsur,
So liegt des Hofes Mitte kahl und blank.

Es regnet dünn auf ihren kurzen Rock.
Sie schaun betrübt die graue Wand empor,
Wo kleine Fenster sind, mit Kasten vor,
Wie schwarze Waben in dem Bienenstock.

Man treibt sie ein, wie Schafe zu der Schur.
Die grauen Rücken drängen in den Stall.
Und klappernd schallt heraus der Widerhall
Der Holzpantoffeln auf dem Treppenflur.

Der Gott der Stadt

Auf einem Häuserblocke sitzt er breit.
Die Winde lagern schwarz um seine Stirn.
Er schaut voll Wut, wo fern in Einsamkeit
Die letzten Häuser in das Land verirrn.

Vom Abend glänzt der rote Bauch dem Baal,
Die großen Städte knien um ihn her.
Der Kirchenglocken ungeheure Zahl
Wogt auf zu ihm aus schwarzer Türme Meer.

Wie Korybanten-Tanz[1] dröhnt die Musik
Der Millionen durch die Straßen laut.
Der Schlote Rauch, die Wolken der Fabrik
Ziehn auf zu ihm, wie Duft von Weihrauch blaut.

Das Wetter schwelt in seinen Augenbrauen.
Der dunkle Abend wird in Nacht betäubt.
Die Stürme flattern, die wie Geier schauen
Von seinem Haupthaar, das im Zorne sträubt.

Er streckt ins Dunkel seine Fleischerfaust.
Er schüttelt sie. Ein Meer von Feuer jagt
Durch eine Straße. Und der Glutqualm braust
Und frißt sie auf, bis spät der Morgen tagt.

Die Hölle

> Und Finsternis bedeckt die weiten Räume,
> Als hätte sich der Satan aufgerichtet
> Und würfe seinen Schatten durch das All.
>   Divus Grabbe, Herzog Theodor von Gothland

I

Ich dachte viel der Schrecken zu erfahren,
Als ich an ihren hohen Toren stand,

---

1. *wie der Tanz der Priester der phrygischen Muttergöttin Kybele, d. h. ausgelassen, wild.*

Abgründe rot und Meere voller Brand
Hinter den großen Riegeln zu gewahren,

Und sah ein Land voll ausgespannter Öde,
Und Monde bleich, wie ein paar starre Tränen.
Man gab mir keinen Gruß zurück. Nur blöde
Sahn mich die Schatten an mit lautem Gähnen.

Die Unterwelt, sie gleicht zu sehr der Erde:
Im Schlamm des Hades lag ein Krokodil.
Man warf auch hier nach seinem Kopf zum Spiel,
Vielleicht mit etwas müderer Gebärde.

Wanderer gingen in den Sonntagsröcken,
Sie sprachen von den Sorgen dieser Wochen
Und freuten sich, wenn junge Falten krochen
Aus ihrer Freunde Stirn wie Dornenhecken.

Laternen wurden durch die Nacht geschwungen,
Und einen Toten trug man uns vorbei.
Er war im ewig grauen Einerlei
Vor Langeweile wie ein Pilz zersprungen.

GEORG TRAKL

Am 3. Februar 1887 in Salzburg geboren als Sohn eines Kaufmanns; seit 1897 Besuch des Humanistischen Gymnasiums, Klavierunterricht, Lektüre der französischen Symbolisten sowie u. a. von Nietzsche, Lenau, George, Hofmannsthal; früher Anschluß an die Schwester Margarethe; 1905 Apothekerlehrling (nimmt seit dieser Zeit Drogen); 1908 Beginn des Studiums der Pharmazie in Wien, 1910 Magister der Pharmazie; wechselnder Wohnsitz (Innsbruck, Salzburg, Wien) und Beschäftigung (Angestellter in Apotheken, im Arbeits- und Kriegsministerium); 1913 erster Gedichtband (*Gedichte*) des seit 1904 Schreibenden; nach Ausbruch des Ersten Weltkriegs Sanitäter; in der Schlacht bei Grodek (Galizien) (siehe auch das Gedicht gleichen Titels) 1914 muß er sich um 90 Schwerverwundete allein kümmern; er unternimmt einen Selbstmordversuch, wird daraufhin ins Krakauer Garnisonshospital abkommandiert zwecks Untersuchung seines Geisteszustands; dort stirbt er,

am 3. November 1914, an einer Überdosis Kokain. 1917 erschien unter
dem Titel *Die Dichtungen* eine erste Gesamtausgabe.

*Georg Trakl sah in seinen Dichtungen ein »allzugetreues
Spiegelbild eines gottlosen, verfluchten Jahrhunderts«. Seine
Gottessehnsucht und -suche schärfte sich im Erlebnis der
Gottesferne, das auf der Erfahrung von Grauen und Verfall, auf übersteigertem Schuldgefühl beruhte. Seine Dichtung, sagt Trakl, sei ein »unvollkommener Versuch«,
»Schuld« zu sühnen. Dem Gefühl persönlicher Schuld kor-
respondiert das Bewußtsein der Schuldhaftigkeit des Menschen schlechthin. Gott verheißt zwar Vergebung, gewährt
die Gnade des Abendmahls, doch sie gewinnt für den De-
mütigen nicht die Beruhigung einer Realität. Das erlösende
Gegenbild zwar beschwörend und deshalb gottbezogen,
wenn auch ohne Hoffnung, bietet Trakls Werk das Zeugnis
eines Ringens um Heilung, das die Disharmonie nur um so
deutlicher in Erscheinung treten läßt. Die Natur an sich ist
bei Trakl im Gedicht aufgehoben, ihre Erscheinungen werden als Zustandsschilderungen der eigenen Zerrissenheit
umgedeutet, die gewöhnlichen Zusammenhänge aufgelöst.
Ein Dualismus ist zu beobachten, der Schön und Häßlich,
Gut und Böse entweder miteinander verbindet (oft schon
innerhalb einer Verszeile: »Ein reines Blau tritt aus verfallener Hülle.«), plötzlich ineinander umschlagen läßt, wobei
das scheinbar schöne Idyll sich ins Grausige verkehrt (wie
in den beiden Terzetten von »Verfall«: »Da macht ein
Hauch mich . . .«), oder in eins setzt bzw. in einem alogi-
schen Zusammenhang verschränkt wie in »Grodek«. Trakl
benutzt eine schmale Zahl immer wiederkehrender Chiffren,
so daß man bei ihm von dem einen Gedicht (Walther Killy)
gesprochen hat. Das dualistische Prinzip läßt sich deutlich
im inhaltlich bezogenen Grundmuster erkennen: Zum bio-
graphischen Aspekt – kindliche Unschuld divergiert mit der
Schuldhaftigkeit des Erwachsenen (was stark vom Erlebnis
des Inzests genährt wird) – kommt der heilsgeschichtliche,*

er setzt paradiesische Unschuld und Verfluchung des Menschen in der Welt nach dem Sündenfall gegeneinander (vgl. »Menschheit«, Vers 5–10, mit der Anspielung auf Hölderlins elegisches Gedicht »Brot und Wein«). Trakls apokalyptische, Ich-Erfahrung und Menschheits-Erfahrung in eins setzende Visionen sind andererseits auch künstlich (durch Drogen, die er seit dem 18. Lebensjahr nahm) und literarisch provoziert; so hat K. L. Ammer (= Karl Klammer), zu den literarischen Wegbereitern des Expressionismus zählend, mit seinen Maeterlinck- und Rimbaud-Übersetzungen großen Einfluß auf Trakl ausgeübt. Ganze Bildkomplexe und Verszeilen entlehnt Trakl, zum Teil wortwörtlich, um sie in seinen Duktus überzuführen. Erinnerung, Traum, Drogenrausch und Lektüre schaffen eine evokative Lyrik, die die exzeptionelle Leistung der expressionistischen Lyrik überhaupt darstellt.

Verfall

Am Abend, wenn die Glocken Frieden läuten,
Folg ich der Vögel wundervollen Flügen,
Die lang geschart, gleich frommen Pilgerzügen,
Entschwinden in den herbstlich klaren Weiten.

Hinwandelnd durch den dämmervollen Garten
Träum ich nach ihren helleren Geschicken
Und fühl der Stunden Weiser kaum mehr rücken.
So folg ich über Wolken ihren Fahrten.

Da macht ein Hauch mich von Verfall erzittern.
Die Amsel klagt in den entlaubten Zweigen.
Es schwankt der rote Wein an rostigen Gittern,

Indes wie blasser Kinder Todesreigen
Um dunkle Brunnenränder, die verwittern,
Im Wind sich fröstelnd blaue Astern neigen.

Menschheit

Menschheit vor Feuerschlünden aufgestellt,
Ein Trommelwirbel, dunkler Krieger Stirnen,
Schritte durch Blutnebel; schwarzes Eisen schellt,
Verzweiflung, Nacht in traurigen Gehirnen:
Hier Evas Schatten, Jagd und rotes Geld.
Gewölk, das Licht durchbricht, das Abendmahl.
Es wohnt in Brot und Wein ein sanftes Schweigen
Und jene sind versammelt zwölf an Zahl.
Nachts schrein im Schlaf sie unter Ölbaumzweigen;
Sankt Thomas taucht die Hand ins Wundenmal.

Der Herbst des Einsamen

Der dunkle Herbst kehrt ein voll Frucht und Fülle,
Vergilbter Glanz von schönen Sommertagen.
Ein reines Blau tritt aus verfallener Hülle;
Der Flug der Vögel tönt von alten Sagen.
Gekeltert ist der Wein, die milde Stille
Erfüllt von leiser Antwort dunkler Fragen.

Und hier und dort ein Kreuz auf ödem Hügel;
Im roten Wald verliert sich eine Herde.
Die Wolke wandert übern Weiherspiegel;
Es ruht des Landmanns ruhige Geberde.
Sehr leise rührt des Abends blauer Flügel
Ein Dach von dürrem Stroh, die schwarze Erde.

Bald nisten Sterne in des Müden Brauen;
In kühle Stuben kehrt ein still Bescheiden
Und Engel treten leise aus den blauen
Augen der Liebenden, die sanfter leiden.
Es rauscht das Rohr; anfällt ein knöchern Grauen,
Wenn schwarz der Tau tropft von den kahlen Weiden.

Klage

Schlaf und Tod, die düstern Adler
Umrauschen nachtlang dieses Haupt:
Des Menschen goldnes Bildnis
Verschlänge die eisige Woge
Der Ewigkeit. An schaurigen Riffen
Zerschellt der purpurne Leib
Und es klagt die dunkle Stimme
Über dem Meer.
Schwester stürmischer Schwermut
Sieh ein ängstlicher Kahn versinkt
Unter Sternen,
Dem schweigenden Antlitz der Nacht.

Grodek
2. Fassung

Am Abend tönen die herbstlichen Wälder
Von tödlichen Waffen, die goldnen Ebenen
Und blauen Seen, darüber die Sonne
Düstrer hinrollt; umfängt die Nacht
Sterbende Krieger, die wilde Klage
Ihrer zerbrochenen Münder.
Doch stille sammelt im Weidengrund
Rotes Gewölk, darin ein zürnender Gott wohnt
Das vergoßne Blut sich, mondne Kühle;
Alle Straßen münden in schwarze Verwesung.
Unter goldnem Gezweig der Nacht und Sternen   [Hain,
Es schwankt der Schwester Schatten durch den schweigenden
Zu grüßen die Geister der Helden, die blutenden Häupter;
Und leise tönen im Rohr die dunkeln Flöten des Herbstes.
O stolzere Trauer! ihr ehernen Altäre,
Die heiße Flamme des Geistes nährt heute ein gewaltiger
Die ungebornen Enkel.   [Schmerz,

ERNST STADLER

Am 11. August 1883 in Colmar (Elsaß) geboren als Sohn eines Staatsanwalts; Studium der Germanistik und Anglistik in Straßburg und Oxford. 1905 *Präludien* (G.). 1908 Habilitation in Straßburg, ab 1910 Professor in Brüssel. 1914 *Der Aufbruch* (G.). Im gleichen Jahr, am 30. Oktober, gefallen bei Ypern.

Ernst Stadler, der von zwei Kulturen geprägte elsässische Germanist, profunder Kenner der europäischen literarischen Tradition, hatte es schwer, zu eigenem Ton und Stil zu kommen. Schwärmerei für die Bewegung der elsässischen Heimatkunst, einer provinziellen Erscheinungsform des Naturalismus, kennzeichnet seine erste Entwicklungsstufe. Über Nietzsches aristokratischen Ästhetizismus, seine dithyrambische Sprachgebärde führt Stadlers Weg schließlich zum Symbolismus, dem er sich bis zur Selbstaufgabe verschrieb. Auf die Erfüllung gewisser von Hofmannsthal und George vorgeprägter Formen folgte gegen 1910 eine Wandlung, die eine Loslösung vom Formalismus und die Absage an den Artismus brachte: »Die Ästhetenträume zerflattern vor der aufreizenden Lust aktiver Mitarbeit an der Realisierung der Idee.« An seine Stelle tritt ein vitalistisch-politischer Aktivismus und ein – wie Stadler von Max Dauthendey sagt – »neues, freudiges, allumspannendes Weltgefühl« oder, wie es in einer seiner Äußerungen über Georg Heym heißt, »ein gesteigerter Naturalismus«. Die »Härte« der »Form« wird, wie in dem bekannten, die eigene Entwicklung in ein dichterisches Bild bringenden Bekenntnisgedicht »Form ist Wollust« zu lesen ist, durch ein »grenzenloses Michverschenken« abgelöst, in dem Gefühl durch höchsten Ausdruckswillen geformte Realität wird. Ekstatische Hingabe an den Menschen, Sehnsucht nach Entgrenzung, Auflösung in der Totalität des Lebens spiegeln sich in den Langzeilengedichten des Bandes »Der Aufbruch«, die als neuartige, wenn auch von Francis Jammes beeinflußte, dynamisch offene Ausdrucksform gelten. An dem Wandel des Traumsymbols von den frühen zu den späten Gedichten wird die Entwicklung Stadlers auf besondere Weise sinnfällig (Werner Kohlschmidt). Was zunächst als Zaubergarten und Paradies gesehen wurde, gleicht jetzt Trug und Schein, während die Begegnung mit der Stadt, Ort des Ekels und der Zersetzung zunächst, jetzt zum Fest, zu ekstatischer Einswerdung führt (»Fahrt über die Kölner Rheinbrücke«). Übergang von ästhetischer zu ethischer Orientierung findet Ausdruck in dieser Wandlung, die Brücke und Bahnhof zum menschheitsverbindenden Symbol steigert und »Tag und Wirklichkeit« dem »Schein, Trug und Spiel« des Traums (»Der Spruch«) gegenüberstellt. »Wirf die Sehnsucht in die Welt! Dein warten Städte, Menschen, Meere...« heißt es mit dionysischer Gebärde, die Demut wie Sehnsucht einschließt, Mensch wie Ding gilt, in dem Gedicht »Parzival von der Gralsburg«.

Der Spruch

In einem alten Buche stieß ich auf ein Wort,
Das traf mich wie ein Schlag und brennt durch meine Tage
     fort:
Und wenn ich mich an trübe Lust vergebe,
Schein, Lug und Spiel zu mir anstatt des Wesens hebe,
Wenn ich gefällig mich mit raschem Sinn belüge,
Als wäre Dunkles klar, als wenn nicht Leben tausend wild
     verschlossne Tore trüge,
Und Worte wiederspreche, deren Weite nie ich ausgefühlt,
Und Dinge fasse, deren Sein mich niemals aufgewühlt,
Wenn mich willkommner Traum mit Sammethänden
     streicht,
Und Tag und Wirklichkeit von mir entweicht,
Der Welt entfremdet, fremd dem tiefsten Ich,
Dann steht das Wort mir auf: Mensch, werde wesentlich!

Form ist Wollust

Form und Riegel mußten erst zerspringen,
Welt durch aufgeschlossne Röhren dringen:
Form ist Wollust, Friede, himmlisches Genügen,
Doch mich reißt es, Ackerschollen umzupflügen.
Form will mich verschnüren und verengen,
Doch ich will mein Sein in alle Weiten drängen –
Form ist klare Härte ohn' Erbarmen,
Doch mich treibt es zu den Dumpfen, zu den Armen,
Und in grenzenlosem Michverschenken
Will mich Leben mit Erfüllung tränken.

Irrenhaus

(Le Fort Jaco, Uccle)

Hier ist Leben, das nichts mehr von sich weiß –
Bewußtsein tausend Klafter tief ins All gesunken.
Hier tönt durch kahle Säle der Choral des Nichts.
Hier ist Beschwichtigung, Zuflucht, Heimkehr, Kinderstube.
Hier droht nichts Menschliches. Die stieren Augen,
Die verstört und aufgeschreckt im Leeren hangen,
Zittern nur vor Schrecken, denen sie entronnen.
Doch manchen klebt noch Irdisches an unvollkomm'nen
        Leibern.
Sie wollen Tag nicht lassen, der entschwindet.
Sie werfen sich in Krämpfen, schreien gellend in den Bädern
Und hocken wimmernd und geschlagen in den Ecken.
Vielen aber ist Himmel aufgetan.
Sie hören die toten Stimmen aller Dinge sie umkreisen
Und die schwebende Musik des Alls.
Sie reden manchmal fremde Worte, die man nicht versteht.
Sie lächeln still und freundlich so wie Kinder tun.
In den entrückten Augen, die nichts Körperliches halten,
        weilt das Glück.

Fahrt über die Kölner Rheinbrücke bei Nacht

Der Schnellzug tastet sich und stößt die Dunkelheit entlang.
Kein Stern will vor. Die ganze Welt ist nur ein enger,
    nachtumschienter Minengang,
Darein zuweilen Förderstellen blauen Lichtes jähe Hori-
    zonte reißen: Feuerkreis
Von Kugellampen, Dächern, Schloten, dampfend, strö-
    mend . . nur sekundenweis . .
Und wieder alles schwarz. Als führen wir ins Eingeweid
    der Nacht zur Schicht.
Nun taumeln Lichter her . . verirrt, trostlos vereinsamt . .
    mehr . . und sammeln sich . . und werden dicht.
Gerippe grauer Häuserfronten liegen bloß, im Zwielicht
    bleichend, tot – etwas muß kommen . . o, ich fühl
    es schwer
Im Hirn. Eine Beklemmung singt im Blut. Dann dröhnt der
    Boden plötzlich wie ein Meer:
Wir fliegen, aufgehoben, königlich durch nachtentrissne
    Luft, hoch übern Strom. O Biegung der Millionen
    Lichter, stumme Wacht,
Vor deren blitzender Parade schwer die Wasser abwärts
    rollen. Endloses Spalier, zum Gruß gestellt bei
    Nacht!
Wie Fackeln stürmend! Freudiges! Salut von Schiffen über
    blauer See! Bestirntes Fest!
Wimmelnd, mit hellen Augen hingedrängt! Bis wo die
    Stadt mit letzten Häusern ihren Gast entläßt.
Und dann die langen Einsamkeiten. Nackte Ufer. Stille.
    Nacht. Besinnung. Einkehr. Kommunion. Und Glut
    und Drang.
Zum Letzten, Segnenden. Zum Zeugungsfest. Zur Wollust.
    Zum Gebet. Zum Meer. Zum Untergang.

JOHANNES R. BECHER

Am 22. Mai 1891 in München geboren als Sohn eines Richters; seit 1911 Studium der Philosophie und Medizin in Berlin, München und Jena; Ende des Ersten Weltkriegs Mitglied des Spartakus-Bundes, dann der Kommunistischen Partei. 1914 *Verfall und Triumph*. Gedichte und Versuche in Prosa; 1916 *Gedichte für ein Volk, An Alle!* Neue Gedichte; 1920 *Ewig im Aufruhr* (G.); 1924 *Am Grabe Lenins* (Dichtung). 1933 Flucht nach Prag, lebte anschließend in Wien, in Frankreich und seit 1935 (bis 1945) als Chefredakteur der Zeitschrift »Internationale Literatur. Deutsche Blätter« in Moskau; kehrte 1945 nach Berlin (Ost) zurück; amtierte als Präsident der Deutschen Akademie der Künste, ab 1954 Minister für Kultur in der Regierung der DDR; am 11. Oktober 1958 in Berlin gestorben.

Johannes R. Becher ging konsequent seinen Weg. Aufbruchselan, der Wille zur Veränderung trugen ihn zur Vollendung, einer Vollendung freilich, die durch bewußte Blindheit erkauft war. Als er anfing, hingen, wie Kasimir Edschmid sagt, in »seinem dichterischen Atem [...] fünf Sturmfahnen. Es war in seinen Versen etwas wie ein Vulkan-Ausbruch, also etwas Elementares und zugleich etwas [...] Peinliches«; als er starb, hatte er sich längst von seinen Anfängen distanziert; aber was später gekommen war, hielt keineswegs den Vergleich mit ihnen stand. Bechers frühe radikale Gedichte verteilen verbale Faustschläge gegen die verhaßte bürgerliche Welt, treffen mit ihr masochistisch das eigene Erbe. Hinausgeschleudert, maßlos, schrill, »spucken« sie mit ihrer gewaltsamen Bildlichkeit den eigenen Gefühlen »ins Gesicht«. Rhetorische Explosion – »Der Dichter meidet strahlende Akkorde«, heißt es in dem bekannten Programmgedicht – reißt die überlieferte Form des Gedichts in Fetzen, läßt das Zerfetzte von einer Gefühlswoge davonspülen. Bechers expressives Sprachchaos verarbeitet sämtliche verfügbaren Anregungen, allen voran solche Trakls, Heyms, Lichtensteins und Stramms. Das Kriegsgeschehen löste dem jungen Autor, der zunächst Werfels O-Mensch-Pathos nahestand, seinem Aufruf zur Welt-

*freundschaft – »Menschheit heißt der unerhörte Sieg«, der
das Chaos überwinden wird – die Zunge zum Schrei, zu
einer, wie er eines seiner Gedichte nannte, »neuen Syntax«,
einer die Konvention zertrümmernden »Katastrophen-Syn-
tax« (H. E. Jacob). Imperativisch-imperatorisch war sein
Anruf, explosiv-dynamisch wie sein übersteigerter Stil war
seine Form, aus Kraftlinien sich bündelnd. Ungeheuerliche
Ausbrüche einer »wüststrotzenden« Begabung nennt Pinthus die Gedichte Bechers, der »den Verfall und Triumph
der auf ihn schamlos eindringenden Umwelt zu den zer-
hackten, hinausgeschrienen, schwebenden, dröhnenden Versen eines fäkalischen Barock, zum anklagenden Taumeltanz
auf dem verwüsteten Leib der Gegenwart aufreizt.«
»O Trinität des Werks: Erlebnis, Formulierung, Tat«, lautet eine Zeile seines Gedichts »Der Dichter meidet strahlende Akkorde«. Wort und Aktion gehören zusammen für
den Aktivisten Becher, dessen künstlerische Entwicklung mit
dem Roman »Abschied« (nach 1935 in der Emigration entstanden) abgeschlossen war. In einem Maße, wie der Aktion
der Widerstand schwand, Utopia sich näherte, in der
»neuen« sozialistischen Gesellschaft faßbar wurde, nivel-
lierte sich seine Sprache. Die Stimme verlor ihre Resonanz.
»Das Gedicht kann nicht ohne Wahrheit auskommen«,
schreibt Becher in der Betrachtung »Aus der Welt des Gedichts« (1936). »Auch in dem Gedicht regt sich heimlich der
Widerstand, errichten sich Barrikaden, und es verjagt seine
Peiniger: Das Gedicht fragt sich, und die Antwort wird
ihm von dorther erteilt, wo die Zukunft am Zuge ist.« Aus
Vision, Menschheitsvision lebte sein Werk; mit ihrer Verwirklichung als Lüge starb es.*

DER DICHTER MEIDET STRAHLENDE AKKORDE.
Er stößt durch Tuben, peitscht die Trommel schrill.
Er reißt das Volk auf mit gehackten Sätzen.

*

Ich lerne. Ich bereite vor. Ich übe mich.
Wie arbeite ich – hah leidenschaftlich! –
Gegen mein noch unplastisches Gesicht –:
Falten spanne ich.
Die Neue Welt
(– eine solche: die alte, die mystische, die Welt der Qual
                            austilgend –)
Zeichne ich, möglichst korrekt, darin ein.
Eine besonnte, eine äußerst gegliederte, eine *geschliffene*
                            Landschaft schwebt mir vor,
Eine Insel glückseliger Menschheit.
Dazu bedarf es viel. (Das weiß er auch längst sehr wohl.)

O Trinität des Werks: Erlebnis, Formulierung, Tat.

Ich lerne. Bereite vor. Ich übe mich.

. . . bald werden sich die Sturzwellen meiner Sätze zu einer
                            unerhörten Figur verfügen.
Reden. Manifeste. Parlament. Der Experimentalroman.
Gesänge von Tribünen herab vorzutragen.

Der neue, der heilige Staat
Sei gepredigt, dem Blut der Völker, Blut von ihrem Blut,
Restlos sei er gestaltet.   [eingeimpft.
Paradies setzt ein.
– Laßt uns die Schlagwetter-Atmosphäre verbreiten! –
Lernt! Vorbereitet! Übt euch!

Der Mensch steht auf!

Verfluchtes Jahrhundert! Chaotisch! Gesanglos! Ausgehängt
        du Mensch, magerster der Köder, zwischen Qual
        Nebel-Wahn Blitz.
Geblendet. Ein Knecht. Durchfurcht. Tobsüchtig. Aussatz
        und Säure.

Mit entzündetem Aug. Tollwut im Eckzahn. Pfeifenden
      Fieberhorns.
Aber
Über dem Kreuz im Genick wogt mild unendlicher Äther.
Heraus aus Gräben Betrieben Asylen Kloaken, der hölli-
      schen Spelunke.
Sonnen-Chöre rufen hymnisch auf die Höhlen-Blinden.
Und
Über der blutigen Untiefe der Schlachten-Gewässer
Sprüht ewig unwandelbar Gottes magischer Stern.

Du Soldat!
Du Henker und Räuber! Und fürchterlichste der Geißeln
      Gottes!
Wann endlich
– frage ich bekümmert und voll rasender Ungeduld zugleich –
Wann endlich wirst du mein Bruder sein??
Wenn
Das mörderische Messer restlos von dir *in dir* abfällt.
Du vor Gräbern und Feinden waffenlos umkehrst:
Ein Deserteur! Ein Held! Bedankt! Gebenedeit!
Zornig du in tausend Stücke das verbrecherische Gewehr
      zerschmeißt.
Rücksichtslos dich deiner »verdammten Pflicht und Schul-
      digkeit« entziehst
Und deinen billigen hundsföttischen Dienst höhnisch offen
      verweigerst allen Ausbeutern, Tyrannen und Lohn-
      herrn.
Wenn
Dein zerstörerischer Schritt nicht mehr erbarmungslos
      stampft über die friedlichen Lichtgründe einer krea-
      turenbeseelten Erde.
Und du dich wütend selbst zermalmst vor deinen glorrei-
      chen Opfern am Kreuz.
. . . dann dann wirst du mein Bruder sein . . .

Wirst mein Bruder sein:
Wenn du reumütig vor dem letzten und schlimmsten der
      erschossenen Plünderer kniest.
Verzweifelt und gedemütigt
Stachelfäuste durch deine Panzerbrust hindurch
In das Innere deines eben erwachten Herzens herabpreßt –
Zerknirscht und Gelübde schmetternd es herausheulst:
»Siehe auch dieser da war mein Bruder!!
Oh welche, oh meine Schuld!!!«

Dann dann wirst du mein Bruder sein.
Dann dann wird gekommen sein jener endliche blendende
      paradiesische Tag unsrer menschlichen Erfüllung,
Der Alle mit Allen aussöhnt.
Da Alle sich in Allen erkennen:
Da tauen die peitschenden Gestürme machtlos hin vor
      unserem glaubensvollen Wort.
Euerer Hochmut eigensinniger Ararat setzt sich erlöst und
      gern unter die weichen Gezelte der Demut.
Verweht der Teuflischen schlimmer Anschlag, Bürde und
      Aufruhr.
Wie auch gewaltlos überwältigt der Bösen eroberische Gier,
      schranken - und maßlosester Verrat und Triumph.

Sage mir, o Bruder Mensch, wer bist du!?
Wüter. Würger. Schuft und Scherge.
Lauer-Blick am gilben Knochen deines Nächsten.
König Kaiser General.
Gold-Fraß. Babels Hure und Verfall.
Haßgröhlender Rachen. Praller Beutel und Diplomat.
Oder oder
Gottes Kind!!??

Sage mir o Mensch mein Bruder *wer* du bist! Glücklich
Umgurgelt von den ruhlosen Gespenstern der unschuldig
      und wehrlos Abgeschlachteten!?

Der Verdammten Evakuierten explodierenden Sklaven und
    Lohnknechte!?
Trostlose Pyramide rings Wüstenei Gräber Skalp und
    Leiche.
Der Hungerigen und Verdursteten ausgedörrte Zunge euch
    Würze des Mahls!?
Jammer-Röcheln, Todeshauch, der Erbitterten Wut-Orkan
    euch wohlgefällige Fern-Musik?
Oder aber
Reicht dies brüllendste Elend alles nicht an euch
Ihr Satten Trägen Lauen ihr herzlos Erhabenen?
Euerer Härte Feste, vom Zyklon der Zeit umdonnert,
    wirklich unberührt!?
Bröckelt euerer stolzen Türme Stein um Stein nicht ab, daß
    die schwangeren Eselinnen endlich rasten.
Euere Früchte modern: Völker seellos und vertiert.
Herrscher dieser Welt, die euch nur euch belasten!!!

Sage mir o Bruder mein Mensch wer bist du!?
...makelloses Sterngebild am Himmelswunsch der Ärmsten
    oben.
Krasser Feuer-Wunde kühler Balsam-Freund –
Zaubrisch süßer Tau auf Tiger wildes Dorn-Gestrüpp –
Mildes Jerusalem fanatischer Kreuzzüge –
Nie je verlöschende Hoffnung –
Nie trügerischer Kompaß. Gottes Zeichen –
Öl bitterer Zwiebel starrer Zweifel –
Du tropische Hafenstadt ausgewanderter, der verlorenen
    Söhne –
Keiner dir fremd,
Ein jeder dir nah und Bruder.
Verirrte Bienenschwärme nistend in dir.
Im südlichen Zephir-Schlaf deiner Mulden rastet, verstrickt
    in des Raums labyrinthische Öde
Ekstatisch singend ein Bettler der besitzlose Dichter, Ahas-
    ver, der weltfremde weltnahe melancholische Pilger.

In die Schlummerlaube und Oase deiner Füße niedertaucht
    der Ohnefrieden.
Aber an den Ural-Schläfen deines Haupts aufwärts steigt
    der lichtvoll Nimmermüde:
Deiner Reinheit Quellen
Kämpfen sich durch Fluch und Steppen.
In verrammte Zitadellen
Geußt du Würze Lamm und Frühlingshügel.
Engel sinkst du wo sich Ärmste schleppen.
Noch in Höllen wirkst du Helfer gut.
Doch den Bösen klirrt – Gericht – dein Jünglingsflügel:
Aus der Felsen Schlucht und Brodem
Reißt du glühend Frucht und Odem.
Schöpfest himmlisch Blut.

... Grimmer Moloch oder Edens Küste.
Giftgas-Speier oder Saat des Heils.
Scheusal der Hyäne oder Palmen Zone.
Christi Seiten-Wunde oder Essigschwamm.
Sage mir o mein Bruder mein Mensch: *wer* wer von den
    beiden bist du?!

Denn
Brennende Gezeit brüllt fordernd dich auf:
Entscheide dich! Antworte dir!
Rechenschaft will ich und
Die zerrissene Erde aus der gewaltigen Schleuder deines
    Gehirns: Wille Fülle und Schicksal.
Einer heiligen glückhaften Zukunft kindlicher sorgloser
    Schlaf befrägt andämmernd schon dringend dich.
Schütte dich aus! Bekenne erkenne dich!
Erhöre dich! Werde deutlich!
Sei kühn und denke!
Mensch: du menschenabgewandter, einsamer Brodler, Sün-
    der Zöllner Bruder und Verräter: wer bist du!!
Drehe im Grabe dich! Dehne dich sehne dich!

Atme! Entscheide dich endlich! Wende dich!
Limonen-Farm oder Distel-Exil.
Auserwählte Insel oder Pfuhl der Schächer.
Ruinen-Keller. Strahl-Prophet und Flammen-Sinai.
Lokomotiven Tempo Bremse kläffend.
Mensch Mensch mein Bruder wer bist du!?

Schwefel-Gewitter stopfen ruchlos azuренen Raum.
Deiner Sehnsucht Horizont vergittert sich.
(... nieder ins Blut! Brust auf! Kopf ab! Zerrissen! Ge-
     quetscht. Im Rüssel der Schleusen ...)
Noch noch ists Zeit!
Zur Sammlung! Zum Aufbruch! Zum Marsch!
Zum Schritt zum Flug zum Sprung aus kananitischer
     Nacht!!!
Noch ists Zeit –
Mensch Mensch Mensch stehe auf stehe auf!!!

FRANZ WERFEL

Am 10. September 1890 geboren in Prag als Sohn eines Industriellen; Besuch des Gymnasiums; Militärdienst; dann Volontär in Hamburger Speditionsfirma; 1911 Lektor bei Kurt Wolff in Leipzig. *Der Weltfreund* (G.); 1913 *Wir sind* (G.). 1915–17 Soldat der österreichischen Armee. 1915 *Einander* (G.). Lebte ab 1919 in Wien, verheiratet mit Alma Mahler, der Witwe Gustav Mahlers. 1938 Flucht von Italien nach Frankreich, 1940 über Portugal nach den USA; starb am 26. August 1945 in Beverly Hills (Kalifornien) an einem Herzschlag.

Franz Werfels dithyrambische Verheißung von Menschheitserlösung und -versöhnung, von seiner Generation als Sinn-Gebung dankbar aufgenommen, mutet heute »bemüht« an. Doch steht außer Frage, daß Werfel, der Gefühle in Musik zu verwandeln wußte, der sich dazu berufen fühlte, Gewissen seiner Zeit zu sein, trotz des häufigen

Mißverhältnisses zwischen Form und Gehalt von größter Bedeutung für die Lyrik des Expressionismus gewesen ist. Daß man so lange keinen Anstoß am mangelnden Formgefühl nahm, scheint nur einen weiteren Beweis dafür zu liefern, daß die expressionistische Strömung von den Zeitgenossen eher als ethischer Aufbruch denn als ästhetische Neuerung verstanden wurde. Grunderfahrung und -haltung Werfels ist neben »grenzenloser Hingabe an die Musik« – woraus sich nach A. D. Klarmann u. a. die Schwächen der Form erklären, da Werfel seine Lyrik zunächst »akustisch erlebt« habe – Erfüllung im Glauben. Weltumarmung geschieht für den Sendungsbewußten aus dem Geiste der Musik und der Religion. Werfels Name ist eng verbunden mit den Anfängen der expressionistischen Bewegung; er steht für die Feier des Gedankens der Erlösung durch das dichterische Wort, für weltoffenen Optimismus und zugleich demütige Hinwendung zu Gott. Kunst verbindet sich ihm mit Theologie; an die Stelle von Kurt Hillers politischem Aktivismus läßt er den Gedanken der »christlichen Sendung« treten, setzt sich ein für eine anarchistische Societas Dei, die Ausdruck der »Zerstörung des alten Bewußtseins« ist. Verströmende Hingabe an das Du, Bereitschaft zu brüderlichem Mitleiden, erweckender Glaube an das Ewigmenschliche, stammelnde Sehnsucht nach Gottesgnade im Bewußtsein menschlicher Schuld charakterisieren seine Lyriksammlungen, die von verbaler Dynamisierung, Vorliebe für die hymnisch ausschwingende Langzeile, Neigung zu ekstatischer Anrufung und Bemühung um volltönende Musikalität bestimmt ist.

An den Leser

Mein einziger Wunsch ist, Dir, o Mensch, verwandt zu sein!
Bist Du Neger, Akrobat, oder ruhst Du noch in tiefer
    Mutterhut,

Klingt Dein Mädchenlied über den Hof, lenkst Du Dein
     Floß im Abendschein,
Bist Du Soldat oder Aviatiker voll Ausdauer und Mut.

Trugst Du als Kind auch ein Gewehr in grüner Arm-
     schlinge?
Wenn es losging, entflog ein angebundener Stöpsel dem
     Lauf.
Mein Mensch, wenn ich Erinnerung singe,
Sei nicht hart und löse Dich mit mir in Tränen auf!

Denn ich habe alle Schicksale durchgemacht: Ich weiß
Das Gefühl von einsamen Harfenistinnen in Kurkapellen,
Das Gefühl von schüchternen Gouvernanten im fremden
     Familienkreis,
Das Gefühl von Debutanten, die sich zitternd vor den
     Souffleurkasten stellen.

Ich lebte im Walde, hatte ein Bahnhofsamt,
Saß gebeugt über Kassabüchern und bediente ungeduldige
     Gäste.
Als Heizer stand ich vor Kesseln, das Antlitz grell über-
     flammt,
Und als Kuli aß ich Abfall und Küchenreste.

So gehöre ich Dir und Allen.
Wolle mir, bitte, nicht widerstehn!
Oh könnte es einmal geschehn,
Daß wir uns, Bruder, in die Arme fallen!

Vater und Sohn

Wie wir einst in grenzenlosem Lieben
Späße der Unendlichkeit getrieben
Zu der Seligen Lust,

Uranos[1] erschloß des Atems Bläue,
Und vereint in lustiger Kindertreue
Schaukelten wir da durch seine Brust.

Aber weh! Der Äther ging verloren,
Welt erbraust und Körper ward geboren,
Nun sind wir entzweit.
Düster von erbosten Mittagsmählern
Treffen sich die Blicke stählern,
Feindlich und bereit.

Und in seinem schwarzen Mantelschwunge
Trägt der Alte wie der Junge
Eisen hassenswert.
Die sie reden, Worte, sind von kalter
Feindschaft der geschiedenen Lebensalter,
Fahl und zornverzehrt.

Und der Sohn harrt, daß der Alte sterbe,
Und der Greis verhöhnt mich gellend: Erbe!
Daß der Abgrund widerhallt.
Und schon klirrt in unsern wilden Händen
Jener Waffen – kaum noch abzuwenden –
Höllische Gewalt.

Doch auch uns sind Abende beschieden
An des Tisches hauserhabenem Frieden,
Wo das Wirre schweigt,
Wo wir's nicht verwehren, trauten Mutes,
Daß, gedrängt von Wallung gleichen Blutes,
Träne auf- und niedersteigt.

Wie wir einst in grenzenlosem Lieben
Späße der Unendlichkeit getrieben,
Ahnen wir im Traum.
Und die leichte Hand zuckt nach der greisen,

1. *in der griech. Mythologie der personifizierte Himmel.*

Und in einer wunderbaren, leisen
Rührung stürzt der Raum.

Der gute Mensch

Sein ist die Kraft, das Regiment der Sterne,
Er hält die Welt wie eine Nuß in Fäusten,
Unsterblich schlingt sich Lachen um sein Antlitz,
Krieg ist sein Wesen und Triumph sein Schritt.

Und wo er steht und seine Hände breitet,
Und wo sein Ruf tyrannisch niederdonnert,
Zerbricht das Ungerechte aller Schöpfung,
Und alle Dinge werden Gott und eins.

Unüberwindlich sind des Guten Tränen,
Baustoff der Welt und Wasser der Gebilde.
Wo seine guten Tränen niedersinken,
Verzehrt sich jede Form und kommt zu sich.

Gar keine Wut ist seiner zu vergleichen.
Er steht im Scheiterhaufen seines Lebens,
Und ihm zu Füßen ringelt sich verloren
Der Teufel, ein zertretener Feuerwurm.

Und fährt er hin, dann bleiben ihm zur Seite
Zwei Engel, die das Haupt in Sphären tauchen,
Und brüllen jubelnd unter Gold und Feuer,
Und schlagen donnernd ihre Schilde an.

GOTTFRIED BENN

Am 2. Mai 1886 in Mansfeld Westpriegnitz geboren als Sohn eines
protestantischen Pfarrers; 1903/04 Studium der Theologie und Philosophie in Marburg, 1905–12 der Medizin in Berlin. 1912 *Morgue und*

andere Gedichte, 1913 *Söhne* (G.). Im Ersten Weltkrieg Militärarzt.
1916 *Gehirne* (Nn.); 1917 *Fleisch* (G.). 1917–35 Facharzt für Haut-
und Geschlechtskrankheiten. Zunächst Sympathie für die Staatsidee
des Nationalsozialismus, dann (1935) Distanzierung; Wiedereintritt in
die Armee, Schreibverbot; nach dem Zweiten Weltkrieg wiederent-
deckt, neue Schaffens- und Wirkungsperiode. Gestorben am 7. Juli 1956
in Berlin.

*Gottfried Benn ist der radikalste Destrukteur unter den
Expressionisten. Er bringt aus Nietzsches Kunstlehre den
Begriff der Artistik wieder zu Ehren und aus dessen »Wille
zur Macht« den »Perspektivismus« (bei Nietzsche: es gibt
keinen festen Maßstab für eine Weltbetrachtung, da die
Welt keinen Sinn, sondern unzählige Sinne hat). Benn gibt
beiden Begriffen eine formal-ästhetische Auslegung. Artistik
ist Ausdruckskunst: die Form, die »primäre Setzung« des
Wortes hat Vorrang vor einer inhaltlichen Sinngebung.
Kunst müsse Schein- und Oberflächencharakter haben. Der
künstlerische Perspektivismus impliziert insofern Nihilismus, als er alle Werte zugunsten einer »Moral der Form«
abwehrt. Der schöpferische Geist hat erkannt: »Das Gehirn
ist ein Irrweg.« Es gilt nur noch zu formulieren, zu »fun-
keln«, mit Worten zu provozieren. 1912 erschien Benns erster Gedichtband, »Morgue und andere Gedichte«. Makabre
Stoffwahl und provozierender Ton – beruhend auf einem
Montagestil, der poetisches Vokabular mit kalt wissen-
schaftlichem Jargon und banaler Alltagssprache zu greller
Verfremdung verbindet –; sie boten eine schockierende
Auffassung zum gängigen Arzt- und Menschenbild. Benn
räumt »gründlich« auf »mit dem lyrischen Ideal der Blau-
blümeleinritter« (Ernst Stadler) und stellt der platten Verheißung, dem fadenscheinigen Fortschritt seiner Zeit die
zum Nichts offene Realität des Todes gegenüber. Krankheit, Verfall, Tod sind die Themen; der Mensch, »die
Krone der Schöpfung« – »das Schwein« wird Benn später
hinzufügen (»Der Arzt I–III«, 1917) –, erscheint als hilf-
loses Tier, erbärmliches Objekt, als Müll, bedauerns- und,*

*mehr noch, verachtenswert. Durch Verknüpfung von schein-
bar Unvereinbarem in krassen Bildern, Überblendung fi-
xierter Assoziationsbereiche, entlarvt Benn die Beliebigkeit
als verbindlich geltender Wertvorstellungen. Dieses Prinzip
der Illusionsbrechung und Stimmungszertrümmerung – vom
Autor 1951 als »Verfahren der Zusammenhangsdurchsto-
ßung, das heißt [...] Wirklichkeitszertrümmerung« charakterisiert – hat Benn bei sich wandelnder Thematik in
den Reimstrophengedichten der zwanziger Jahre durch har-
monische Montage weiter ausgebaut. Die klinisch-nihilisti-
sche Auffassung von der Welt weicht schließlich einer dio-
nysischen Sicht im Sinne Nietzsches von der Kunst (Artistik) als metaphysischer Tätigkeit. »Tod« bedeutet nun
»Heimkehr«, Erlösung, Einswerden mit der Erde, dem »ve-
getabilen Leben« und Urschoß. In der Sammlung »Söhne«
(1913), deren zentrales Thema der für den Expressionismus
charakteristische Vater-Sohn-Konflikt ist, gewinnt die re-
bellische Haltung des jungen Autors einen futurischen
Aspekt. Für die »Söhne« steht der »neue Mensch«, der moderne Künstler, der den Tod und das Leben zum Tode in
rauschhaft ekstatischem Sein überwindet. Dem Bild der krea-
türlichen Hinfälligkeit des Menschen tritt die »Südvision«
gegenüber, die den Tod formend überspielt. »Sehnsucht
nach Rückkehr in den stummen Urgrund der Welt als Erlösung vom Leben« gewinnt den gleichen Stellenwert »wie
die Sehnsucht nach dionysischer Entgrenzung« (E. W.
Wodtke). Das die Gedichtsammlung »Fleisch« (1917) be-
schließende Gedicht »Synthese« spiegelt den Rückzug auf
das eigene Ich: »Ich wälze Welt. Ich röchle Raub. / Und
nächtens nackte ich im Glück: / es ringt kein Tod, es stinkt
kein Staub / mich, Ich-Begriff, zur Welt zurück.« Künstlerische Vision statt Revolte gegen Gott und Schöpfung: sie
schafft dem Ich in Form und Sprache einen auf das Nichts
gegründeten »Archimedischen Punkt«. »Wir wollen den
Traum. Wir wollen den Rausch. Wir rufen Dionysos und
Ithaka! –« lautet der Schluß der Szene »Ithaka« (1914).*

*Sieben Jahre später folgte ein »Epilog«, Rückblick auf die
eigene expressionistische Phase: »Wie soll man da leben?
Man soll ja auch nicht [...] siebenunddreißig Jahre und
total erledigt, ich schreibe nichts mehr ...«*

Kleine Aster

Ein ersoffener Bierfahrer wurde auf den Tisch gestemmt.
Irgendeiner hatte ihm eine dunkelhellila Aster
zwischen die Zähne geklemmt.
Als ich von der Brust aus
unter der Haut
mit einem langen Messer
Zunge und Gaumen herausschnitt,
muß ich sie angestoßen haben, denn sie glitt
in das nebenliegende Gehirn.
Ich packte sie ihm in die Brusthöhle
zwischen die Holzwolle,
als man zunähte.
Trinke dich satt in deiner Vase!
Ruhe sanft,
kleine Aster!

Mann und Frau gehn durch die Krebsbaracke

Der Mann:
Hier diese Reihe sind zerfallene Schöße
und diese Reihe ist zerfallene Brust.
Bett stinkt bei Bett. Die Schwestern wechseln stündlich.

Komm, hebe ruhig diese Decke auf.
Sieh, dieser Klumpen Fett und faule Säfte,
das war einst irgendeinem Mann groß
und hieß auch Rausch und Heimat.

Komm, sieh auf diese Narbe an der Brust.
Fühlst du den Rosenkranz von weichen Knoten?
Fühl ruhig hin. Das Fleisch ist weich und schmerzt nicht.

Hier diese blutet wie aus dreißig Leibern.
Kein Mensch hat so viel Blut.
Hier dieser schnitt man
erst noch ein Kind aus dem verkrebsten Schoß.

Man läßt sie schlafen. Tag und Nacht. – Den Neuen
sagt man: hier schläft man sich gesund. – Nur sonntags
für den Besuch läßt man sie etwas wacher.

Nahrung wird wenig noch verzehrt. Die Rücken
sind wund. Du siehst die Fliegen. Manchmal
wäscht sie die Schwester. Wie man Bänke wäscht.

Hier schwillt der Acker schon um jedes Bett.
Fleisch ebnet sich zu Land. Glut gibt sich fort.
Saft schickt sich an zu rinnen. Erde ruft.

Untergrundbahn

Die weichen Schauer. Blütenfrühe. Wie
aus warmen Fellen kommt es aus den Wäldern.
Ein Rot schwärmt auf. Das große Blut steigt an.

Durch all den Frühling kommt die fremde Frau.
Der Strumpf am Spann ist da. Doch, wo er endet,
ist weit von mir. Ich schluchze auf der Schwelle:
laues Geblühe, fremde Feuchtigkeiten.

Oh, wie ihr Mund die laue Luft verpraßt!
Du Rosenhirn, Meer-Blut, du Götter-Zwielicht,
du Erdenbeet, wie strömen deine Hüften
so kühl den Gang hervor, in dem du gehst!

Dunkel: nun lebt es unter ihren Kleidern:
nur weißes Tier, gelöst und stummer Duft.

Ein armer Hirnhund, schwer mit Gott behangen.
Ich bin der Stirn so satt. Oh, ein Gerüste
von Blütenkolben löste sanft sie ab
und schwölle mit und schauerte und triefte.

So losgelöst. So müde. Ich will wandern.
Blutlos die Wege. Lieder aus den Gärten.
Schatten und Sintflut. Fernes Glück: ein Sterben
hin in des Meeres erlösend tiefes Blau.

Ein Trupp hergelaufener Söhne schrie

Ein Trupp hergelaufener Söhne schrie:
Bewacht, gefesselt des Kindes Glieder schon
durch Liebe, die nur Furcht war;
waffenunkundig gemacht,
uns zu befreien,
sind wir Hasser geworden,
erlösungslos.

Als wir blutfeucht zur Welt kamen,
waren wir mehr als jetzt.
Jetzt haben Sorgen und Gebete
beschnitten uns und klein gemacht.

Wir leben klein.
Wir wollen klein.
Und unser Fühlen frißt wie zahmes Vieh
dem Willen aus der Hand.

Aber zu Zeiten klaftern Wünsche,
in unserem frühesten Blut erstarkt,
ihre Flügel adlerhaft,

als wollten sie einen Flug wagen
aus der Erde Schatten.
Doch die Mutter der Sorgen und Gebete,
die Erde, euch verbündet,
läßt sie nicht von ihrem alten faltigen Leib.

Aber ich will mein eigenes Blut.
Ich dulde keine Götter neben mir.
Heißt: Sohn sein: sich höhnen lassen von seinem Blut:
Feiger Herr, feiger Herr!
Purpurgeschleiert steht meine Schönheit
Tag und Nacht für dich.
Was zitterst du?
Ich übte mir flinke Sehnen an
für deine Wünsche,
o gib sie mir!
Laß mich tanzen!
Fege meinen Saal.
Gelbe speichelnde Gerippe
weißhaarigen, griesgrämigen Bluts
drohen mir.
Ich aber will tanzen
durch dich
schleierlos
dein Blut.

JAKOB VAN HODDIS

Am 16. Mai 1887 in Berlin geboren als Sohn eines Arztes; Besuch des Gymnasiums, schrieb seit 1901 Gedichte; Studium zunächst der Architektur, dann der Gräzistik und Philosophie; 1909–11 Mitbegründer und aktives Mitglied des »Neuen Clubs« und des »Neopathetischen Cabarets«, 1912 Gedichte in den Zeitschriften *Der Sturm* und *Die Aktion.* Konversion zum Katholizismus. 1918 *Weltende* (G.). 1915 in Privatpflege, in den zwanziger Jahren Einlieferung in eine Irrenanstalt; 1942 deportiert und ermordet.

Jakob van Hoddis (anagrammatisches Pseudonym für Hans Davidsohn) schrieb nicht viel in den sieben Jahren, die ihm zur Verfügung standen, traf aber den Nerv der Zeit. Sein Gedicht »Weltende« war Auftakt der Aktionslyrik und gilt als »Marseillaise der expressionistischen Rebellion« (Johannes R. Becher). 1910 im »Neopathetischen Cabaret« vom Autor erstmals gelesen, Anfang 1911 in der Berliner Zeitschrift »Der Demokrat«, dem Vorläufer der »Aktion«, publiziert, wirkte es wie ein Fanal. Auch van Hoddis stand, als er zu schreiben begann, unter dem Einfluß des Symbolismus, fand aber mit der »apokalyptischen Weltuntergangsstimmung« von »Weltende« Eigencharakter und unübersehbare Wirkung auf die Zeitgenossen. Er führe »einen neuen Ton in die Lyrik ein, den großen grausen Humor, etwas Teuflisches, Starkes, einfachste Gegenstände, alltägliche Vorgänge«, hieß es nach einer Lesung in dem von Franz Pfemfert redigierten »Demokrat«, »aber in allem das Pathos eines Menschen, der Großes sieht. Man wird diese Gedichte stark anfeinden, weil man – wie gewöhnlich – über dem Brutalen des Inhalts die Freude der Lebenskraft vergessen, die dieses Brutalen lachend Herr werden konnte.« Van Hoddis preßte das Denken und Empfinden der Gesellschaft aphoristisch in Zeichen, in lakonische, das Krisenbewußtsein dekuvrierende Formeln, verbarg seine Verletzlichkeit in makabrer Groteske, um die Erscheinungen der Umwelt »mit varietéhaftem Zynismus ins Visionäre zu steigern« (Kurt Pinthus). Die Anwendung von einem Wortmaterial, das gemeinhin dem Unbelebten vorbehalten ist, auf Belebtes – zynischer Spiegel einer Zeit, die Menschen wie Sachen behandelt – zeitigt groteske, Artistik ad absurdum führende Wirkung, die durch die Form des Gedichts als distanzierter Bericht aus der Perspektive des Indifferenten noch erhöht wird. Carl Einsteins »Platonismus ist Anästhesie« hat hier ein Vorbild (Heinz Graber). Aus Resignation (»Nachtgesang«) und Langeweile (»Der Visionarr«), verbunden mit der Sehnsucht nach einer hei-

len Welt, wandte er sich schließlich der bergenden Versöhn-
lichkeit des Katholizismus zu.

Weltende

Dem Bürger fliegt vom spitzen Kopf der Hut,
In allen Lüften hallt es wie Geschrei,
Dachdecker stürzen ab und gehn entzwei
Und an den Küsten – liest man – steigt die Flut.

Der Sturm ist da, die wilden Meere hupfen
An Land, um dicke Dämme zu zerdrücken.
Die meisten Menschen haben einen Schnupfen.
Die Eisenbahnen fallen von den Brücken.

Der Visonarr

Lampe blök nicht.
Aus der Wand fuhr ein dünner Frauenarm.
Er war bleich und blau geädert.
Die Finger waren mit kostbaren Ringen bepatzt.
Als ich die Hand küßte, erschrak ich:
Sie war lebendig und warm.
Das Gesicht wurde mir zerkratzt.
Ich nahm ein Küchenmesser und zerschnitt ein paar Adern.
Eine große Katze leckte zierlich das Blut vom Boden auf.
Ein Mann indes kroch mit gesträubten Haaren
Einen schräg an die Wand gelegten Besenstiel hinauf.

Nachtgesang

Das Abendrot zerriß die blauen Himmel.
Blut fiel aufs Meer. Und Fieber flammten auf.

Die Lampen stachen durch die junge Nacht.
Auf Straßen und in weißen Zimmern hell.

Und Menschen winden sich vom Lichte wund.
Die Strolche schreien. Kleine Kinder schluchzen,
Von Wäldern träumend, ängstlich. Ein Verrückter
Hockt lauernd auf im Bette: Soll ich fliehen?

»Was sind wir aus dem Mutterleib gekrochen
Denn jeder möchte doch ein andrer sein.
Und jeder bohrt dir seine Augen ein
Und drängt sich schamlos ein in deinen Traum
Und seine Glieder sind an deinen Knochen
Als gäb es keinen Raum.

Und Menschen wollen immer noch nicht sterben
Und keiner wallt so einsam wie der Mond.
Und selbst der Mond bedeutet nur Verderben.
Denn seine Liebe wird mit Tod belohnt. –

Tief unter mir erstirbt die kranke Nacht.
Und grauenhaft steigt bald der Morgen auf.
Flugs schlägt er tot das Schwarz.
Was tut er wilder
Als Bruder Gestern, den die Nacht verschlang?«

Trompetenstöße vom verfluchten Berge –
Wann sinken Land und Meer in Gott?

ALFRED LICHTENSTEIN

Am 23. August 1889 in Berlin geboren als Sohn eines Fabrikanten;
nach Besuch des Gymnasiums Jurastudium in Berlin und Erlangen;
erste Veröffentlichungen, seit 1910, vor allem im *Sturm,* im *Simpli-
cissimus* und in der *Aktion* (Gedichte und Prosastücke). 1913 *Die
Dämmerung* (G.). Am 25. September 1914 in Vermandovillers an der
Somme gefallen.

In Alfred Lichtensteins Gedichten fällt der groteske Effekt auf, der die Wirklichkeit entlarvt und durch Verbindung von lächerlich Banalem mit erhaben Tragischem das Absurde bloßlegt. Entfremdung durch Vertauschung, Verschiebung von Bildern und Motiven, Trivialisierung führen zu einem lyrischen Ausdruck, der oft mit jenem Jakob van Hoddis' verglichen wurde und an die Tradition von Caféhaus und literarischem Cabaret anknüpft. Der Stimmungsgehalt seiner Gedichte, bestehend aus gereihten protokollarischen Feststellungen, die nicht Erkenntnis, sondern subjektive Vorstellungen bieten, kehrt sich gegen sich selbst. Der Verzicht auf klischeehaft logische Urteile zugunsten der Wiedergabe von (unmittelbaren) Sinneseindrücken führt zu Bildern, die mehr über die Beschaffenheit einer kranken, unmenschlichen Welt aussagen als die scheinbar verstehende, aber blinde Einfühlung. In Lichtensteins Gedichten stellen die Gegenstände sich verschoben dar, als grimassierendes Bündel von Sinneswahrnehmungen, denen keine ausgleichende Vorstellung zu Hilfe kommt: In diesem Sinn sind sie wirklich wie wahr als Ausdruck eines erschütterten Ich. Ein Mann klebt am Fenster (»Die Dämmerung«), ein Kopf liegt auf einem Kragen (»Das Konzert«) – befremdende Wortfügungen und -verschiebungen, um, wie Lichtenstein in seiner Interpretation der »Dämmerung« sagt, »die Reflexe der Dinge unmittelbar – ohne überflüssige Reflexionen aufzunehmen«. »Die ›weiche Zerstörung‹ der Welt, als Parodie entfaltet, als Paradox der reinen Sehnsucht und versagten Inspiration in der Seele des Poeten gespiegelt«, schreibt Heinrich Küntzel, habe ihren Ausdruck im Topos vom kläglichen Weltende gefunden. Die traurige Apokalypse sei nicht nur eine »deprimierte Vorwegnahme drohender Weltkriegskatastrophe« in der deutschen Lyrik, sondern sie korrespondiere »der Erschütterung [...] der Selbst- und Weltgewißheit lyrischen Dichtens, die das Welttheater zum Panoptikum, die dichterische Eingebung zum Bewußtsein von Obsession und Machination gewandelt

Die Aktion

WOCHENSCHRIFT FÜR POLITIK, LITERATUR, KUNST

III. JAHR HERAUSGEGEBEN VON FRANZ PFEMFERT NR. 40

VERLAG / DIE AKTION / BERLIN-WILMERSDORF

HEFT 30 PFG.

Die Zeitschrift »Die Aktion« mit einem Porträt Alfred Lichtensteins von Max Oppenheimer

hat«. In diesem Sinn läßt Lichtenstein in seiner Groteske
»Café Klößchen« Kuno Kohn, den Helden, sagen: »Das
Gefühl der vollkommenen Hilflosigkeit, das dich überfallen
hat, habe ich häufig. Der einzige Trost ist: traurig sein.
Wenn die Traurigkeit in Verzweiflung ausartet, soll man
grotesk werden. Man soll spaßeshalber weiterleben. Soll versuchen, in der Erkenntnis, daß das Dasein aus lauter brutalen
hundsgemeinen Scherzen besteht, Erhebung zu finden.«

Die Dämmerung

Ein dicker Junge spielt mit einem Teich.
Der Wind hat sich in einem Baum gefangen.
Der Himmel sieht verbummelt aus und bleich,
Als wäre ihm die Schminke ausgegangen.

Auf lange Krücken schief herabgebückt
Und schwatzend kriechen auf dem Feld zwei Lahme.
Ein blonder Dichter wird vielleicht verrückt.
Ein Pferdchen stolpert über eine Dame.

An einem Fenster klebt ein fetter Mann.
Ein Jüngling will ein weiches Weib besuchen.
Ein grauer Clown zieht sich die Stiefel an.
Ein Kinderwagen schreit und Hunde fluchen.

Das Konzert

Die nackten Stühle horchen sonderbar
Beängstigend und still, als gäbe es Gefahr.
Nur manche sind mit einem Mensch bedeckt.

Ein grünes Fräulein sieht oft in ein Buch.
Und einer findet bald ein Taschentuch.
Und Stiefel sind ganz gräßlich angedreckt.

Aus offnem Munde tönt ein alter Mann.
Ein Jüngling blickt ein junges Mädchen an.
Ein Knabe spielt an seinem Hosenknopf.

Auf einem Podium schaukelt sich behend
Ein Leib bei einem ernsten Instrument.
Auf einem Kragen liegt ein blanker Kopf.

Kreischt. Und zerreißt.

Die Fahrt nach der Irrenanstalt II

Ein kleines Mädchen hockt mit einem kleinen Bruder
Bei einer umgestürzten Wassertonne.
In Fetzen, fressend liegt ein Menschenluder
Wie ein Zigarrenstummel auf der gelben Sonne.

Zwei dünne Ziegen stehn in weiten grünen Räumen
An Pflöcken, deren Strick sich manchmal straffte.
Unsichtbar hinter ungeheuren Bäumen
Unglaublich friedlich naht das große Grauenhafte.

AUGUST STRAMM

Am 29. Juli 1874 in Münster i. W. geboren als Sohn eines Beamten; Besuch des Gymnasiums, dann im höheren Postdienst, daneben Studium und 1909 Promotion; in Berlin (seit 1905) Ende 1913 Verbindung zu Herwarth Walden und Bekanntschaft mit den Ideen des italienischen Futuristen Marinetti. 1914 *Sancta Susanna, Rudimentär, Die Haidebraut* (Dr.); 1915 *Erwachen, Kräfte* (Dr.); *Du* (Liebesgedichte); 1919 *Tropfblut* (Gedichte aus dem Krieg). Am 1. September 1915 in Rußland gefallen.

August Stramms konstruktivistischer »Kompressionsstil« macht den Zugang zu seinem Werk nicht eben leicht. Des-

*halb gehen die Meinungen über das Gewicht seiner Dich-
tungen ziemlich auseinander. Werden seine Gedichte auf
der einen Seite zum »Bleibenden und Gültigen expressionistischer Lyrik« gezählt (Edgar Lohner), so hält man auf der
anderen den Autor für »phantasielos«, sein Werk für »Mache« (Walter Muschg). Vom Naturalismus ausgehend, hat
Stramm lange nach einem eigenen Stil gesucht; Stilvielfalt
kennzeichnet sein schmales Werk. Die Begegnung mit der
»Wortkunst«-Theorie des »Sturm«, die sein späterer Freund
Herwarth Walden vertrat, die Bekanntschaft mit Marinettis futuristischen Thesen sowie die Beschäftigung mit Arno
Holz' Kunstvorstellungen wurden bestimmend für ihn. Der
Stilwille des »Sturm«-Kreises bestätigte seine Begabung,
förderte ihre künstlerische Umsetzung, so daß seine Gedichte als Beispiele für praktizierte »Wortkunst«-Theorie
gelten können, auch wenn sich Stramms Eigenart schon vor
der Freundschaft mit Walden und dem durch diesen ver-
mittelten Einfluß Marinettis abzeichnet. Zu der auf den
Sturm und Drang verweisenden Bemühung um das »Ur-
wort«, den Kern des Wortgebildes, in dem Sinn und Laut
wieder als Eins erscheinen, kommt die Zerstörung des
grammatischen Gefüges, um das Einzelwort in unverbilde-
ter Reinheit erscheinen zu lassen, die Konzentration des
Ausdrucks durch Deformation und Reduktion, an der Gefühl wie Verstand gleicherweise beteiligt sind. Abstraktion
dient der Entformung und Entgrenzung des Gefühls zum
»Schrei«, zur »Ballung«. Das konkrete, auf das metrische
Schema verzichtende, den Rhythmus aus der mittelbaren
natürlichen Klangwertigkeit des einzelnen Wortes gewin-
nende Gedicht wandte sich ab von der empirischen Wirklichkeit, die an die dividierbare Einzelerscheinung gebunden
ist, und läßt das Wort aus sich heraus wirken. Der Verzicht
auf Gegenständliches führt zum abstrakten, aber sinnbezo-
genen, Ganzes greifenden Gedicht. »Kräfteströme« formen
sich in ihm zu »Bewegungsfiguren« (Rudolf Haller), in denen Eros und Chaos, die zentralen Elemente von Stramms*

pantheistischem Kosmos, als Untergang rauschhaft entfesselt in Erscheinung treten.

Untreu

Dein Lächeln weint in meiner Brust
Die glutverbissnen Lippen eisen
Im Atem wittert Laubwelk!
Dein Blick versargt
Und
Hastet polternd Worte drauf.
Vergessen
Bröckeln nach die Hände!
Frei
Buhlt dein Kleidsaum
Schlenkrig
Drüber rüber!

Trieb

Schrecken Sträuben
Wehren Ringen
Ächzen Schluchzen
Stürzen
Du!
Grellen Gehren
Winden Klammern
Hitzen Schwächen
Ich und Du!
Lösen Gleiten
Stöhnen Wellen
Schwinden Finden
Ich
Dich
Du!

Partrouille

Die Steine feinden
Fenster grinst Verrat
Äste würgen
Berge Sträucher blättern raschlig
Gellen
Tod.

Wache

Das Turmkreuz schrickt ein Stern
Der Gaul schnappt Rauch
Eisen klirrt verschlafen
Nebel streichen
Schauer
Starren Frösteln
Frösteln
Streicheln
Raunen
Du!

III. Epik

Die Leistungen des Expressionismus auf dem Gebiet der Epik stehen in keinem Verhältnis zu ihrer geringen epochalen Wirkungsbreite, entsprechen jedoch gewiß ihrem noch immer nicht völlig überschaubaren Folgenreichtum. In der expressionistischen Erzählprosa lassen sich, wie Walter H. Sokel nachgewiesen hat, zwei Grundhaltungen unterscheiden, die durch eine tiefere Gemeinsamkeit verbunden sind: ein durch Erzähltechnik und -perspektive sich definierendes Erzählprinzip, das naturalistisch objektivierend ist und ein vom »Weltanschaulich-Ideellen«, vom Denken und Spiel mit Ideen bestimmtes Erzählprinzip, in dem die »schöpferische Willkür« vorherrscht. Ist die eine Erzählhaltung getragen von Anschaulichkeit und Gebärde, von Bildlichkeit und Verzicht auf Einmischung des Erzählers (Döblin, Heym, Edschmid), so die andere von Vorstellung und Gedanke (Einstein, Lichtenstein, mit Einschränkung Benn, Ehrenstein, Sack). Beiden gemeinsam ist die Ablehnung von Psychologie und Kausalität zur Erklärung von Mensch und Welt sowie die Tendenz zur Kürze, zu Wucht und Prägnanz des Ausdrucks, d. h. zur Verknappung der Sprache. Diese Verknappung tritt in Erscheinung im ersten Falle – sprechen wir, vereinfachend, von Döblin-Schule – als Ellipse, d. h. als Aneinanderreihung, Bilderflucht, »Kinostil«, wie Döblin, der nicht von Psychologie, sondern von Psychiatrie ausgeht, ihn bezeichnet. Die Einstein-Schule sucht die »aphoristische Verallgemeinerung« und tendiert zur Parabel. Beide Grundtendenzen, die szenisch-anschauliche Döblins und Einsteins parabolisch-aphoristische machten Epoche: im ersten Fall führt die Linie zu Peter Weiss, Uwe Johnson, Dieter Wellershoff, im zweiten zu Ernst Augustin, Jürgen Becker, Ernst Herhaus u. a. Nach Sokel vereinigt Einsteins folgenreicher Roman »Bebuquin« vierfache Tendenz, die in

Einzelausprägung gleichfalls in der expressionistischen Erzählkunst weiterwirkt: »monologische Reflexion« (Benn, Sack), »phantastische Allegorie« (Lichtenstein), »aphoristische Ironie« (Ehrenstein, Sternheim) und »predigthafte Rhetorik« (Leonhard Frank).

Parataxe, Ellipse und syntaktische Sprachverzerrung überwiegen im Sprachlich-Stilistischen; Kürze und Prägnanz sollen zur Steigerung durch Vereinfachung, zur »Wucht« führen, die sich durch Bilderflucht potenziert. Durch Ablehnung von Psychologie und Kausalität hebt sich schließlich der Gegensatz von »Ich und Welt, Bewußtsein und Gegenstand, Innen und Außen« auf (Sokel). Diese »kühle« Ekstase steht für Entfesselung und Durchgeistigung. Wandlung gewinnt Gestalt in der Befreiung von den Normen psychologischer (Schein-)Deutung, in der Verwerfung des Kausalitätsprinzips. Phantasie, Traum, Vision, ekstatisches Leben erreichen auch im Geltungsbereich der Epik bestimmende Bedeutung. Die Schilderung wird »wesentlich«, umreißt das Typische, die »Idee«, verzichtet auf Beiwerk und Ornament. Rhythmus, Dynamik, Konzentration und holzschnittartige Knappheit durch Abbreviation sind die Folge. Erstrebt wird eine Art »konzentriertester Epik« − »jene komprimierten Handlungen, stenographisch-mimisch aufgezeichnete dramatische und groteske Ereignisse«, wie Kurt Pinthus formulierte. Der expressionistische Prosaiker gebraucht »diese knappen Formen« nicht aus »Faulheit, nicht aus Unfähigkeit, Größeres zu schreiben«, sondern weil es ihm »Erfordernis« sei.

Dies bedeutet, daß die Prosa des Expressionismus zwangsläufig novellistischen Charakters ist, weniger taugt zur Bewältigung der epischen Großform. Steigerung, Erhöhung des Erlebens, Intensivierung des Bewußtseins suchen das Zeichenhafte, die bereits erwähnte Konzentration auf das Essentielle. Reduktion auf das Elementare, das die Idee um so deutlicher hervortreten läßt, ist Folge. Wandlung, verursacht durch Hereinbrechen von etwas Übermächtigem, gedeutet als Erschütterung und vertiefende Erfahrung, als Grenzsituation und vitalistischer Aufschwung, Öffnen des Blickes für die »Wahrheit« – alles das führt zur Form der Novelle. Sie ist das Gehäuse, das Veränderung umschließt, Umschlag, Enthüllung. Deswegen gab Max Krell seiner Sammlung expressionistischer Prosa den Titel »Die Entfaltung. Novellen an die Zeit«. Ein Blick auf den Inhalt des Bandes zeigt, daß hier Sprengung der herkömmlichen Form vorliegt, diese aber nicht von Kriterien des Äußerlichen her verstanden wird, sondern vom Gehalt, vom inneren Ereignis: der »Entfaltung«. Kaum eines der Stücke verdient im überlieferten Sinne der Bezeichnung »Novelle«. Wandlung also, die auf Loslösung gerichtet ist, auf Überwindung zum Geistigen, Seelischen hin durch die Zerstörung der Norm in der Antithese, im Grotesken, schwer Faßbaren, in der ethischen Verwirklichung, der Läuterung, der Erfüllung.

Es ist kein Zufall, daß gerade Einsteins parabolisch-allegorisches Erzählprinzip solche zukunftsweisende Bedeutung gewinnen konnte und sich innerhalb der menschheitsumarmenden und -wandelnden Bewegung des Expressionismus entfaltete. In ihm spiegelt sich die »Diskrepanz zwischen dem Ideal der schöpferischen Souveränität des Geistes über die Dingwelt und dem vergeblichen [...] Streben nach dessen Verwirklichung« (Sokel). Damit wird es zum Ausdruck eines Aufschwungs des Geistes und ist zugleich Zeugnis seines Scheiterns, das das Scheitern des Expressionismus ist. Um so fruchtbarer wurde dieses Erzählprinzip, in dem sich der Geist als unversöhnbar mit der Materie erkannt hat, für die, die nach dem Expressionismus kamen. Sich den Vogel Merops ohne Beine vorzustellen gelingt ihnen nicht mehr. Däubler griff zu hoch, als er meinte: »Es wird der Geist sich wieder an das Wort gewöhnen.« Nicht den Geist an das Wort, das Wort an den Geist gilt es zu gewöhnen.

KASIMIR EDSCHMID

Am 5. Oktober 1890 in Darmstadt geboren (bürgerlicher Name Eduard Schmid); studierte Literaturwissenschaft in München, Genf, Paris u. a. 1911 *Verse, Hymnen, Gesänge* (G.). Seit 1913 Mitarbeiter der *Frankfurter Zeitung.* 1915 *Die sechs Mündungen* (En.); 1916 *Das rasende Leben, Timur* (En.). Wandte sich Mitte der zwanziger Jahre der Romanbiographie und dem Reisebericht zu; nach 1933 als freier Schriftsteller meist in Italien, nach 1945 in Darmstadt; äußerte sich mehrfach zur Theorie des literarischen Expressionismus. Am 31. August 1966 in Vulpera (Schweiz) gestorben.

Der tödliche Mai

Erregung, Steigerung, Leidenschaft sind charakteristisch für die Prosa Kasimir Edschmids. »Das rasende Leben« überschrieben ist eine der frühen Novellensammlungen des dem Stürmer und Dränger Klinger am ehesten vergleichbaren Autors. Verwirklichung von Freiheit als Flucht aus, als Protest gegen die Konvention, als Aufruhr gegen die »schamlose Selbstverständlichkeit und Verbrauchtheit« der Zivilisation. Die Suche nach dem »reinen, auch primitiven, das heißt in seinen Gefühlen gottnahen, und daher unverfälscht und großschauenden« Wesen, das in natürlicher Freiheit und gesellschaftlicher Unabhängigkeit sich selbst erfüllt, führt ihn zu Jakob Böhmes theosophischem Ideal vom »adamitischen Menschen«, dem unschuldigen »Wilden«. Außerhalb eines als unverbindlich angesehenen Sittengesetzes stehend, wie Brechts (freilich auf Spinoza verweisender) Baal, sucht sein Held nur die Steigerung des Ich. Er findet die Möglichkeit vitalistischer Selbsterfüllung in der Welt des Abenteuers, der Kraftakte, der starken Männer, die ihrem Daimon folgen, bereit, sich auch von Schmerz und Tod auf den Gipfel der Emotion tragen zu lassen. Denkferner Vitalismus, der den nur sich selbst kennenden Willen verherrlicht, nicht Wertverwirklichung sucht, sondern Wunscherfüllung. Elementares Gefühl findet Aus-

druck in virtuoser Rhetorik, gestützt auf gewaltsame Kon-
zentration, grelle Farben und volle Gebärden, die weder
mimetisch noch psychologisch gefaßt sind. Übertreibung,
Brutalisierung, Affekt und Eruption intendieren Provoka-
tion. Edschmid distanzierte sich später vom Ideal seiner Ju-
gend, das dem kochenden Moment, dem Erleben des Ex-
trems und seiner dynamischen Erfüllung durch die »Seele
und großen Triebe« galt. Sein neuer Held wird dann nicht
nur von »unten«, aus dem Willen, sondern auch von
»oben«, aus der »Gnade« leben. An die Stelle von absolutem
monistischem Trieb, von Panpsychismus und Leben wie Tod
einschließendem Panvitalismus ist das relative, vielseitig be-
dingte und verwurzelte Leben getreten. In der 1915 erst-
mals veröffentlichten Novelle »Der tödliche Mai« dient die
Erfahrung des Todes der Steigerung des Lebens, beide Ex-
treme bilden eine spannungsvolle Einheit. Menschliche Exi-
stenz, pathetisch vom Grausamen zum Schönen springend,
erfüllt sich innerhalb von deren Polarität. Edschmids
monistischer Vitalismus läßt Todeserfahrung zum steigern-
den Stimulans werden, verklammert den Rausch der
Krankheit mit der »Verzücktheit des Lebens«: »Wo ich das
Grauen vor dem Tode am zerschmetterndsten empfunden
habe, an dieser Stelle, meine ich, muß die ungeheuerlichste
Kraft des Lebens sitzen.«

Als es nun um Ende der Woche kam, daß der Tod ihm
(dem Maler und Offizier) die Eingeweide zerriß und er
brüllend lag zwei Stunden lang, geschah es, daß die Pflegende erstaunte, denn das Geschrei bog sich langsam um in
eine Stille, und aus der plötzlich sanften Ruhe seines Mun-
des stiegen jauchzende Rufe wie bunte Kugeln mählich in
die Höhe und ketteten sich ineinander zu Jodlern, wie sie
im Sommer der Schweiz tagelang von Berg zu Berg hin-
überschweben.
Sie trat dicht an ihn heran und wusch ihm mit einem ge-
tränkten Lappen den Schweiß, der um den Mund herum

austrat, aber er sang durch ihre kreisenden Handbewegungen weiter, verdrehte die Augen, streckte sich scharf in die Länge, legte sich auf die Seite und schwieg.

Nach einer halben Stunde rief er die Pflegende.

Seine Augen lagen tief in den Deckeln der Lider begraben, ein rötliches Weiß schimmerte heraus und der halbe Abschnitt der Pupille. Der Mund und das Kinn glänzten in leiser Seligkeit, die Stirn war rein und hell trotz der Bräune. Die Schläfen waren eingefallen, die Nase angespannt und an den Nüstern unbewegt wie über eine Pauke gezogenes Pergament.

»Die Bäume . . .« sagte er. »Die Bäume . . .« und jubelte mit der Hand.

Die Pflegende schauderte. Sie sah, wie der Tod seinen Leib aufwirbelte und blähte und empfand zugleich, wie der Raum sich furchtbar unter seiner Heiterkeit anfüllte.

Er sang das Wort »Diebäume« im wechselnden Umschwung aller Melodien. Er hielt mitten in den Buchstaben ein, ließ den Ton verrollen und schob zwischen den bläulichen Lippen rasch und lachend den Rest nach. Er knickte die Silben wie Weidengerten, warf die schwachen Vokale glitzernd hoch und duckte die saftigen. Manchmal schien das Wort ein explosiver Ton, andermal eine verwirrende Skala. Oft bog und verengte er die Laute, ließ sie wie Brandblasen aufglühn und zerplatzen und schrie sie plötzlich in gleicher Folge wütend hinaus. Er spielte mit dem Wort wie mit einer Beute, katzenhaft, tückisch, selig, feig, lind und grenzenlos erbost.

Er klomm die letzte Krise der Krankheit hinauf, das Wort wie einen Säbel zwischen den Lippen.

Manchmal warf sich ein Lächeln über sein Gesicht. Trunken spannte er die Nasenflügel und sog. Die letzten Stunden der Nacht waren höllisch.

Das Fieber kurbelte an die äußerste Grenze. Der Bauch sackte ein und wand sich in Zuckungen. Das Weiß des Auges war über Gelb zu dickem Grün geworden.

Er brach blutigen Kot, schüttelte die Hand und sang das Wort.

Das Herz war im Brechen. Der Puls lief lächerlich dünn. Seine Zähne stießen kleinen Schaum auf den Lippenrand, der sich unmerklich ründete: es war das Wort.

Er hing an ihm zäh wie ein Affe, verbissen an einem Trapez. Und es riß ihn heraus.

Schlank wie ein Tänzer lief er auf ihm durch die Nacht, das Fieber und den blutigen Auswurf.

Segelte dumpf genesend durch das Aufundabgehen der Gestirne, der tödlichen schweren Sonne und den leichteren Aufflug des glänzenderen Mondes wie durch ein Spiel mit wechselnd bunten Ballonen hin mit unsäglicher und berauschend linder Bewegung.

Schwamm mit beruhigendem Opium in den Adern durch die breite Schwermut der ersten Abende und sehr frühen Morgen und das harte massive Dunkel der Wolkendämmerungen mit einem Weiß auf der Stirn, das alle erstaunte, und einem unmerklichen Flüstern auf den Lippen, die stets bewegt waren gleich der Brust einer weich Schlafenden.

Eines Morgens stieß die Sonne in einem langen und schönen Streifen durch sein Fenster und fiel hart unter sein Kinn. Da lief eine schwache Erregung über ihn, er verdrehte die Augen nach links, warf sie dann nach rechts hinüber, starr, daß die Pupillen, nach oben gestemmt und aus den Höhlen getreten, in das Innere des Kopfs hinein zu bohren drohten, ließ sie dann sanft zurücksinken, schüttelte sich, machte den Mund auf, groß und weit und schloß ihn wieder.

Schloß ihn hart und fest, lag nach diesem Signal noch zwei Tage und war darauf völlig durch die Gefahr hindurch.

Er war mimosenhaft zart und sehr scheu in den Stunden des genesenden Körpers und des kommenden Bewußtseins. Seine Soldaten kamen zu ihm und gratulierten ihm zu dem Sieg gegen den Tod. Er winkte mit der Hand hinauszugehen, erkannte sie kaum. Die Pflegende sagte ihm, sie seien traurig, wo sie unter ihm in tausend überschwemmenden tödlichen Minuten gestanden hätten, nun, wie er krank, nicht von ihm geliebt zu sein. »So...« sagte er. Assistenten, Ärzte kamen. Sie versicherten ihm alle, daß er ihr Kopfschütteln ignoriert und stramm und siegreich über ihren Unglauben in die Gesundung hineingesprungen sei, zweibeinig und massiv. Er sah sie verwirrt an.

Apathische Wochen folgten. Der Vorsteher des Genesungsheims erzählte ihm. Krieg... ja... gewiß... er freue sich. Er legte den Kopf herum.

»Bücher?«

»Danke... nein.«

»Palette... Wollen Sie wieder malen?... Bedenken der Überanstrengung zwar. Allein... ich wäre stolz –«

Er schüttelte langsam den Kopf.

Das Gewicht des Körpers nahm geringfügig nur zu. Wenig Interesse füllte ihn für den Umkreis der Dinge, noch weniger für sich selbst. Lag eine Schwebe zwischen Lebenwollen und Lebenmüssen, der Funktion aller Physis fähig, ein Fragezeichen der Bejahung, allen Möglichkeiten neuen Lebens ausgesetzt... aber ohne Schwung.

Oft trat er abends auf den Balkon des Hauses, der verwachsen und kühl war. Die Ebene betäubte ihn anfangs mit ihrer Grenzenlosigkeit, langsam empfand er sie aber – um ein an das Endliche stoßendes Bild zu haben – als eine riesige Kreisbewegung, die um ihn herum, zuerst stark, dann sich im Silber der Ferne verzehrend, gegen den Horizont schwinge. An einer Seite hingen ein paar Wellenschläge ferner Gebirge, runde Hügel, gleich nach unten gekehrten Wolken, zittrig in der Luft. Diese Gegend aus Fläche, Gras und Steppe, von brüchiger Luft überstanden, gab ihm das Gefühl, Mittelpunkt einer gläsernen Glocke zu sein. Sonne schlief reglos auf Bach und Moos und kleinem Gestrüpp. Die Tage hatten katzenhaften Ablauf, stumpf und aufreizend in dem währenden Gespanntsein dieser Leblosigkeit.

Da warf ihn eine Wagenfahrt, zu der der Arzt ihn zwang, in die unmittelbare Nähe einer wenig entfernten Königsstadt in eine Schloßanlage. Der große Dogcart[1] mit den polierten roten Rädern schaukelte einen Nachmittag lang über geschwungene Wege und über Brücken. Er erlebte dichtes Dunkel des Parks, unendliche Stille um pagodenhafte Pavillons, den raschen Vorbeischwung weißer Nebenschlösser. Dann befanden sie sich mitten im Gewühl weiter Auffahrten, auf die ganz am Ende der Alleen die Kaskaden fesselloser Terrassen herabstürzten. Hier empfand er Weite und Herrlichkeit der Welt an sich vorbeizieh. Der Wagen schwamm an dem langen Wasserspielwerk, das von der Fassade bis in den blauen Horizont hinunterlief, entlang zwischen Hunderten spazierender Menschen, zwischen farbigen Jacken, weichgelben Handschuhen und der Orgie aufgeblasen roter Sonnenschirme.

Er kehrte nachdenklich nach Hause zurück.

Am Morgen erwartete er den Aufgang der Sonne von seinem Balkon. Er sah den Aufstieg über die schmalen Hügel und die langsame Belichtung der Ebene, die sich sinnlos und schwer mit dem Rot anfüllte. Da ging eine unfaßbare Sehnsucht nach Glühendem, Rasendem in ihm auf, er bog sich vor Gier nach der Stadt. Der Arzt war dafür, er brach auf, durchstreifte Straßen, die voll Anmut, Gärten, die voll Jugend waren. Am Abend landete er in einem Lokal, das mit jubelnden Tapeten überzogen war. Es war gefüllt mit schönen weißen Tischen und Stühlen. Viele bunte Laternen glühten darüber. Der Wind bewegte sie leicht. Alle Gesichter waren von schwankendem Rot überströmt. Feine Frauen saßen in den Sesseln, zurückgelehnt, lässig und mit Herren plaudernd. Es gab Musik. Manchmal lief der Wind heftig durch die ausgehängten Fenster und es gab ein Gewoge von Licht, das alle überstürmte. Dann hoben sich die Geigen aus der Musik in die Höhe und übergitterten mit namenlosen Spitzen den Raum.

Da ergriff ihn das Gewühl des Daseins mit einer tobenden

1. *zweirädriger Einspänner.*

Berauschtheit. Er fühlte sich von heißester Erregung in
starre Kälte geschleudert und dann von neuem beißender
Hitze entgegengeworfen. In seiner Brust wütete ein Orche-
ster, Orgeln brannten auf und in langen, grausamen Volu-
ten hoben sich die Bläser zu einem furchtbaren Stoß.
Es war zuviel: Man sah einen Offizier die Arme dehnen,
die Brust herauspressen, einen seltsamen Jodler über das
Lokal hinfeuern und die Hände auf den Tisch zurück-
hauen.
Er zerschlug die Lampe und einiges Geschirr.
Der Kellner tat sehr ruhig. Fernersitzende dachten an Zufall und Mißgeschick. Er gab dem Kellner märchenhaftes
Trinkgeld, nahm die Mütze und ging breitspurig, säbel-
schleifend hinaus.
Draußen begann er sofort zu weinen. Toll tanzten die
wunderbaren Frauen, die er wie zum erstenmal wieder sah
(wieviele er gemalt hatte, wußte er nicht mehr, denn Dasein
dünkte ihm noch neues Leben nach halbem Tod) vor seinen
Augen, die Seiden, die Funken der Lichter. Unbegreiflich
schluchzend empfand er die Wärme der Nacht, flüsternd . . .
»le . . . ben . . .« –
Dann ballte er die Fäuste, und als er von der kleinen Station nach dem Landhaus fuhr, stand sein Kopf scharf und
sehr entschlossen auf seinem Körper.
Es kamen rasche Tage. Er rieb sich den Buckel an der blitzenden Scheibe der Stadt. Freude umgab ihn lind. Trieb
und Wonne füllten golden seine Adern. Säfte rannen über
seine Haut. Leben umspielte ihn reich. Es war die Rede,
daß er zur Front zurückkehre. Er nickte.
Er nickte. Es war gut.
Der Mond kam abends aus der Ebene durchsichtig und
schön wie aus dem weichen Munde eines Glasbläsers gebil-
det, und gleichsam von seinem Atem gehoben, so schlank
und zart überflog er die stumme und dunkle Festlichkeit
des Himmels.
Bald gab es tagelangen Sturm. Böen überschütteten die

Steppe. Wolken schlugen übereinander mit Geheul. Schwere Regen knallten an den Fenstern. Geduckt sprang brüllender Wind in jede Spalte und zersprang dort in Fetzen von niederreißendem Radau. Nachts, wenn die Regenschwaden vom Sturm schräg herabgehauen auf die Ebene knatterten, schien es, Tausende von Eskadronen überritten die Steppe und die Bäuche aller Pferde schlügen langgestreckt zwischen den rasenden Sprüngen in einem Takt gegen die Erde.

Da zog er rocklos durch das Haus, probte die Muskeln, steckte Lichter an und sang mit jubelnd gesteigerter Stimme.

Er sagte (als der Wind eine Pause einschob) »Sehen Sie die Kassiopeia?« zur Pflegenden, zog sie in die Fensternische, hob die Flügel, deutete nach oben und lachte, als der Staunenden ein Nebelstreifen glitzernden Regen ins Haar schmiß.

Später einmal kam, heiß und verstaubt, ein schmaler Zug die Ebene herunter. Er tauchte grau und wie ein Punkt auf und wurde ein dünnes Gerinnsel durch das vergilbte Gras. Sie defilierten am Haus auf die Entfernung von zwanzig Metern.

Zuerst ging ein großer Mann, braun mit Narben von Hieben durch das Gesicht. Sein Kleid war Polichinell[2]. Enganliegend mit Dreiecken gemustert zitronengelb und weiches Blau. Der Hals war unbedeckt und gefurcht. Seine Beine traten wie ein Pferd einen nach vorne ausbiegenden Trab, der stets Silhouetten vor dem vergrauten Horizont spannte und von trauriger Müdigkeit war. Hinter ihm kam ein Elefant, ein Dromedar und ein Wagen voll von farbigen Kindern.

Er trug zwei Stangen über der Schulter, um deren Spitzen ein Netz geknotet war, in dessen Maschen ein kläffender Hund saß und ein perlweißer Fasan.

Es war so süß langweilig in diesen Tagen, daß die Insassen

---

2. *komischer Diener, Hanswurst (Commedia dell'arte).*

des Hauses alle staunend und lachend hinausliefen, die Taschen umwandten, Geld über die Menschen warfen und in
Eile Stühle aufschlugen. O Rausch eines unerwarteten Zirkus.

Es gab eine glänzende Vorstellung.

Der lange Führer wirbelte in die heiße Luft, mit Fahnen in
der Hand, Sprünge und Verrenkungen, strahlend und
bunt.

Alle Soldaten suchten auf dem Dromedar zu reiten. Die
farbigen Kinder warteten gespannt, bis ein zufälliger Blick
auf ihnen zu ruhen begann, sprangen in die Höhe, über-
schlugen sich grotesk, setzten sich fest auf die Hintern und
streckten bettelnd die Hand vor.

Der Elefant rückte verlegen auf seinen Beinen, verengte
den Raum unter sich und ließ sich endlich mit seiner Rück-
seite auf einem Fünfzigliterfaß nieder und zog die Vorder-
beine hoch wie ein Pudel.

Der Führer gab ihm eine Mandoline in den Rüssel und
band ihm ein rosa Band an die Spitze des Ohrs. Sein Gesicht blieb unbewegt und verächtlich wie bei seinen Sprüngen.

Indem fuhr auf der anderen Seite des Hauses ein Wagen
an. Der Maler sprang heraus mit zwei geschossenen Lapins
und die Augen voll Träumerei von Frauen, mit denen ihn
die Einsamkeit der Heide überfallen hatte. Er trat in das
Haus und schaute durch das Fenster.

Da schwoll sein Gesicht hochrot, er blies die Backen auf vor
Zorn, und einen dumpfen Laut ausschreiend, sprang er heraus. In seiner Hand lag ein Säbel. Er machte einige Sätze
und schlug dann die flache Klinge mit einem sirrenden Ton
dem Elefanten ausgestreckten Arms klatschend auf das
Blatt.

Das Tier sprang auf. Es stand. Es spreizte langsam die
Beine, schob die Ohren zurück und hob den langen Rüssel
ganz waagrecht.

Da ließ er, während alle Anderen starr gebannt steif zuschauten, den Stahl fallen und strich andächtig und bewundernd den Rüssel mit der Hand entlang und hob ihn hoch, daß das weißliche Rosa des Mauls, das gleich einer fremden von Überreife angefaulten Frucht zwischen der harten Seltsamkeit der elfenbeinenen Hauer lag, aufklaffte. Dahinein legte er die Hand.

Der Polichinell brachte unter Bücklingen Zucker und legte sie in den untersten Rüssel. Der Elefant bog sie mit schlangenhafter Windung in das Maul.

Dann warf er wie ein Springbrunnen den Rüssel hoch und schoß überraschend und plötzlich einen so ungeheuer dunklen und wilden Schrei gegen die Menschen, daß sie einen Augenblick alle schwiegen.

»So ... gefällst du«, sagte der Maler und steckte den Säbel ein.

Das Gesicht des Führers blieb über den Verbeugungen unbewegt und verächtlich wie bei seinen Sprüngen.

Es lag den Abend ein gewaltiger Druck auf der Landschaft.

Sie waren, als die Sonne sank, heiß und verstaubt, ein schmaler Zug die Ebene hinuntergezogen. Sie flossen ein dünnes Gerinnsel durch das vergilbte Gras und verschwanden grau und wie ein Punkt.

Am späten Mittag saß die Pflegende bei dem Maler, der auf einem Schaukelstuhl lang lag und rauchte. Sie schwiegen lange Zeit.

»Können Sie sich den Urwald vorstellen«, fragte er.

Sie lächelte: »Nein –«

»... den Rand des Urwalds, Schwester. Ein Elefant reißt Lianen auseinander, erscheint. Die Sonne schwingt auf, rot. Er schreit ihr entgegen ... Und hier: o Müdigkeit ... o Müdigkeit ...«

Sie sah nachdenklich auf ihn. Dann stach sie eine Nadel durch ein Fliederblatt und sagte langsam: »Es ist Ihre Sehnsucht, Wald, ich weiß es. Ich weiß, daß Sie sich stets daran klammerten, als Ihre Krise war! Sie wissen nichts?«

Er wußte es nicht.

Er schüttelte den Kopf, lächelte und verneinte.

Da sagte sie leis: »Die Bäu . . . me.«

Wieder kam das Lächeln über sein Gesicht. Aber ihr war, als ob es Gewalt bekomme über den Inhalt des Gesichts und als ob es sich einforme wie eine fressende Säure. Seine gespannten Muskeln waren einem sekundenhaften Verfall unterworfen. Sie schwanden unter der Haut.

Ganz weiß hob er den Kopf: »Habe ich . . . h – – – be ich . . .«

Von schwerem Entsetzen geschüttelt wand er die Arme durch die Luft. Seine Augen wurden rund, kugelhaft und fast wie Glas und starrten über die Ebene. Er keuchte und deutete vor sich: »Geben Sie mir diesen Stein.«

Ihm schien die Schwelle eines seltsamen Unterbewußtseins durchstoßen. Er hatte alle die Wochen nur ein Leben gehabt, das seine Wurzeln hatte in seiner letzten Krankheit. Wohl wußte er die Dinge und Vorgänge der Zeit und seines Lebens auch vorher. Aber in diesem Augenblick schien es ihm, daß eine dünne Haut darüber gewesen sei und daß ihm die Erkenntnis nach deren Platzen nun erst neu, groß und unendlich furchtbar wieder zuströme.

Er nahm den Stein, den ihm die Pflegende reichte. Er war sehr schwer und kantig. Er drückte seine Hände hinein, hielt ihn an die Stirn, hob und prüfte ihn und legte ihn fest auf das Knie. Er empfand, wie die Angst vor der plötzlichen Leere um ihn herum schwinde und wie das Gewicht des realen Steins ihn wieder an das natürliche Leben und die geliebte Erde (prometheisch) zurückriß.

Dann warf er den Stein weg und sagte:

»Schwester, Sie kennen das nicht. Sie kennen das nicht, daß der Himmel plötzlich ein Abgrund scheint und entflieht und die Erde unter Ihnen sanft entweicht und am Horizont ein Strudel unermeßlich aufgeht und beginnt Sie aufzusaugen, der Sie sich schon langsam zu drehen scheinen. Schwester, bleiben Sie sitzen. Es könnte mich sehr stören, wenn

Sie sich bewegten. Hören Sie: ich war niemals feig...
nie...«
Sie bewegte ihr stilles Gesicht hin und her.
»Sie denken an meine Auszeichnungen«, schrie er sie an.
»Nein. Sagen Sie nichts. Daran sollen Sie nicht denken. Das
liegt außerhalb meiner Betrachtung. Bleiben Sie sitzen. Sie
sollen an meine Seele und Ihren Mut denken. Können Sie
das? He – – –«
Sie sagte, ihr sei das Leben keine so besondere Sache, daß
sie nicht auch dies vermöge.
Da fing er an zu weinen, wurde sehr still und flüsterte: »Sie
haben unrecht, Schwester... es ist alles... al... es – –«
Er schluchzte mit einem zerreißend stillen Laut.
Darauf begann er wieder zu sprechen kalt und hart.
Seine Stimme flog aus seinem Munde, als sei sie durch ihn,
beziehungslos zu den Lippen, die sie formten, aus irgend
einer dunklen Ferne geflossen. Sein Kopf hob sich bleich
und edel über der Kante des Stuhls, und die Haut der
Schläfen zitterte über dem blauen Geäder.
»Mitteldeutschland... Schwester, beim zweiten Rücktrans-
port von der Front nach der Passion von fünf durchlegenen
Lazaretten... Mitteldeutschland im Westen... und es war
Mai... das ist fabelhaft. Der Rhein war nicht fern. Himmel seidig und bebte vor Blau.
Wir waren da fast alles Offiziere im letzten Stadium des
Genesens aus böser Erkrankung wie hier fast... nur anders, süßer – unbeschreiblicher. Es war ein modernes Schloß
mit säuligen Bögen und Wiener Keramik, mein Gott. Dahin-
ter Wälder und überall herum schweifige Hügel und Täler,
leicht gesenkt. Es gab eine phantastische Hygiene. Marmor,
weißes Gemöbel, Staubsektoren, Sonnenfenster, Duschen
von oben, Duschen von unten. Es gab einen unendlichen
von Weite ausgedehnten blauen Tanzsaal mit einem großen
glänzenden Flügel. Pariser Millionäre hatten diesen streng-
linigen Tempel gebaut und ihn einer südamerikanischen
Tänzerin gegeben, die da die schönsten Mädchen Europas

in die gleitende Form körperlicher Musik hinein erzog. Die Mädchen waren in einer nahen Stadt damals.

Die Kirschblüte kam. Die unzähligen Bäume beschwebten sich weiß. Es flaggte drei Tage. Dann ging das flaumige Strahlen in einem wahnsinnigen Wind zum Teufel. Ich liebe diese Blüte nicht. Sie ist zu weich. Kennen Sie worpswedische Maler?

Nein, – ja, Schwester, was soll Ihnen Kunst, was soll Ihnen Bildnis?

O Nebensache, o Nebensache! Leben ist hundsföttisch mehr, ich weiß.

Nun ebenso schwach, so zag, ekelhaft überfein ist diese Blüte wie Zweige, gemalt von diesen Menschen, hypertrophierten Empfindungsdestillatoren des Seins. Leben ist breiter, saftiger, spritzender, Schwester: Weinernte am Rhein, Heringsfang in Holland, bürgerliches Schmausen im Elsaß ...

Dann brachen alle Apfelbäume aus. Unten die Blüten ein wenig rot, oben kräftig weiß. Die Hügelkette war zum Platzen voll von ihnen. Manchmal standen sie wie Haine zusammen. Ich liebe sie.

Es roch, Schwester –«

Er warf das Gesicht zurück in einer wahnsinnigen Spannung: »Ich fürchte mich«, flüsterte er.

Sie legte ihre Hand auf seine.

Aber er schüttelte sie ab: »Lassen Sie das –.«

Sie ließ es. Sie setzte sich näher zu ihm. Seine Stimme fing wieder an:

»Abends sanken Herden von Nachtigallen in die Bäume und verwüsteten die Nacht mit Süßigkeit.

Niemand weiß das, der es nicht sah: Sie werfen ihren Hals hoch, daß er plötzlich mit Gesang, der nicht Ton wurde, rasend gefüllt steht gleich einer runden Trommel, eine glühende Blase, größer schier als ihr Leib, an der sie wie an Montgolfieren in die weiche Unendlichkeit verschweben könnten – und dann werfen sie die stählerne Wärme der langen aufblitzenden Laute ergreifendsten Verzücktseins in die entzündete Dunkelheit.

Wir hatten einen blonden Kameraden aus Bornholm. Er wurde verrückt, als nach einem Gewitter aus einem nassen Fliederbusch ein Dutzend Nachtigallen plötzlich mit Gesang aufklirrend sein Gleichgewicht zu schwer erschütterten.

Ja, daß Schönheit tausendfach mehr tötet als Haß und Wut, Sie sollen es wissen. Was sage ich Ihnen, Schwester. Wo will ich hin ... hören – hören Sie mich? ...«

»Sie erzählen die Verzücktheit des Lebens ...« sagte die Schwester innig und bewegt.

»Ich erzähle die Verzücktheit des Lebens. Ja. O Rausch, o Sonne, o Ruhm, o Süßigkeit ...« Er stemmte die Fäuste im äußersten Schmerz und schwärmerisch gegen die Brust.

»An einem Abend kamen dreißig Damen, ein Fürst und viele Herren. Es hatte eine märchenhafte Art. Sie trugen seidige Kleider, Schwester, o von so feinen Firmen, die Sie nicht kennen. Und es gab wie Glas schimmernde Namen und schwermütige Profile.

Es gab Lampione.

Es gab Mond.

Unter den Apfelbäumen war eine Lichtung. Der Hügel schob sich leicht und schräg gegen den Horizont.

Wir saßen alle auf Stühlen, die auf der Wiese standen. Der Fürst hatte einen Säbel in einer Hand, in der anderen Blüten.

Dann kamen die Mädchen, Jungfrauen im Alter bis gegen Zwanzig, die kein Mann berührt hatte und die nur wenige sahen, die sich, weibliche Narzisse, nur in der entrollten Geschmeidigkeit sälelang ins Uferlose gestellter Spiegel in ihren Körpern empfanden. Sie trugen kleine Tuniken, die wie nichts waren und tanzten auf dieser schrägen Ebene uns gegenüber zwischen den Bäumen, tanzten mit Hüften, fließend wie die glatten Sprünge der Leoparden, Beinen ... stumm vor Berauschtheit, und Armen, die sie im wilden Entsetzen der Schönheit in den Mond hinein schwangen.

Alle gingen dann zurück zum Schloß, ich stieg zum höchsten Hügel . . .«
Er hielt ein. Sein Blick tauchte verschleiert in die Tiefe des
späten Mittags. Seine Worte fielen dann, als er wieder an-
hub, heftig, immer schärfer und in monotoner Geschwindig-
keit. Sie fielen, als stünde einer im Licht in voller Rüstung
und schlüge im riesigen Kreisschwung beider Arme zwei
Schwerter pfeifend immer rascher durch die Luft.
Er sagte:
»Es war still geworden, fast tonlos. Manchmal allein in
langen brausenden Linien stürzten schwere Hummeln auf
die weiße Ebene der Bäume. Es war lau, weich, Wasser-
dampf schwebte in der Luft. Das ließ die Ferne vibrieren
und die Sterne hatten davon etwas feuchten Schimmer. Hügel schob glatt über Hügel, Linie über Linie schwingend, in
die Rheinebene. Bäume sprangen Abhänge hinauf, in der
Nacht hin und her, und standen näher, tänzerisch zueinan-
dergeneigt. Oben hing der Mond.
Diese Nacht war ungeheuerlich in ihrer Üppigkeit. In ihrer
nassen Glut. In ihrem unheimlich gesteigerten stummen Gebrüll nach Dasein und trunkenster Fülle des Lebens.
Schwester: ich dachte da mit einemmal blitzhaft an die wü-
stesten und größten Dinge meines Lebens.
Ich wußte um Grate im bayrischen Gebirg, die ich spiele-
risch als Knabe überrannt hatte. Ich sah den schweren
Wahnsinn der afrikanischen Hetzen. Sah den zerschlagenen
beuligen Kopf im Dirnenhaus des Genuesischen Hafenvier-
tels im Augenblick des Erwachens verzerrt in schmutzigen
Kissen. Ich wußte um das aufschreiende Werben fetzender
Granaten, die trunkene Explosion der Abendschlacht. Ich
sah ein Segelboot kentern im Starnberger See, sah den großen Verzicht eines feinen Mädchenauges (o weinen, weinen), sah den verwesten Leichnam des Freundes aus der
Konfirmation im Park erhängt, sah das Sterben Maria An-
derssons, die ich geliebt habe, die Schöne und Tanzende,
wie einen bunten Vogel. Ich wußte um den Augenblick, der

bewegungslos in der Pupille des Persers hing, als er in einer
Pariser Spielspelunke den Dolch mir über die Achsel in den
Rücken schlug – –
Was wissen Sie, Schwester, was einem Mann schwer und
Gefahr ist ...
Aber ich wußte in dieser Minute: daß ich lächelnd dies alles
wiederholen würde, daß ich singend wie ein Engel van
Dycks gegen tausend Mündungen Kanonen gehen könne ...
statt dieser Minute ... daß dies alles Erlebte eine kleine
Prüfung, ein verächtlicher Vergleich und ein Geringes und
Unwirkliches an Schwere sei gegen diesen *einen* Augenblick
des Erlebens.
Denn es kam, daß ich vor der tobenden Süßigkeit der
Nacht, in der das Leben dunkel rauschte wie ein verschlos-
sener Schwarm von Bienen, daß ich vor der ungeheuerlichen
Berauschtheit des Daseins mich hinwarf und weinte und
grenzenlos den Tod zu fürchten begann.
Den Tod, der mir eine gemeine Sache, Oberfläche und sehr
gering zu schätzen erschien, wo er mir nahe war wie eine
Kugel, ein Gift oder ein Dolch ... und es mir blieb ... in
dieser Form ... auch späterhin. In dieser Form ... in dieser
Form.
Ich weinte.
Und da schwamm aus dem Schloß das hungrige Begehren
einer Geige, hob sich, klirrte wie ein scharfer Käfer, raste
um die Hügel, hieb sich verzweifelt sehnsuchtsvoll in die
starke Brunst der weißen Bäume und kreiste den Horizont
ein in zuckende Tiraden.
Und ich spürte die Hand, welche sie führte, fühlte mit gleichem Gefühl das weiche Fleisch des jungen Mädchens, das
sie spielte, die rasche Berührung ihrer Brust, ihres streifen-
den Beines, das erzitternde weiche Fleisch mit dem silbernen
Flaum, die mädchenhafte Weise des wiegenden Gangs, die
königliche Süßigkeit ... und ich brüllte, Schwester! Ich lief
in den Hain und brüllte: – Nicht sterben! – brüllte ich. Riß
kleine Zweige und zerkaute sie, bohrte das Gesicht in über-

schäumte Äste, betete, fluchte, weinte... es gab keinen Gott, der dies löste.

Ich begriff es nicht: Den Tod belächeln, das Leben fürchten ...

Aber überall war Tod. Die Blüten brannten furchtbar an den unteren Flächen. Tausendfach schwoll Blut in der Luft. Eine riesige Spinne krampfte schnürend das Getanz der Apfelbäume zusammen, sie zitterten unter entsetztem Schrecken. Regenbogen schnellten durch die Nacht. Mord saß dunkel im Geäst. Ich ängstete auf der Stirn. Der Mond war mild. Aber die Sterne bogen sich herum und blitzten kalt wie die Spitzen unzähliger hingehaltener Schwerter.

Und das Schweigen dehnte sich, als ob es zerreißen müsse, und die Stummheit, die volle maßlose Trunkenheit der Nacht kam in Bewegung, drehte einmal um und begann zu kreisen und ward ganz fern am Himmel ein dunkler Strudel, der sog und sog –

Ich schrie. Hell. Entsetzt und außer mir... Ich wollte nicht sterben.

Wollte nicht sterben. Nein ... schrie –

Schwester, ich habe nachher noch, eh ich herkam, vor meinem Typhus, den Tod gekannt in vielen Phasen, nahe an mir vorbei oder sich zurückwerfend vor mir im letzten Moment des Anlaufs. Ich stand in ihm wie der Mittelpunkt einer Explosion zahlloser Schrapnells.

Ich lüge nicht. Ich hob die Hand, ihn zu zerdrücken.

Ich hob die Hand, verächtlich, und schlug nach seinem Gesicht –

Aber in jener Nacht, da ... da erkannte ich tiefer den Tod in der ungeheuerlichsten Schwellung des Lebens.

Ich lief ins Schloß, kroch in eine Ecke und fürchtete mich.

Ich wurde verachtet, geschmäht, verlacht. Man tat das Äußerste zur Erklärung des Unbegreiflichen im zivilen Dasein: man zweifelte an meiner Zurechnungsfähigkeit. Man hätte mich anspeien können.

Ich hätte gebettelt: Leben ... leben ...

So ist es.

Schwester – aber ich weiß, ich weiß nun mehr, unerträglich mehr wie alle anderen Menschen. Ich weiß: ungeheure Taten mögen geschehen, endloser Ruhm errafft werden von Dichtern, Feldherrn, Musikanten und Malern ... im letzten Ziel ist Tod. Andere wissen das nicht, ahnen es, haben aber nicht die Schärfe ewigverkündlichen Wissens und Umsichfühlens.

Wie ist die Welt bunt! Leichte Karussells laufen über die Jahrmärkte. Flieger erschwimmen die betäubende Höhe der Gestirne, gewiegt vom Nichts. Kapellen spielen in Theatern und Gärten. Mädchen tragen Schürzen im Hause und Bänder zum Ball. Und die Pferde ... auch die Hunde sind schön und von Andacht ... Städte erleuchten sich abends mit sanftem Gas.

Wie kann ich dieses Beschwingte fürder noch spüren, den feinen Reiz und die breite Schönheit, wenn ich den Tod darin sehe jederzeit? Und muß sie doch lieben grenzenloser als immer und brennender wie jeder, weil ich weiß, daß das Leben so schwer und so gewaltig hoch das Letzte ist. Aber meine glühende Liebe wird stets auf den Tod stoßen, und so werde ich hin und her geschleudert sein, ahasverisch und in einem verzehrenden Tosen, zwischen ungeheuerer Anbetung und tödlicher Erkenntnis.

Ich werde in unmenschlichen Spannungen leben müssen, denn das Spannungslose saugt mich auf. Ich werde lächeln und, von Gefahr und höchstem Erleben zu anderen springend, mich bewegen wie aus dem Arm von unzähligen Frauen in den von neuen Namenlosen. Es ist eine tolle übersinnliche Liebe zum Leben dies, Schwester.

Ich werde nicht mehr ruhen können.

Denn Gefahr ist ein kleiner Augenblick und Sterben darin eine strahlende Sekunde. Schönheit der Welt aber dem Wissenden eine unendliche Qual und Bedrohung und ewige Leere.

Ich möchte nicht, daß Sie an diese Erkenntnis streiften,
Schwester, weil Sie ein schönes und ruhiges Gesicht haben.
Ich bin von Freude geschwellt für den Augenblick, wo ich
hier abziehe. Denn alles da ist trostlos und müd und ohne
Heroischkeit.
Sehn Sie, es ist furchtbar, wenn ich müßig in die Ferne
schaue ... Schwester, liebe Schwester ... wie der Horizont
sich dann zusammenzieht, wie Hügel hineinschwanken und
gleichsam in einem Rachen verschwinden. Manchmal blinkt
es silbern. Nun hebt sich die Ebene. Taumelnd gurgelt die
Welt in den Strudel. Die Leere ... die Leere –
Glauben Sie nichts. Ich weiß, daß das eine Vision ist, daß
wir fest stehen und unerschütterlich, wie wir es glauben.
Aber ich empfinde alles im Gleichnis und oft ist Gleichnis
uns die nächste und verwirrend deutlichste Realität. Ich
sehe vieles im Bilde, weil ich in einer übersteigerten Sekunde über das Leben und gewöhnte Maß hinaus *erkannt*
habe.«
Er schwieg und schloß die Augen.
Er sagte noch: »*Wo ich das Grauen vor dem Tod am zer-
schmetterndsten empfunden habe, an dieser Stelle, meine
ich, muß die ungeheuerlichste Kraft des Lebens sitzen –*
Darum rief ich, wie ich sterben sollte, nach diesen Bäu-
men.«
Er sann nach. Und plötzlich schien Furchtbares auf ihn zu
stürzen.
Aber bald formte sich sein verzerrter Mund in lächelnde
Ruhe, und er flüsterte halb singend, somnambul: »Die
Bäu ... me –«
Dann schüttelte er kurz den Kopf, lächelte rasch und sagte:
»... Liebe Schwester – müssen Sie nicht bei all diesem auch
dem Tode näher sein als dem Leben?«
»Nein«, sagte die Pflegende unendlich mild und fest, »es ist
das Gegenteil.«
Er sah sie staunend an.

Dann aber war es, als rase das entsetzliche Erleben in einer letzten grauenhaften Spannung noch einmal in ihm hoch.
Er warf die Hände in die Luft und rannte hinaus.
Die Pflegende ging ans Fenster und lehnte sich ruhig hinaus. Sie sah ihn eilig hinauslaufen und in den Hof einbiegen.
Dort stolperte er über eine Gießkanne, schwebte kurz in der Luft und taumelte dann zur Seite. Er fiel, die Hände vorgestreckt, in einen Hügel und bohrte auch sein Gesicht hinein.
Es war Kuhdünger aus den Ställen vom Morgen her.
Der Hügel dampfte in einer weißen Wolke warm und schön.
Er aber tat den Kopf nicht gleich zurück, sondern ließ ihn wenige Herzschläge lang da noch liegen, denn er fühlte in einem wunderbaren Gefühl, daß diese Lage unschön sei und schmutzig vielleicht und auch wohl Manchem großen Ekel machend, aber (was viel größer sei) tief und warm und so unendlich voll Dasein.
Die Pflegende am Fenster hob ihr Gesicht ein wenig höher und dachte: O diese Hölle in *einer* Brust. Er wird das Leben furchtbar packen wie eine unendliche Geliebte. Wie ich ihn lieben muß.

CARL STERNHEIM

Am 1. April 1878 in Leipzig geboren als Sohn eines Bankiers. Jugendjahre in Hannover, Berlin, Halberstadt; Studium der Geschichte, Literatur- und Kunstgeschichte sowie Philosophie in München, Leipzig, Göttingen, Berlin, dann freier Schriftsteller; Reisen nach Griechenland, Italien; Verkehr u. a. mit R. A. Schröder, Hofmannsthal, Wedekind, Heinrich Mann, Walther Rathenau, Graf Keßler; mit Franz Blei Gründung der Zeitschrift *Hyperion* (1908-10) in München; Wohnsitz abwechselnd in Belgien, Deutschland und der Schweiz. 1901 *Fanale* (G.); 1905 *Vom König und der Königin* (Tr.); 1909 *Don Juan* (Tr. in zwei Teilen); 1911 *Die Hose* (K.); 1912 *Die Kassette* (K.); 1913 *Bürger Schippel* (K.);

1914 *Der Snob* (K.), *Busekow* (N.); 1915 *Napoleon* (N.), *1913* (K.);
1916 *Tabula rasa* (Dr.); 1917 *Perleberg* (K.); 1918 *Chronik von des
zwanzigsten Jahrhunderts Beginn* (En., 2 Bde.); 1919 *Die deutsche Revolution* (Aufsätze); 1919/20 *Europa* (R., 2 Bde.); 1920 *Der entfesselte
Zeitgenosse* (K.). Am 3. November 1942 in Brüssel gestorben.

Vanderbilt

*Carl Sternheims Figuren suchen nicht die Revolte, die Ver-
änderung der Gesellschaft, die Flucht aus der Wirklichkeit.
Sie drängen zur Steigerung des Lebens durch Erfüllung der
»eigenen Nuance«. Damit schmilzt die Möglichkeit verlet-
zender sozialer Reibung auf ein Minimum; Reduktion der
Konfliktpotenz ist die Folge, ein Zug zum Untragischen,
der auch dem Tod den Stachel nimmt. Der einzelne Mensch,
der sein Leben in voller Eigenverantwortlichkeit lebt, indem er sich seinen Möglichkeiten entsprechend in einer
freien Gesellschaft Einzelner verwirklicht, sieht auch dem
Tod, als einem Element und einer Bedingung des Lebens,
frei ins Angesicht. Es liegt auf der Hand, daß sich Phänomene wie Generationskonflikt, Rebellion nur schwer mit
dieser Grundprämisse vereinbaren lassen; nur als Andeutung finden sie sich deshalb im Werk Sternheims. Was dieses in den Augen vieler Zeitgenossen zur Provokation
machte, war gerade die Leugnung dessen, was dem Bürger
als Widerstandserlebnis zu einem Lebenssinn verhalf: des
Lebens als Schuld und Grund zur Sühne (Wolfgang Wendler). Diese totale Säkularisierung von menschlicher Existenz
kann zugleich als eine Art Ermutigung zu den »sogenannten Lastern« verstanden werden. Statt Flucht, rückenstär-
kendem Rückgriff auf die »höhere Welt« in »Minderwer-
tigkeitsekstase« fordert Sternheim einen »Wirklichkeitsenthusiasmus«. Dies gilt auch für die Auffassung von der
Liebe: Die Frau, die »Leben« und »Ideal« spendet, Helden
schafft und den Himmel öffnet, verbindet beide Pole und
bleibt deswegen lebenszugewandt – sie existiert »lebens-*

steigernd«. Da die Erde als Wohnstatt des Menschen gese-
hen wird, gilt das Bekenntnis zu ihr als ein Akt höchster
Menschlichkeit. Diese Menschlichkeit heißt es darzustellen
unter Verzicht auf das vergleichende Gegenbild des »Höhe-
ren«, das das Bild entwerten würde. Nicht Träume also,
sondern bewußte Annahme menschlicher Relativität; Bereit-
schaft, ein neues Selbstbewußtsein zu begründen, frei von
Überheblichkeit, aber auch von dem Gefühl der Inferiori-
tät. »Keinem Lebendigen«, postuliert Sternheim, »soll der
Dichter das einzig lohnende Ziel, eigener, einmaliger Natur
zu leben, damit verstellen, daß mit seit ewigen Zeiten kli-
schierten Melodien er ›höhere Menschheit‹ vorharft, die
diejenigen geringschätzen, die mit mir eine vorhandene
wirklich kennen und mit Inbrunst lieben.« In der Novelle
»Vanderbilt«, wo ein »abgöttisch geliebtes«, wenn auch aus
zweiter Hand stammendes, episodisch konzentriert darge-
botenes Leben Steigerung zu sinnlicher und religiöser Ek-
stase durch einen Seitensprung (vieldeutiges Symbol: der
Hut!) der Frau erfährt, teilen sich die beiden Partner nach
dem Bekenntnis in die erhebende Erinnerung. Es kommt zu
keiner Spannung, im Gegenteil: »Alfons verstand, welches
Kompliment in der Liebe einer Frau zu ihm lag, die auf
einen Großen der Welt gewirkt hatte.« Verwirklichung des
Ich durch Traumerfüllung auf der einen, Anpassung an die
Wirklichkeit auf der anderen, wollüstige Verwirrung, Rase-
rei, mystische Ekstase und Steigerung des Selbstbewußtseins
auf beiden Seiten. Sternheim erzählt in einer unterkühlten,
biegsam knappen, ironisch überpointierten und zur Trave-
stie neigenden Sprache, die den folgenreichen Einbruch »hö-
herer Mächte« ins Licht parodistischer Komik stellt.

In fünfzimmeriger Parterrewohnung lebten die Gatten
Printz à l'aise[1]. Durch zwei Salons, ein Eß- zwei Schlafzim-
mer markierten Möbel in französischen Königsstilen Pracht.

---

1. bequem, leicht.

In einem gehimmelten Bett Louis XVI. schlief Frau Printz, in
einer Mahagoniempirelade er. Allen Gegenständen fehlte
ein Fuß, die Bekrönung; angestoßen war an Rändern Por-
zellan, doch konnte jedes Ding als Gleichnis eines vollkom-
meneren dienen. Sprach man vom Palais des Herrn Feisenberg, Schloß Linderhof oder von Versailles, durfte man: ein
Ding gleich diesem Schrank Tisch Stuhl, sagen und das zu
wirklicher Pracht Fehlende hinzudenken.
Auch Mahlzeiten deuteten nur an. Man gab ein Süppchen,
das mit Fleisch und Zutat Bouillon gewesen wäre, Zwi-
schengerichte, denen zum Entrée Substanz fehlte, ein Kalbs-
kotelett oder Rindsstück, das Sensation wie der zehnpfün-
dige Braten vom gleichen Tier verschaffte. Die saftige
Frucht, sei's Apfel Birne Nuß, war, in zwei Hälften getrennt, beiden Gatten leckeres Dessert. Bei reines Mokkas,
russischer Papyros Duft verdaute man so distinguiert wie
einer.
Tadellos war stets etwas an ihrer Kleidung. Saß man sich
bei Tisch in Kleiderbruchstücken gegenüber, war an der
Krawatte, einem Stiefel doch zu sehen, was später würde.
Der Frau Frisur, des Mannes blütenweißer Scheitel im
schwarzen Haar gaben über Schlafrocktrümmern Haltung,
und auch der Nägel Glanz ließ keinen Zweifel am Ende
aufkommen.
Stets waren Gesten groß. Mit Würde gab man die fast
kahle Schüssel, goß Wasser schwungvoll ins Glas und lächelte fein. Oft schüttelte man die Hand auf besondere Art,
daß Armband und Manschette klirrte. Stand eine Flasche
Wein zu trinken, hob man den Kelch zeremoniell, hinter
seidener Wimper und Monokel blinkte erlesen der Blick.
Als Apotheose, großen Schlußauftritt dachte man das Ge-
ringste. Hohe Namen aus allen Kulturen waren zur Hand.
Chateaubriand La Rochefoucauld wimmelten in die schlich-
testen Silben, des Einemarkromans Verfasser wurde mit
Swift und Stendhal verglichen. Gefühlen ersetzte man, was
ihnen an Innigkeit abging, durch mörderisches Pathos.

Konnten sie sich für eine Sache wie ein wirklich Ergriffener nicht begeistern, drängten sie eine Träne in den Blick, drückten Umstehenden die Hand. Oder Frau Printz fiel in einen Stuhl, Herr P. fuhr sich mit dem Tuch über die Stirn, als schwitze sie. Vor jedem Ding, das es gesellschaftlich verdiente, wurde man um einen Grad wärmer als der Empfindlichste.

Dafür lehnte man, was der Kenner Beifall nicht fand, brüsk und unwirsch ab. Den Ausdruck sächsischer Staatsanwälte hatten Printz und Frau, waren zur Milde nicht zu bewegen. Den Menschen, der in mondäner Welt nicht galt, nannten sie Hochstapler.

Niederem Volk waren sie unnahbar. Bronzepfosten saßen sie zwischen gewöhnlichem Gequirl in der Elektrischen. Ihr Wort an Ladner Dienstboten hatte metallischen Klang, Kommandoton. Gleichgestellten legte der schlanke Herr P. die Hand gönnerhaft auf die Achsel, fand ihre Meinung scharmant.

Ansichten der Hochgestellten waren Orakel. Bei eines Generals oder Aufsichtsratsmitgliedes Ausspruch wurde Rührung ohne Anstrengung in den Gatten lebendig, ihnen geschah, als habe Ursinn geäußert.

Eigenes Urteil wagten sie nicht. Bis in Knochen spürten sie: mit dreißigtausend Mark Renten aus der Frau Vermögen konnten sie äußerlich der Reichen Aufmachung haben. Nur ein Urteil durften sie sich mit der Summe nicht leisten. Zu ihm, glaubten sie, gehörte das große Haus, zahlreiche Livree, eine berühmte Bücher- und Gemäldesammlung als Voraussetzung. Ein Einkommen von dreihunderttausend Mark mit einem Wort.

Wie ein Partner, ohne den des Lebens Spiel nicht klappt, brauchte Eugenie Alfons Alexander, bewunderte brutalen Willen an ihm, in oberster Welt gelten zu wollen, obwohl seine Herkunft dunkler als die ihre war, er kein Talent, das ihn berechtigt hätte, mitbrachte. Doch war er des gemeinsamen Aufstieges Veranlasser gewesen, sie folgte ihm wie das

Dressierte dem Dresseur. Seine Sprungbereitschaft liebte sie, das Federn an ihm, mit dem er drahtig in jede Situation sprang, vergötterte seinen jedesmaligen Abgang mit Pauken und Trompeten durch die Mitte, der sie an Fortinbras mahnte.

Es ergab sich: der mit dreißigtausend Mark jährlich zu begleichende Aufwand ließ sich gleichwohl mit dieser Summe nicht bestreiten. Denn kam man zu Freunden, die in teuren Restaurants speisten, erst nach Tisch, nahm, bei Bekannten angeblich mit Leckerbissen überfüttert, nur Kaffee und Likör, ging man zu Carusos Auftreten, die Akte miteinander abwechselnd, auf den gleichen Sitz, forderte der Umgang mit Reichen unaufhörlich Bezahlung. So hatte Eugenie, als ohne Alfons Wissen eine ansehnliche Schuldsumme für den Haushalt bestand, sich schweren Herzens, dringendster Rechnungen Bezahlung von einem Freund, dem Kavallerieoffizier von Bencken anzunehmen, entschlossen, und, als in zwei Jahren das Benckensche Guthaben ziemliche Höhe erreicht hatte, seine Geliebte zu werden, da sie, der oberen Tausend Moral verlangte in der Verhältnisse Anbetracht so taktvolle Handlung von ihr, gewiß war.

Anfangs hatte sie gefürchtet, Benckens zu häufiges Auftreten in ihrer Häuslichkeit möchte Alfons Widerspruch und Argwohn wecken. Zum Glück erklärte ihr Gatte von B. für den bestgekleideten Mann der Stadt, bewunderte dessen in Regent Street gefertigten Kostüme und erwirkte vom Freunde die Erlaubnis, die bei Edouard & Buttler geschnittenen Kleider bei seinem billigen Schneider nachmachen zu dürfen.

Weit entfernt, ihr zu mißfallen, rührte Eugenie dieser Zug ihres Mannes. In Alfons bebte vor allen Kavalieren der Zeit der Wille, an ein selbstbestimmtes Ziel zu kommen; kleinliche Hemmungen gab es für den kessen Fechter nicht. Wie sein Schenkel eines Turners war sein innerer Aufschwung muskulös. Daher bot sie ihres Liebhabers überzähliges Pferd dem Gatten zu Spazierritten an, und abwechselnd war Alfons mit ihr einen Tag um den andern in prallem Dreß schneidiger Reiter. Die Gerte, die an Bridges und Gamaschen knallte, sein geziemendes Zepter.

Kein Ereignis im Theater auf Rennplätzen in der Gesellschaft war rund, ohne daß mit anderen Prinzen ein Printz beiwohnte; wie ein Witz hieß. Während die meiste Menschheit im Staub schlich, sprengte zu Pferd über Sand ohne andere Mühe das mondäne Paar, als daß es einer gewissen Gesellschaftsschicht jüngste Laune hurtig und unverdrossen riet.

Aus Bencken, der einer Hoheit Adjutant war, zog Eugenie untrügliche Tips. Alfons leistete Damen höchster Kreise zwielichtene Gesellschaft, belauschte ihre geheimen Sehnsüchte, die er als das für ein Weib Korrekte seiner Frau weitergab. An Orte, wo schicke Welt sich traf, liefen sie zwischen Ereignissen. Sie zum Tee; zum Billard er. Beide Bilder der Mode, Zugstücke für ihre Bekleider. Einen Tag wie den andern zur gleichen Stunde.

Unbekümmert ging bei gegenseitiger Achtung ihr Leben eine Reihe von Jahren. Dank kosmetischer Mittel merkten sie keine Veränderung aneinander. Zu Masken waren die Antlitze erstarrt; Empfindung änderte sie nicht. Nur Übereinkommen zog in ihnen des Lächelns, betroffenen Ernstes Register. Phonographenplatten surrten Reden ab. Selten stieg eine erstklassige Arie, meist schnurrten banale Lieder. Oft kratzte die Nadel im verbrauchten Wachs. Printzs waren hellhörig genug, merkten sie das Geräusch, die Walze mit einem Räuspern zu wechseln, ein weniger verbrauchtes Motiv singen zu lassen. Im übrigen war letztes Gleichgewicht überall erreicht. Wie Mahlzeiten und Hausstand auf den Pfennig berechnet waren, wandten sie für täglichen Reiz nicht mehr inneren Anteil, als unbedingt erforderlich schien, auf. Denn beide liebten abgöttisch das Leben, suchten durch strenge Beherrschung im seelisch Motorischen des Daseins irdische Dauer zu verlängern.

Solchen Anpassungsgrad hatten sie erreicht, daß Lachen

beim Essen mit des Silbers und Kristalls Glanz übereinstimmte, einer bösen Laune Grad vom Ton der Möbel nicht
abwich, unnötigen Energieaufwand beim Ausgleich zwischen Innen und Außen zu sparen. Eidechsen, glitten sie aus
Warmem ins Kalte, blieben in der Ereignisse Hitze wie Sa-
lamander unverbrannt. War so ihres Seins Temperatur angenehm lau, gab es ein Thema, bei dem sie warm wurden: Paris. Beide hatten die Stadt noch nicht gesehen, doch
kam von dort alles, was sie im Mund führten. Zweimal im
Jahr die Mode aus Paris für Frau Printz, von dort Par-
füms Seifen Puder, hundert Geheimmittel, die sie für die
Toilette brauchten. Es kam von dort der Tafel Luxus, doch
auch Gemälde, die der Rede, verzückten Augenaufschlages
lohnten. Der Balzac Flaubert Maupassant erhabenes Werk
war dort geboren wie eines Tinseau Gyp Prévosts bevor-
zugte Romane. Beim Friseur im Restaurant beim Kunst-
händler Antiquar sprach man Paris. Ihres Lebens häufigstes
Requisit war das Wort, wie Schminke das des Schauspielers,
in Straßen auf Plätzen der vergötterten Stadt kannten sie
der großen Schneider und Modistinnen Ateliers. Öfter sprachen sie die Rue Rivoli Place Vendôme als einen Odeons-
platz eine Ludwigstraße aus.
Sie hatten überlegt, ob kurzer Aufenthalt an diesem Mittelpunkt der Welt sich nicht für sie erschwingen ließe. Doch
schien eine so phantastische Summe aus tausend verwirren-
den Vorstellungen notwendig, daß sie mit ihren Mitteln ein
für allemal auf des Traumes Verwirklichung verzichteten.
Desto häufiger warfen sie ein Hotel Ritz Meurice, einen
Voisin Paillard Larue Durand-Ruel und Vollard in die
Rede, hielten den Mercure de France und die Gazette du
bon ton.
Insbesondere bedeutete die Ankunft eines Heftes dieser Re-
vue Festtag bei Printzs. Schon auf dem Umschlag die Auf-
schrift: Art modes et frivolités[2] berauschte sie. Das Wort

2. *Kunst, Moden und Kleinigkeiten (eine Art feiner weiblicher Hand-
arbeiten).*

»frivolité«, an dem sie teilhatten, hob sie aus bürgerlichem Kitsch, der aufdringlich von Nachbarn zu ihnen herstank, machte sie von aller Krapule unabhängig. Über Anzeigen der großen Schneiderfirmen Chéruit Doucet Paquin Poiret Redfern Worth, die an dem Blatt mitarbeiteten, schlürften sie der großen Parfümeure und Juweliere Verkaufsangebote.

Sie unterrichteten sich über den Geschmack im Theater, was sie bei Tisch im Wagen auf der Jagd zu Pferd im Bett, Ansprüchen der strengen Redakteure zu genügen, zu tun oder zu lassen hatten; lernten »die Kaprizen der Wäsche« auswendig, das Geheimnis der Gürtel Schleier Muffe. Koffer und Handtaschen nannten sie trunks and bags, kannten die Kunst, untadelige Livreen zu schneiden; wußten, ihr Diener, hätten sie ihn gehabt, wäre ein Muster gewesen.

Vor allem erfuhren sie, perfekt zu sein, müßte man einen Fetisch tragen. Sei es ein Symbol, kühn und unverständlich als einen Elefanten in Malachit Onyx Lapis Lazuli mit spirituellem Wahlspruch an der Uhrkette, sei es ein Fetisch-Rebus in Rubinstaub, Glücksschwan oder algebraisches Hieroglyph. Doch auch in jeder Salonecke mußte die kabbalistische Menagerie glänzen, zeigen, der Besitzer habe mit höheren Mächten als Gevatter Schneider und Handschuhmacher Umgang.

Über Eigenheiten und Merktage vorgesetzter Freunde führten sie Buch. Kauften auf dem Markt ein Dutzend Äpfel, zu fünfzig Pfennig das Stück, sandten sie, in ein Körbchen auf Watte gelegt, den hochgestellten Gönnern mit einer Karte: Herr und Frau Alfons Alexander Printz bitten, die frischen, ihnen aus dem Tirol geschickten Früchte, freundlichst anzunehmen. Sie fanden es so natürlich, die Krösusse ihrer Bekanntschaft dankten mit mächtigen Fasanen-Likör-Terrinnenarrangements, wie sie wußten, auch bei des Seelischen und Geistigen Austausch verausgabten die anderen mehr als sie selbst.

An einem Maitag, als Alfons Printz vom Morgenritt auf Benckens »Paria« in der Kraft und Blüte seiner achtunddreißig Jahre heimkam, »rudement beau«[3], wie er in solchen Augenblicken von sich sagte, trompetete seine Frau ihm zu, sie sei von den Freunden Feisenberg zu vierzehntägigem Aufenthalt nach Paris geladen!

So stark im Manne Bedauern war, daß die Einladung sich nicht auf ihn mitbezog, freute er sich des unverhofften Glanzes umsomehr, als er wußte, seiner Frau enthusiastische Schilderungen verbürgten für ihn selbst bei der Rückkehr manche Sensation. Nun fing in beiden Gatten ein Rausch von Champagner an, von dem sie fühlten, er werde sie bei Vorbereitungen und umständlichen Zurüstungen in den nächsten Wochen bis zur Abreise immer stärker besitzen. Natürlich sahen sie keinen Menschen mehr, dem sie nicht die Nachricht zustießen: Frau Printz fährt nach Paris!

Von überallher holten sie Auskünfte. Schneiderin Putzmacherin Friseur wurden zu höchster Leistung gespornt, die Reisende wohlfeil in den Stand zu setzen, Ehre mit ihren Schöpfungen in Paris einzulegen.

Als Eugenie mit den Freunden in den Expreßzug stieg, Alfons ihr beim Abschied ritterlich die Hand küßte, stand beiden echte Ergriffenheit im Auge. Sie wußten, in diesen zwei Wochen mußte die Frau mächtige entscheidende Reserven mondänen Wissens gewinnen, mit der für lange Zeit kostspielig erkauften Erfahrungen des begüterten Freundeskreises ein Paroli gebogen werden mußte.

Über alles hinaus bewegte beide Printz eines Sommerhutes Vorstellung, den für hundert Franken, die ihr Alfons mit dem Taschengeld eingehändigt hatte, Eugenie in Paris kaufen sollte. Sie wußten, mehr als brillanteste Berichte stattgefundener Überraschungen und Ereignisse würde dieser Hut des gefeierten Printzschen Geschmackes wahrer Repräsentant sein, dessen Sicherheit und Überlegenheit einer neidischen, auf ein Versagen lauernden Mitwelt beweisen müssen.

---

3. *»gewaltig schön«.*

In Straßburg, wo die Reise unterbrochen wurde, meinte Frau Printz, französischer Art ersten Hauch zu spüren. Der Kathedrale aus bürgerlich deutschem Gewinkel germanisch-ekstatisch aufragenden Zierat übersah sie, entzückte sich an einem Speisehaus, das französischen Namen trug, in dem man pariserischer Art aß. Die langen weißen Brote gab es schon, von dem ihr jeder Frankreichfahrer gesprochen hatte. Längs der Wand saßen Gäste auf Bänken beieinander, nicht deutsch auf Stühlen um den Tisch. In braunen irdenen Kasserolen wurde das Angerichtete gebracht: Rebhühner, in Weinblätter gebunden. Und weißen Hautes Sauternes trank man dazu. Klopfenden Herzens wagte Eugenie französisch das Wort an den Aufwärter, und siehe: fließender Rede antwortete er. Schönen Dankes feurige Blicke warf sie ihm manchen zu.

Als man wieder im Zug saß, Nancy Châlons Château Thiérry auftauchten, der Weltstadt mächtiger Lichterglanz endlich den Himmel färbte, bäumte Entzücken in Frau Printz zur Entladung. Beim Verlassen des Kupees begriff sie das eine: Lauter Franzosen standen auf dem Bahnsteig, ehe sie in wollüstiger Besinnungslosigkeit ihrer Person Kontrolle verlor.

Als sie anderen Morgens früh zum Fenster hinauslehnte, war Paris draußen, so weit sie sah. Frauen, die über den Platz liefen, richtige femmes du monde, femmes entretenues oder filles soumises. Cabots voyous waren employés und hommes d'affaires gemischt, gamins liefen zwischen ihnen. In den Türen lungerten die sattsam bekannten mendiants.[4]

Da sie ins Zimmer bezaubert sich zurückwandte, begriff sie, jeder Gegenstand, den sie faßte, der ihre Vorstellung

rührte, wollte französisch benannt sein. Als sie das Gesicht
in die Waschschüssel zu tauchen sich anschickte, sah sie die
Flüssigkeit als eau froide respektvoll an, trank mit Genuß
»den« chocolat, aß ein oeuf à la coq dazu. Als sie das be-
freundete Ehepaar in der Hotelhalle traf, schien der jüngste
Tag angebrochen.

Draußen hatte sie ohne einen Pfennig Eintritt wieder lauter
Begriffe um sich, die sie sich früher erst nach Entrichtung
des Zolls und mancher Schwierigkeit hatte verschaffen können. Links lag die Rue de la Paix und, wohin sie den Blick
wandte, grüßte als Pinaud Paquin Tiffany sie schwärmerisch Verehrtes. Pflaster, das sie trat, Luft, die sie atmete,
schienen nichts Plausibles, doch Kostbares Rares. Der
Schlamm, den Männer mit Gummibürsten vom Fahrdamm
schoben, ein besonderes Naß.

Als dann die großen Denkmäler vor sie traten, Kirche
Notre Dame, die Place de la Concorde, Tuileriengärten das
Louvre, sie an der Seine stand, die ihr mit Inseln und
Brücken aus tausend Liebesgeschichten bekannt war, von
Daumiers und Gavarnis Blättern her, hätte sie deren gan-
zes, von Sonne beleuchtetes Wasser am liebsten ausgetrun-
ken, in der leeren Rinne all der galanten Heldinnen ent-
seelte Körper wiederzufinden, die nach gerütteltem Maß
komfortablen Liebesbehagens hier das einzig angemessene
Grab gefunden hatten.

Über den Pont des Arts liefen sie am Odéon vorbei auf das
Luxembourg zu, gewannen über St. Sulpize den Boulevard
St. Germain, die Champs Elysées.

Hier sank Eugenie an der Freunde Seite in einen Stuhl, gab
Frau Feisenberg mit innigem Druck die Hand. Doch auch
ihres Gesichtes seit Jahren unverändert steinerne Züge waren gesprengt. Neben Schminkflecken blühte ihres Blutes
richtiges Rot auf Backen, an Schläfen hatte sich ondulierte
Coiffure in von menschlichem Schweiß getränkte Löckchen
gelöst.

Eine Woche brauchte sie, aus atemloser Verzauberung sich zu sich selbst und eigenem Urteil zu finden, das ihr von Phänomenen, die sie oft geschaut geschmeckt gerochen hatte, zu wissen erlaubte.

An einem Regentag, den sie im Hotel bei einem Buch verbrachte, entblätterte sich die Bilderbuchwelt, einfach wurde die Märchenstadt, stürzte in wenige klare Linien zusammen. Metaphysische Masse begann, sich irdisch zu ordnen, Laut Licht Ruch wurde musikalisch deutbar.

Nun trat nach unbändig kindischem Vergnügen, das ihr jeden Nerv gewärmt hatte, die Mahnung zur Pflicht an sie heran, die bei der Abfahrt auf dem Bahnhof dringend in des Gatten Auge gestanden hatte. Noch war für später nichts getan. Hätte sie jetzt abreisen müssen, mit vagen Angaben wäre flüchtiges Gespräch daheim zu füllen, nicht mit jauchzenden schmetternden Gewißheiten Menschen zu überzeugen und beeinflussen gewesen. Mit großem Ruck ging sie auf Kenntnis der Dinge zu, die sie bis jetzt überfallen hatten, und, sank sie vor einer Erscheinung noch in Fassungslosigkeit, vor eines Silberfuchses Prachtexemplar, einem einsamen walnußgroßen Smaragd, der Leistung Guitrys der Réjane, blieb sie im ganzen gefaßt, sich gründlich über alles, was die einzige Stadt und seine Bewohner ausmachte, zu unterrichten, gewillt.

Zunächst stellte sie fest, der Geschlechter Beziehungen schienen im Gegensatz zu Deutschland unbefangen und entblößt. In Parks und öffentlichen Anlagen saßen gutgekleidete Frauen, die das Kleid öffneten, dem Kind zu trinken gaben. Sie sah, im Verkehr war die Frau der Angreifer. Mutig und ausdauernd ließ sie sich in einem begonnenen Kuß von keinem Vorübergehenden stören. Alle Arten der Liebe fand Eugenie legitimiert, durch sie die Pariserin ebenbürtig zu des Mannes Arbeit gestellt und sie begleitend. Nicht wie zu Haus erschien als Soldat Politiker und Mann von Bedeutung nur das Männliche herausfordernd, überall ging auftrumpfend Weibliches mit, in einer Farbe, einem bis

über die Wade gezeigten Bein, einer dezenten Schamlosigkeit, die immer damenhaft blieb, sich meldend.

Noch in der Kokotten gemalter Schönheit fand sie das
prachtvolle Zutrauen, das die Frau zu ihrem natürlichen
Schmucksinn überall haben sollte, in bis zu afrikanischer
Wildheit gesteigerten Frisuren und Aufdonnerungen Tem-
peramentsausbrüche, die neben des Mannes Posen und Pa-
radeschritt bestanden.

Den Mann erkannte sie bequemer, weil er durch der Frau
gewohnte Begleitung mehr auf sie angewiesen war. Von
ihm ging nicht jene Fremdheit aus, die sie von Deutschen
angeweht und verblüfft hatte. Er war der Kamerad, der
mit dem Weib Lebendiges teilt, mit Ideen und kategori-
schen Befehlen sich keine Vorwände geschafft hat, hinter die
er, ein Freimaurer und Clubman, gelegentlich verschwindet.
Mit erotischem Reiz konnte man ihn augenblicklich zur Ordnung zur Sache rufen, und häufiger kam dieser Reiz von
eines Kostüms pikanter Laune als einer Nacktheit her.

Der Pariserin Kleid wurde von Eugenie bis ins Raffine-
ment begriffen. Hatte sie daheim die große Linie aus Jour-
nalen erwischt, drang sie jetzt in der Unterröcke und
Wäsche letzten Schlitz, fing aller Raffungen Falten Linien
gängelnder Geschmeidigkeit Reiz, sah einer Midinette die
verschmitztesten Rhythmen ab. Nun hing beim Einschlafen
eines sich senkenden Fußes, gereckten Knies, der offenen
Achsel wundervolle Wendung vor ihrer Wimper, kitzelte
sie in allen Gliedern. Aus besserem Maß sah sie ein, wie
falsch Frau Zuckschwerdt, Exzellenz von Schaltitz saßen
grüßten griffen, wie naiv ihr krampfhafter Flirt, ihrer
Blicke Winken war. Mit dunklem Erröten gestand sie sich
auch, sie hatte bis in ihr fünfunddreißigstes Jahr Bencken
und Alfons Alexander mit Minderwertigkeiten gefesselt.
Zog sich im Hotel die Welt zur Abendtafel an, stand sie im
dunklen Zimmer, sah schönen halbnackten Frauen hinter
durchsichtigen Gardinen in beleuchteten Räumen unaus-
sprechliche Geheimnisse ab und frohlockte!

Als sie sich vorbereitet fühlte, übertrug sie das Erfaßte in die eigene Praxis. Mit herrlichem Schleifen kam sie eines Morgens des Hotels Freitreppe herab, und unten, beim Blickkreuzfeuer blasierter Menge, wagte sie die große Geste: den vielknöpfigen Handschuh zu knöpfen, renkte sie den Oberarm an den Körper aus der Schulter, und den Unterarm aufrecht, fast rechtwinklig zu ihm stellend, schloß sie feierlich ein Knopfloch ums andere. Sie merkte, wie beifällige Stille folgte. Ein andermal faßte sie bei der Ankunft im Restaurant das feine Leder oben am Rand, und es mit Ruck wie Schlangenhaut zum Handgelenk stülpend, ließ sie weiß den Arm sehen, daß alle Welt die Sensation vollständiger sehr gewagter Entblößung hatte.

Fünf Tage vor der Abreise brach aus unteren Bezirken, wo sie ihn gebändigt hatte, an den zu kaufenden Hut der Gedanke mit elementarer Macht herauf. Doch noch vermochte sie, ihn zurückzudrängen, an der Herrschaft über sie zu hindern. Von der Gewißheit erfüllt, was für den Gatten und sie von diesem Kauf abhing, – denn entschwinden würde Paris mit allem, was der Freunde Börse in himmlischen Tagen für sie schaffte, bleiben als dieser hohen Zeit einzig sichtbare Trophäe der Hut – wollte sie ihn kaufen, wie Napoleon auf Schlachtfeldern, Frauen in Schlafzimmern der entscheidende Sieg gelingt: jäh und aus Eingebung höchsten Erfolg verbürgend.

Je mehr sie sich mit exaktem Wissen Gegenständen des verschwenderisch angebotenen Luxus näherte, sie sichtete, ihrem Urteil unterwarf, hinsichtlich des in hunderttausend unbeschreiblichen Varianten um sie her erscheinenden Huts sah sie von kleinlichen Feststellungen ab, wartete gläubig auf das Ereignis als auf ein mystisches Kataklisma, das sie mit jenseitiger Gewalt auf das einzig mögliche Exemplar blitzschnell nageln mußte.

Inzwischen beschwichtigte sie den Gatten, der einige Male, Bencken, der auch nach dem Hut gefragt hatte, mit Tips für die männliche Garderobe, die sie den mit dem letzten

Boot aus England gekommenen Gentlemen abgesehen
hatte.

»Der Schuh«, schrieb sie, »ist beim Mann noch immer Grad-
messer sozialer Geltung. Höchstes Erfordernis bleibt, er un-
terscheidet sich auf den ersten Blick klassisch von jenem industriellen Massenartikel, der auch dem Durchschnittlichen,
in Lackstiefeln aufzutreten, erlaubt. Ich empfehle die Ga-
masche beige oder weiß in jeder Form bis zum Mittag, doch
ist es unbedingt, du wechselst mit dem Glockenschlag zwei
den farbigen Schuh gegen den schwarzen Chevreaulackstie-
fel.« Oder: »Überlaß es anderen, bei Jagdeinladungen mit
schwarzem Rock des Waldes kolorierten Zauber zu entwei-
hen. Doch auch Rot ist shocking, existiert nur in Albums
von Crafty. Denkbar ist Maronenbraun, Grün einer Wein-
flasche oder das bleu royal foncé[5]. Doch alles mit weißer
Hose und glänzendem (nicht mattem!) hohen Hut.«

Diese Schreiben sandte sie »durch Eilboten bestellen, nicht
bei Nacht«. Die Nachricht: »Zigaretten raucht man ohne
Goldmundstück«, gab sie Bencken telegraphisch.

Begleitete sie Frau Feisenberg zu Einkäufen, die, je näher
die Abreise rückte, um so stürmischer wurden, wohnte der
Anprobe von Kleidern Mänteln, deren Schnitt sie absah,
allerhand Toilettenkleinkram bei, hatte sie noch zu keiner
Putzmacherin den Schritt gesetzt, keine Auslage mit einem
Blick gestreift. Denn zu deutlich wußte sie vom Besuch des
Louvremuseums her wieder, wie schnell das Auge glänzen-
der Auswahl gegenüber erblindet, wie stumpf der ermü-
dete Blick vor einem Meisterwerk steht.

Sie erlebte noch einen Feiertag in Versailles, wo über Impe-
ratorenanlagen sich mit gelassener Selbstverständlichkeit das
seiner Erziehung sichere Volk ausgoß, den Besuch von
Kunsthandlungen, bei dem sie feststellte, Matisse sei näch-
ster Zukunft Trumpf; einen Abend, einer Nacht Beginn in
einem Tanzlokal Montmartres.

5. tiefes Königsblau.

Doch hier wie vorher im Theater nistete der gebieterische Gedanke an den Hut wie Alb in ihrem Tun und Trachten. Schon war aller Vorgang im Gehirn, Wort Blick gezwungen, und nur mit halber Kraft projizierte sie sich selbst nach außen. Dazu schlugen Pulse, als habe sie Gift, das sie zu seinen Zwecken vergewaltigte, geschluckt.

Da sie begriff, der fixen Idee sei nicht mehr zu entrinnen, versuchte sie ihr ganzes Urteil auf »Hut« umzustellen, doch klaffte aus dem Mißverhältnis mangelnder Beherrschung der Materie und Kürze der Zeit, sie einzuholen, solcher Abgrund, daß sie vom Wunsch nach Einsicht zur Hoffnung auf ein Wunderbares floh.

Stundenlang, während rings die Luft stieg, Menschliches in Strömen Champagner ersoff, betäubte sie sich tiefer in mystischer Andacht als das schwitzende, durch Musik gereizte Fleisch um sie her.

An des Entrées weiß und goldgemalter Tür hing schwärmerisch der Blick. Nur dieser Eingang war in ihre Welt. Ahnte sie nicht, wie das Übersinnliche, das ihr bestimmt war, sich darstellen würde, von dort mußte es erscheinen.

In dieser liederlichen Nacht kamen zum erstenmal Gefühle, die sie in der Kindheit und Jungfräulichkeit gesteigerten Perioden erfüllt hatten, wieder. Am Abend vor dem Tag zum letztenmal, an dem ihre Ehe geschlossen werden sollte, sie, der Transsubstantiation und Inkarnation Vorstellung hingegeben, in ihr schmales Mädchenbett für den jenseitigsten Traum gestiegen war.

Hinter einem Zigeuner im roten Rock, der die Fidel ans Kinn drückt, wölbt in der Tür sich schwarzes Loch. Dann schien Eugenie gewürzter Wind zu wehen, im Frack stand ein Mann da, den Unbegreifliches umhing.

Doch auch alle vom Wein trunkenen Gesichter wandten sich mit ihrem dem Ankömmling zu. Lautlos flache Ebbe entstand im Schwatzen, nur ein Laut schlug militärisch kurz die Stille: Vanderbilt!

Eugenie gegenüber war der junge hochgewachsene Beau, der

wie ein kostbares Porträt von Raeburn im Rahmen glänzte,
in einen Stuhl gesunken, wo er müde blinzelnd verharrte.
Sie aber war von Gewißheit erschüttert: ihr allgemeines,
mit dem Hut besonderes Heil sei in diesen Herrscher der
Welt beschlossen. Ekstatischer Blick flammte von ihr zu dem
Blasierten, der zum Angriff auf das Weib einen Wallach
gespornt hätte.

Vanderbilt, mit schrägem Blick, tastete sie ab, entzündete
an ihrem unterirdischen Geglüh seine lahme Phantasie. Ein
smartes Geräkel ließ er sehen, schleuderte, das lüsterne Ge-
schiel bei Eugenie, dem Neger, der in der Saalmitte berauschten Tanz endete, mit dem Fuß eine auf des Lackschuhes Spitze gelegte Banknote zu, die der mit verrenkten
Verbeugungen gegen den Geber aus der Luft fing.

Als Hundertdollarnote hatte Eugenie das Billet erkannt,
und blauer Himmel jauchzte über ihrer Welt; jede Ver-
wicklung galt im Irdischen als ausgeschlossen, solange der
blonde Amerikaner weilte. Er war, da er erschienen, kein zufälliger, doch alles Menschlichen unbedingt natürlicher Gou-
verneur. Vor seinem Blick verschleierte untertänig religiös
ihr Auge sich. Je länger des allmächtigen Mannes Weihrauch wirkte, um so mehr befahl sie in seine Hände ihren
Geist, ihres Sehnens goldenen Schaum, auf dem zuoberst
eines Hutes Gleichnis schwamm.

Als sie ins Hotel kam, war es ihr das Natürliche, sie fand
ihn nach der Freunde Weggang im dunklen Korridor vor
ihrer Tür; sah sich, an seine Seite genommen, als schätz-
bares Vergnügen korrekt ohne Umstände von ihm genossen.
Ihr blieb von dieser Nacht aus dem Moment der Entspan-
nung nur sein geschnarrtes »all right« in traumhafter Erinnerung.

Doch folgte am andern Morgen die gehoffte Apotheose.
Zum Morgenspaziergang holte der Nabob in himmlischem
Morgendreß sie ab, an Vanderbilts Seite schritt sie durch
die Rue de la Paix in Camille Rogers über alle Erdteile be-
rühmtes Atelier.

Dort stand, ein Heiligtum, in kristallener Vitrine einsam schon der Hut, vor dem kein Zögern und Wählen war: Ein blonder Florentiner, flach, mit nur Gerste und braunem Band garniert.

Was das Leben noch bringen mochte – als Mensch war sie in sich rund. Einmal hatte mit Traum vom Glück die Wirklichkeit gestimmt, Erinnerung an reinen Zusammenklang war ihr nicht mehr zu entreißen.

Die Gewißheit stützte Eugenie der Frage gegenüber, was zu dem Hut ihr Mann sagen würde, gab ihr bis zum Augenblick Haltung, als auf der Rückfahrt morgens um sechs in Augsburg der Heimatstadt Duft schon ins Kupee roch. Einen Abend, die Nacht hatte sie aufrecht in Polstern zugebracht, Berührung und körperliche Erschütterung nach Möglichkeit gemieden, unter dem neuen Hut die Pariser Coiffure nicht zu zerstören. Denn in der Ankunft selbst wollte sie den Gatten mit Eindruck zwingen und überreiten. Das kunstvoll getürmte Haar sollte vom Friseur in allen Einzelheiten für sie abgesehen werden.

Noch einmal wird der vergangenen Tage Vision mit Bild Schall Rauch in ihren Sinnen wach. Sie riecht des in Zigarettenwolken schwimmenden Nachtlokals Dunst, hört des Negers näselnden Refrain:

> Pour t'avoir à moi
> Si tu veux, o mon âme,
> Je deviendrais infame
> Pour un baiser de toi.[6]

sieht *seines* Lackschuhes Spitze mit herrlichem Schwung die Banknote werfen – da fährt der Zug in des Hauptbahnhofs Halle, und ehe er das letztemal geruckt hat, erkennt sie auf dem Bahnsteig aus Dampfnebeln Alfons Alexanders und Benckens zwillingshafte Gestalten.

Nun steht vor der unmittelbar zu erwartenden, doppelten

6. *Um dich für mich zu haben, / Wenn du willst, o meine Seele, / Beginge ich eine Niedertracht / Für einen Kuß von dir.*

Entscheidung der aus dem Fenster Gerenkten senkrecht der
Atem, stockt Herzschlag und Puls. Im Leeren hängt sie,
und nirgends ist Vanderbilt. Dann merkt sie ihres Mannes
Blick sie greifen schmecken festhalten und mit Ruck, der sie
bis ins Mark spaltet, von sich schütteln. Bencken habe schief
gelächelt, meint sie in Tränen gesehen zu haben. Gestäupt
entseelt ist sie aus der Welt gesprengt. Worte bedurfte es
nicht, sie vergaß an die Männer fast den Willkomm. Von
Alfons zu ihr hatte es sich blitzschnell entschieden: Null
Greuel Kompost war der Hut, entsprach in keiner Weise.
Sie selbst, die in Briefen von ihr üppig erhöhte Zeit in Paris waren vernichtend verurteilt.
Aus Zartgefühl vermied man, den Hut noch zu erwähnen.
Doch, was sie aus Paris mitteilte, wurde mit Vorbehalt und
spöttischer Ruhe aufgenommen, als traute man ihr nirgends
mehr Einsicht zu. Als sie sah, wie wenig Eindruck ihrer Erlebnisse verführerischste Schilderungen machten, glitt sie in
immer phantastischere gefälschtere Berichte mit der Sehnsucht hinein, einmal möchte der geschauten Wunder Darstellung die Männer doch zu Beifall hinreißen.
Doch blieb ihr Hoffen vergeblich. Vielmehr lenkte man,
brachte sie die Rede auf ihre Reise, vom Thema wie von
leichter Verlegenheit ab, gab, sie möchte die verpfuschte
Angelegenheit sich nicht zu Herzen nehmen, zu verstehen.
Bencken übertrieb den gönnerischen Ton bis ins Alberne, da
er persönliche Gründe für ihn nicht hatte. Wie ihn ihr
Mann einst im Anzug, ahmte er jetzt Alfons Alexander in
allem Geistigen nach; war ihr darum gleichgültig und ohne
allen Wert. Ihres Mannes wirkliche Überlegenheit aber
hatte sie tiefer, als sie es für möglich gehalten hatte, getrof-
fen. Als gekränkte Eitelkeit besänftigt war, blieb Tieferes
in ihr wund. Sie konnte nicht vergessen, wie sie um sein
Urteil gezittert, alles Lebendige in ihr leidenschaftlich von
seinem Spruch abgehangen hatte.
Mit dem Hut, sah sie, hatte seine Verdammung nicht mehr
viel, alles mit ihrem Gefühl für ihn zu tun. Aus dem Er-

eignis stand fest, sie liebte diesen Mann mehr, als sie über tägliches Gewirr bis in ihr sechsunddreißigstes Jahr hatte ahnen können.

Je gewisser sie wurde, um so besser begriff sie ihres Lebens letzte Möglichkeit, aus neuem Aufschwung nach des Mannes Kern für sich zu greifen. Zugleich spürte sie dieser Liebe ungeheure gesellschaftliche Albernheit, schämte sich in erzogenem Bewußtsein.

Wußte nicht, wie sie sie ihm andeuten könnte, ohne daß notwendig Alfons zürnte. Scheu folgte sie seinen tadellosen Gesten, fand vor so viel Haltung den Gedanken an simple Liebesworte peinlich und fatal. Der mit Bewußtsein getragenen weltmännischen Würde konnte sie nicht mit Gefühlen, die jedes Mädchen seinem Proleten sagte, kommen. Doch war Leidenschaft in ihr so groß, daß sie nur Mittel suchte, ihrem Mann des besten Tons Allure beizubringen, wie sie ihn über sich selbst hinaus liebte. So, daß es ihn gesellschaftlich nicht zu genieren brauchte.

Jähem Entschluß, mystischem Instinkt mißtraute sie. Zu schlimme Erfahrungen hatte sie bei des Hutes Kauf damit gemacht. Fühlte, Größeres stand auf dem Spiel. Angestrengter Vernunft durchdrang sie den Stoff, prüfte Wahrscheinliches ohne Voreingenommenheit aus des Gatten Seele, täuschte sich nicht über seine Natur, fälschte nichts Wesentliches. Sie war wie der Dichter vor ihm, der demütig, ohne an Wirklichkeit zu wischen, den Helden aus ihm selbst aufbaut, bis zu der Handlung reiner Führung und befreiendem Schluß alles aus Elementen bereit ist.

Als ihres Schicksals Atmosphäre sie durchsichtig umstand, lag sie nach festlichem, glänzend geglücktem Abendessen bei ihm in Weinlaune im Bett, so daß er sich seines Gefühls nicht schämen mußte. Und als er das oft besessene Weib reizend fand, zog Glanz in ihren Blicken, neues Feuer ihn an.

Er beugte sich zu und ihm schien, ein Geheimnis schleierte das lockende Fleisch ein. Wissen um eine Köstlichkeit kleidete sie und machte sie rar. Exotisches Aroma, das ihn er-

frischte, ihm zu Kopf stieg, schien sie zu haben. Kein Weib
hätte er in diesen Augenblicken vorgezogen.

Noch sank er hin, und seltener duftete sie. Nun witterte
er deutlich die Fremdlingin, ein Unberührtes, das ihn
quälte, es mit Wollust zu tilgen.

Sie aber sprühte in Kissen mit Kichern und Silben, aus denen er nichts erriet, die ihn dichter verstrickten. Aus Blick-
flämmchen, winzigen Stichworten irrlichterte Paris ihn an,
wie sie es wirklich bis zu dem Augenblick, wo der Hut ihre
überragende Sehnsucht blieb, erlebt hatte.

Als er sie in warmem Mitleben im Schoß hielt, Wort nur
noch Hauch war, fragte sie ihn mit frischem Trieb, der
seine Erwartung vor Schleusen staute, wer ihr den Hut als
schönsten in Paris wohl bezeichnet hätte. Und als sein Atem
stand, Blick ekstatisch gesperrt blieb, seufzte sie, und es
flatterte ihr Auge: Vanderbilt!

Später plauderte sie dem ganz Gepackten von des Amerikaners königlicher Sicherheit, vor der kein Schwanken möglich gewesen sei, sah, wie gut er sie begriff. Nun saß er aufrecht im Bett, sah zu ihren Worten ein Weilchen den Hut
an, der auf des Toilettentischs Lichthaltern thronte, sprang,
als sie von schlichter Gerste und Band geschwärmt hatte,
aus den Kissen, trat im Hemd zum Tisch, sagte: vielleicht!
Und setzte hinzu: Bestimmt. Ganz grobe Klasse!

Brachte das garnierte Stroh ans Bett, stülpte es ihr auf den
Kopf, und während sie blondes Haar am Hinterhaupt zu-
rechtstrich, küßte er sie tief in die Stirn und flüsterte begeistert: er ist himmlisch! Anderen Morgens sprach sie beim
Frühstück von William Houston wie vom vertrautesten
Freund, entzückte den Gatten durch seelische Intimität mit
dem Milliardär. Wie einen Mannequin mußte sie ihn von
allen Seiten zeigen, jeder Kragenknopf, jede Bügelfalte an
ihm war wichtig. Dann nachahmen, wie er ging sprach,
sich trug.

Seines Weibes vollkommene Freiheit vor dem Krösus bewunderte Alfons, verstand, welches Kompliment in der

Liebe einer Frau zu ihm lag, die auf einen Großen der Welt gewirkt hatte. Sofort sah er ihre unvergleichliche Rolle allen Frauen der Stadt gegenüber ein, die mit William Houston Vanderbilts bloßer Erwähnung an die Wand gedrückt sein mußten.

Nun hatte die Reise doch den gewünschten Zweck erfüllt. Über den totschicken Hut hinaus brachte Eugenie Ruf und Bedeutung mit, die sie für ihres gemeinsamen Lebens Rest in bester Gesellschaft »settlen« mußten.

Gleich begann er die Kunde von dem mächtigen Bekannten in die Welt zu filtern, sah mit Genugtuung, wie sachlich jedermann entsprach.

Brüsk ließ er einigen Umgang, der mit Vanderbilt nicht mehr zusammenstimmte, fallen. Vor allem litt zu Bencken das Verhältnis. Der war in ein Linienregiment versetzt, kam in fortgeschrittenen Umständen nicht mehr in Betracht.

Selig war auf leichte Art die Frau. An einem Seil hielt sie den Mann, durfte ihn mit ihrer Jahre Glut lieben. Wollte er entschlüpfen, tuschte sie einen neuen vergessenen Zug ihrer Vertrautheit zu »Willy« ins Bild.

Bald kannte Alfons durch sie des Amerikaners gesamte Familie. Den Großpapa Cornelius, den Onkel Frederik und Tante Beß mit ihren Hunden und Katzen. Er wußte jedes Familienmitgliedes fabelhaften Vermögensanteil; alle Verwandtschaft, Goulds und Hills waren ihm persönliche Freunde. Bei Todesfällen in der erlauchten Familie trug er mit Eugenie leichte kleidsame Trauer.

Die fürchtete nicht, es möchten sich je »nach drüben« die Beziehungen erschöpfen, neuer Feuer Flamme stocken. Denn schon gab es seit geraumer Zeit zwischen ihr und dem Gatten bei jedem zärtlichen Zusammensein das stumme Frage- und Antwortspiel, das sie beide wollüstig verwirrte, den Mann zu dumpfer Raserei brachte –

bis er mit jedesmal größerem Respekt vor höheren Mächten in sein Weib verging.

ALFRED DÖBLIN

Am 10. August 1878 in Stettin geboren, in Berlin, wohin die Familie 1888 übergesiedelt war, aufgewachsen; Studium der Medizin in Freiburg i. Br.; 1911–33 als Nervenarzt in Berlin; vom italienischen Futurismus beeinflußt und selber nur mit seinen frühen Werken am Expressionismus beteiligt; Mitbegründer und Mitherausgeber der Zeitschrift *Der Sturm;* bedeutende Beiträge zur Theorie der Erzählkunst des Expressionismus und zur Theorie des Romans (»epischen Kunstwerks«), die nicht ohne Einfluß auf Brecht waren. 1913 *Die Ermordung einer Butterblume* (En.); 1915 *Die drei Sprünge des Wang-lun* (R.). Emigrierte 1933 über Zürich nach Paris und 1940 von dort in die USA; 1945 Rückkehr nach Deutschland, Mitbegründer der Mainzer Akademie; am 28. Juni 1957 in Emmendingen bei Freiburg i. Br. gestorben.

Die Segelfahrt

Alfred Döblin lieferte mit seinen Essays einen der bedeutendsten Beiträge zur Poetologie des Expressionismus. Vertreter des szenisch-darstellenden Erzählprinzips, das neben dem parabolisch-aphoristischen Carl Einsteins eine expressionistische Grundrichtung ausmacht, lehnt er, wie jener, Psychologie und Kausalität als Erklärung von Mensch und Welt ab. Der Expressionismus war für ihn eine Durchgangsphase: Ihn prägend und von ihm geprägt, ließ er ihn hinter sich zurück. Nicht alle der in dem Band »Die Ermordung einer Butterblume« gesammelten Erzählungen sind in thematischer und stilistischer Hinsicht dem zuzurechnen, was man später – viele von ihnen wurden erstmals um die Jahrhundertwende gedruckt und 1913 in den Sammelband aufgenommen – »expressionistisch« nennen sollte. Döblin war Mediziner, genauer: Psychiater, und sein Thema, das als neu empfunden wurde: das Unbewußte, seine Dämonie, intuitiv erfaßt und präzise, fast klinisch, beschrieben, lapidar, als »Ablauf«. Die seelischen Verliese öffnen sich, Verborgenes, Verdrängtes mischt sich gewaltsam ein in scheinbar gesicherte Realität, führt zur Katastrophe. Diese Ein-

heit von medizinisch-psychiatrischer Analyse und imagina-
tiv durchdringender Gestaltung von Vision bestimmen
Rang und Eigenart von Döblins früher Prosa. Mit Patholo-
genblick, fasziniert von der Realität des Konkreten, ist das
Geschehen in »Segelfahrt« gesehen. Die Liebe als unbe-
kannte, dämonische Macht bricht ein in die Alltagsexistenz,
verstört, unterhöhlt, zerrüttet sie, läßt die Außenwelt sich
zum Abbild der inneren (gestörten) Befindlichkeit, der In-
nenwelt, verzerren. Für diese Geschichte gilt, was Döblin
1913 in seinem »Berliner Programm« für die epische Dich-
tung formuliert hat: »In höchster Gedrängtheit und Prä-
zision hat ›die Fülle der Gesichte‹ vorbeizuziehen. Der
Sprache das Äußerste der Plastik und Lebendigkeit abzu-
ringen. [...] Knappheit, Sparsamkeit der Worte ist nötig,
[...] man muß sich an die Einzigartigkeit jedes Vorgangs
heranspüren, die Physiognomie und das besondere Wachs-
tum eines Ereignisses begreifen und scharf und sachlich ge-
ben. [...] Mut zur kinetischen Phantasie und zum Erken-
nen der unglaublichen realen Konturen!« Gesteigertes
Tempo, selbstverleugnende Präzision, eine »steinerne Nüch-
ternheit«, die in ihrem Entäußerungsfanatismus, ihrem auf
ornamentlose Totalität gerichteten, das »Schöne« in Bild
und Klang verschmähenden Objektdrang ekstatisch ist.

Die Digue[1] von Ostende lag in dem blitzenden Mittagslicht.
Die geschmückten Menschen auf der breiten Meerespromen-
nade lachten und gingen an einander vorüber. Unter dem
Widerschein des unermeßlichen Wassers funkelten die Fenster der Strandhäuser zärtlich auf. Das unablässige Brausen
des Meeres rollte von den Steindämmen zurück, schwoll
wieder an, schwoll immer wieder ab.
Der schwere Brasilianer ging mit offenem Munde unter den
geschmückten Menschen. Er ging dicht am Meeresgitter der
Promenade. Er hielt den Kopf gesenkt wie überrieselt vom

---

1. Deich, Damm.

Badewasser; seine vollen Lippen waren feucht. Die schwarzen weißdurchzogenen Haarsträhnen fielen über seine Ohren. Er bog den Kopf mit dem Kalabreser nach rechts und links, um dem Anprall des scharfen Windes zu begegnen. Er streifte ab und zu mit einem freudigen Blick das graugrüne Wasser. Sein gelbbraunes schwammiges Gesicht zuckte, die Augen, die in grauen Höhlen lagen, schimmerten; er spürte den feinen Luftwirbeln nach, die um seinen bloßen Hals fuhren, das graue Schläfenhaar anhoben und gegen seine Wange mit feinen Stiletten anschwirrten. Er fror leise; blickte an seinem weißen Vorhemd entlang, über das weißer Sonnenschein floß, und einen Augenblick beunruhigte ihn der Gedanke, daß sein Blick vielleicht Schatten werfe. Er seufzte, drängte sich tiefer zwischen die Menschen.

Das Schüttern des Eisenbahnzuges schwang noch in ihm nach, der ihn gestern von Paris an die See getragen hatte.

Fluchtartig hatte er Paris verlassen, fluchtartig war er auf seiner Jacht aus der Heimat über den Ozean gefahren, aus einem hoffnungslosen Glück; plötzlich seiner achtundvierzig Jahre gedenk. In Paris hatte er vier Monate lang die Schwelgereien der Künste, die glatten Säle, die bestialischen Tänze ertragen: dann warf ihn eine schwere Lungenentzündung hin; er lag aufgegeben wochenlang im Hospital. Als er am Sonntag das Haus verließ mit schwachen Knieen, schlug er den Kragen seines Loden-Capes hoch, bestieg eine Droschke, fuhr auf die Bahn. Einen Tag schlich er gebeugt durch das tote Brügge. Dann raffte er sich auf, jagte in der Julihitze nach Ostende.

Er hob den Blick von dem dünnen Sande, der unter seinen Füßen wegzog.

Sie glitt zum zweiten Male an ihm vorüber; rostfarbenes Haar unter breitrandigem weißen Hut. Ein grauer Blick aus einem klugen nicht jungen Gesicht wich vor ihm zurück. Sie war vielleicht Mitte dreißig. Er hörte noch hinter sich eine hohe gesangvolle Stimme.

Bei dem Klang dieser Stimme wandte sich Copetta um. In dem Augenblick hörte der Wind auf mit Messern zu werfen. Sie sprach mit einer alten Dame, die sie stützte. Der Brasilianer schob den Hut in den Nacken; eben als er über ihre schmalen Schultern blickte, schwarzer Überwurf auf dunkelblauer Seide, verlor er sie. Der weiße Hut wippte über der Menschenmenge, verschwand um eine Ecke.

Copetta schlenderte in ein Café, löffelte eine Schokolade. Das Meer rollte unablässig gegen die Steindämme; leises Scharren der Sandkörnchen; der Wind warf mit dünnen Stiletten.

Nachmittags um die Zeit des Kurkonzertes ging der schwarze Brasilianer in einem langen grauen Gehrock über die Digue. Leicht und frech wehte die Musik. Als er mit seinem dicken gelben Stock vor dem Kurhaus Schritt um Schritt den Boden stampfte, wich ein grauer Blick wieder vor ihm zurück. Die alte Dame sprach auf sie ein. Ihr Gesicht war schmal, die Backenknochen traten scharf hervor; die kleinen Augen unter den dünnen roten Brauen blickten bestimmt und nüchtern, über der Nasenwurzel hatte sie Sommersprossen, von den Augenwinkeln zogen sich Fältchen. Ihr Gang schwebte.

Der Brasilianer strich sich über die Augen, blieb unwillig stehen, schlenderte weiter.

Gegen Abend saß er auf der Veranda seines Hotels. Als er die Weinkarte in die Hand nahm, fiel ihm ein, daß er heute dreimal eine Frau gesehen hatte, rostfarbenes Haar unter einem wippenden Hut; dreimal eine Frau, schwarzer Überwurf auf dunkelblauer Seide; ein grauer Blick. Still schob er seinen Stuhl zurück, mit Seufzen, Lächeln und Vorsichhinstarren zog er seine Brieftasche heraus, trug seine breite Visitenkarte in die Villa, in der er sie hatte verschwinden sehen, gab sie einem Mädchen ab. Als er wieder die Meerluft an seinem Hals fühlte, fragte er sich, wozu das eigentlich gewesen war. Dröhnend schlug er seine Zimmertür hinter sich zu, warf sich im finstern Zimmer auf einen Schreibsessel, zerriß die Bilder seiner beiden Kinder, nahm eine Nagelschere, zog seinen edelsteinbesetzten Trauring ab, hing ihn über die Schere, hielt den Ring über die brennende Kerze. Die Steine verkohlten; die Schere wurde heiß; er ließ sie fallen. Wühlte mit beiden Armen in zwei großen Eimern mit Meersand, die er sich auf sein Zimmer hatte bringen lassen, stand ächzend auf, bestreute den Boden und Teppich blind mit Sand, fluchte leise auf die Hunde, die Hausdiener, die zu wenig Sand gebracht hatten. Schlief auf seinem Sessel ein.

Wie er am Mittag eben auf der Veranda, in einem Stuhle liegend, tief die scharfe Luft einatmete und schwindlig die Augen schloß, stand vor ihm das Bild der gehenden Frau, sehr schmales verwelktes Gesicht, ein klarer bestimmter Blick, der sich fest auf ihn richtete. Sie hatte ihn bitten lassen, nicht Mittags sie zu besuchen. Er warf die dünne Decke von seinen Füßen, stülpte den Hut über das zerwühlte Haar, schritt schwerfällig, die Arme auf der Brust verschränkt, die Stufen herunter, über die leere sonnige Promenade, auf ihre Villa zu, ein einstöckiges Haus mit schmalen geschlossenen Fenstern. Er schob sich durch einen dunklen Korridor, klopfte leise an die Tür, an der ihr Name auf einer Visitenkarte stand. Nichts verlautete. Er riß die Türe auf.

Sie lag halb im Bett; hatte, um herauszuspringen, die blaue Decke nach der Wand zu geworfen. Zwei volle frauenhafte Beine berührten mit feinen Zehen eben den Boden, ein sehr schmächtiger strenger Körper richtete sich auf in einfachem, bandlosen Hemd, ein ernstes schmales Gesicht unter dem aufgelösten Haar.

Erschüttert blieb der schwarze Brasilianer an der Türe stehen. Sie lächelte, deckte sich zu, bat ihn, in einer Viertelstunde wiederzukommen. Totenblaß, ohne ein Wort zu sprechen, hob er seinen Stock vom Boden auf. Das alte Mädchen gab ihm die Hand; er sah in kleine nüchterne Augen.

Am Abend kam ein Bote aus seinem Hotel zu ihr; er lud sie zu einer Segelfahrt für den nächsten Morgen ein; nicht einmal seinen Namen hatte er auf der Karte unterschrieben. Sie drehte den mächtigen Briefbogen in der Hand hin und her; halb unwillkürlich nahm sie einen Bleistift, schrieb auf dasselbe Blatt, er möchte kommen, er möchte recht früh kommen; sie machte unter ihren Namensbuchstaben L noch einen wunderlichen Schnörkel, den sie fast eine Minute malte.

Bei grauendem Morgen lief sie ihm vor der Tür in dünner Bastseide entgegen; sie sprangen eilig die schmale Steintreppe zu dem murmelnden Strand herunter; sie warf mit Muscheln nach ihm zurück und fand, als sie sich nach ihm umwandte, daß es in seinen Mienen leidenschaftlich zuckte. Ganz weißes Leinen trug er; er ging mit bloßem Kopf; die linke Hand trug er am Gelenk verbunden; er sagte, er hätte sich gestern Abend beim Fall über Glas an der Ader geschnitten. Mit einem Ruck stieß er ein kleines Ruderboot in das Wasser, hob die Aufschreiende auf den Sitz, sprang nach, ruderte gemächlich auf ein Segelboot zu, das vor der Holzbrücke am Herrenbad schaukelte. Sie sprangen in den Segler; Copetta zog schon den Anker; ihre bloßen Arme hielten sich an der Steuerbank fest, leise klangen die hölzernen Mastringe an, nach einem Zug blähte sich das Großsegel; das Boot ging in See.

Sie fuhren durch die Strandgischt in das graugrüne Meer hinein. Über die scharfe Horizontlinie kam ein weißer Schein, der sich von Augenblick zu Augenblick verstärkte und höher rückte. An dem starken Morgenwinde flogen sie gleichmäßig hin. Nun hockte der Brasilianer neben dem Großbaum auf den Planken, legte die Takelung fest. Wild lachend richtete er sich auf, schwang breitbeinig ein dünnes Tau wie ein Lasso um seinen Kopf und warf es gegen sie; sie schüttelte sich umschnürt, löste sich mit einem Ruck, schleuderte das Seil geballt mit einem mädchenhaften Kichern gegen seine Brust. Rasch hatte sie das Ruder angebun-

den, sich über Bord gebückt, überschüttete ihr kaltes Gesicht
mit Meerwasser, warf, einen Fuß auf der Ruderbank, bis
über die Ärmel triefend, zwei volle Hände gegen ihn. Er
fing das Salzwasser schlürfend mit offenem Munde auf,
schluckte. In dem böig aufblasenden Wind ließen sie das
Boot laufen, das anfing wie ein unruhiges Tier zu zittern.
Sie jagten sich über die Planken. Johlend sprang die
Schmächtige auf die Ruderbank und schlug mit den Fäusten
gegen die Takelung. Sie riß sich ihre dünne Jacke ab, pfiff
und drehte sich um sich selbst. Ihr Mund mit den dünnen
Lippen öffnete sich oft zu einem kurzen, kindlichen Lachen.
Der breitschultrige Brasilianer saß zusammengesunken auf
dem Bordrand; erschüttert hörte er ihr Lachen, mit beben-
den Lippen, hochgezogener Stirn hielt er ihren Kopf, als sie
sich über seine Kniee legte und ihn neugierig betrachtete.
Seine steinharten Hände stemmten ihre aufstrebenden
Schultern ab; er wiegte den Kopf verneinend hin und her.
Die Wellen krochen über Bord, sie schlüpften wie kleine
Hunde sacht an ihnen herunter auf die Planken. Der Wind
nahm an Stärke zu. Das Boot legte sich stark über, das
Kleid des Großsegels fing an zu flattern, sie schossen in den
Wind. Die schwarzen fast glasigen Augen des Brasilianers
sahen über ihr triefendes Haar weg, das alte Mädchen
suchte mit rückgebogenem Kopf nach seinem Munde, seinem
Hals, sie tastete sich an seiner Brust hin. Sein schwammiges
zerfaltetes Gesicht war gelöst, als ginge ein feierliches
glückerfülltes Wort um ihn herum. Das Boot schwankte
steuerlos, Welle auf Welle rollte an. Copetta saß auf dem
Bootsrand. Als eine hohe Wand gegen das Boot ging, hob
er weit die Arme auf, legte sich wie auf ein Kissen mit dem
Rücken gegen die Welle. Das Polster glitt zurück. Sie hörte,
wie er etwas murmelte; sie sah noch den berauschten, ver-
schlossenen Blick, mit dem er verschwand.
Ein Stoß des Bootes warf sie gegen den Mast. Sie fühlte
keinen Schmerz in ihrem blutigen Arm. Sie schrie nach der

Stelle hin gellend Hilfe, lange Rufe stieß sie aus. Man fand sie bald in dem treibenden Boot liegen. An Land erwartete man sie. Man wußte alles; Copetta hatte ein Telegramm an die Behörden geschickt.

Sie blieb noch eine Woche bei der alten Dame in der einstöckigen Villa. Dann sagte man ihr, daß sie mehrmals mittags im Speisezimmer sich auf die Dielen geworfen habe vor den andern und mit den Händen in die Luft taste. Daß das Hausmädchen von außen beobachtet hätte, wie sie am hellen Morgen mitten in ihrem Zimmer stillstand und sich um sich drehte. Am Nachmittag des Tages, an dem man ihr dies sagte, packte sie mit dem Hausdiener ihre Koffer, legte ein schwarzes Kleid an, verließ ihre Mutter, fuhr nach Paris.

Sie nahm ein kleines Zimmer und ging auf die Straße. Sie trug ihr rotes Haar aufgetürmt; Wangen und Lippen geschminkt. Sie kam tagelang nicht nach Hause. Sie versagte sich niemandem. Es war ihr eine Lust, sich jedem Rolljungen, Viehtreiber in die Arme zu werfen. Sie machte sich mit gleichgültigem Lachen und Kopfschütteln zur Beute jeglicher Krankheit, die auf sie sprang, und trug sie mit Küssen, mit Gähnen und Inbrunst weiter. Sie schlich nach einigen Monaten in schwarzen Seidenkleidern in die strahlenden Ballsäle. Ihr Gesicht war voller geworden; die kleinen Augen glänzten unter dem Atropin[2]. Die jungen Männer nannten sie: die Hyäne. Sie trug in die Ballsäle eine sonderbare Bewegungsweise. Der Tanz war ersichtlich aus einer eigentümlichen Ungeschicklichkeit der Tänzerin entstanden, die sich schon bei ihren ersten Schritten auf dem Parkett zeigte. Sie stieß jede berührende Hand zurück, wiegte sich in den Hüften vor ihrem Partner nach rechts und links, nur langsam wie ein Schiffer von einem Bein taumelnd auf das andere. Dann umging sie mit plumpen Füßen ihren Partner, und jetzt wiegten sie sich gemeinsam,

2. *giftiges Alkaloid, vor allem in der Tollkirsche enthalten, wirkt krampflösend und erweitert die Pupille.*

Hüfte an Hüfte gefaßt, aber er sprang vor ihren aufgehobenen Armen zurück, sie suchte ihn, sank über ihn hin und
schließlich walzte sie nicht, sondern ließ sich von ihrem
Partner halb tragen, wobei ihre Füße kaum über den Boden schleiften und sie die Augen schloß.
Sie ließ ein Jahr über sich ergehen. Als eines Abends der
Postbote zu einem riesigen Blumenstrauß einen Brief
brachte, drehte sie lange den mächtigen Bogen in ihren ge-
pflegten Händen hin und her. Sie warf die Blumen in den
Papierkorb, schlug den zitronengelben Kimono über die
Brust zusammen, setzte sich an den Schreibtisch und spielte
mit dem stark parfümierten Bogen. Der Bote stand noch an
der Tür, seine Uniformmütze setzte er schon auf, als sie sich
erhob und ihn bat, eine Depesche zu besorgen. Sie schien
wie erleuchtet; sie nahm ein befehlerisches Wesen an. Sie
telegraphierte nach Ostende: »Herrn Copetta, Ostende Hotel Estrada, erwarten Sie mich morgen Mittag. Bitte Draht-
antwort.« Eine Stunde stand sie zitternd auf der Treppe,
ob die Antwort bald käme. Sie packte den Handkoffer.
Nach drei Stunden schickte sie um einen Wagen; zog einen
dünnen Anzug aus gelber Bastseide an, fuhr auf die Bahn.
Der Zug rannte lange Stunden der Nacht, rannte über
Brüssel, Gent, Brügge; schließlich Ostende frühmorgens. Sie
rasselte durch die engen bekannten Straßen der Stadt. Mit
einmal leuchtete zwischen den Häusern das Meer auf, das
graugrüne Meer. Sie stand aufgerichtet in der rasselnden
Droschke, als der böige Wind sie mit einem Hagel von Stiletten überschüttete. Sie schrie aufgerichtet im Wagen vor
Heimweh und Seligkeit, hob ihren Sonnenschirm auf und
winkte dem graugrünen Meere zu. Sie betrat ihr altes Zimmer wieder, hörte halb, daß ihre Mutter schon seit langen
Monaten in diesem Hause gestorben sei. Ihr Gesicht war
still; aber als die Pensionsdame sie entsetzt fragte, warum
sie hier sitze und so lache, antwortete sie: »Doch vor Glück,
liebe Frau, wovor denn als vor Glück. Was erzählen Sie?«
Und dann nahm sie, die sich sanft wie eine schöne junge

Frau bewegte, ihren weißen Sonnenschirm und ging an das Meer. Die Digue lag in dem blitzenden Mittagslicht. Unter dem Widerschein des unermeßlichen Wassers funkelten die Fenster der Strandhäuser zärtlich auf. Unablässig brüllte das Meer, warf sich gegen die Steindämme und legte sich platt hin. Sie drängte sich gewandt durch die geschmückte Menge, schlüpfte in das Vestibül des Hotels. Der Portier gab ihr das Telegramm; er erzählte, der Herr sei vor einem Jahr etwa verunglückt auf einer Segelpartie. Sie faßte sich an die Brust: »Auf diesem Meer?« Und dann drückte sie ihm ein Geldstück in die Hand, warf ein paar Zeilen auf ein Blatt Papier mit ihrer Adresse, flüsterte ihm ins Ohr, er möchte doch dies Blatt an sich nehmen; wenn der verunglückte Herr heut abend käme, möchte er es ihm sofort geben. Sie ging an dem Verblüfften lächelnd vorbei auf die Promenade, nahm einen jungen Herrn, der ihr folgte, an, hörte, mit ihm nachmittags an der Kapelle eine Schokolade trinkend, mit strahlendem Gesicht die freche leichte Musik des Kurkonzerts.

Der Abend kam herauf. Der Vollmond hing schlohweiß über dem ungeheuren Wasser.

Sie stand an ihrem Fenster und wartete. Es wurde Nacht; sie hatte schon ungeduldig auf das rostrote Haar den wippenden weißen Hut gesetzt. Sie lief auf den Zehen durch den dunklen Korridor, sah die lange Strandpromenade herunter, die im blendendweißen Mondlicht lag. Dann lief sie die lange Promenade hin und her, hielt ihren Hut fest, den der Sturm abhob, spielte mit ihrem Schatten, der schwarz vor ihr herfiel, tanzte ihm pfeifend auf offenem Weg etwas vor, machte ihm lange Nasen. Sie lugte nach dem Hotel, ob sein Fenster noch nicht hell wurde. Um zwölf Uhr schlief sie auf ihrem Bett sitzend ein; gegen vier fuhr sie entsetzt zusammen; es war schon ganz hell. »Er ist voraus.« Sie huschte die Tür hinaus, warf draußen johlend die Arme in die Luft, rief ihren Namen, tutete dazu. Im Nu war sie die schmale Steintreppe herunter. Sie suchte die Abfahrtstelle,

lief zu den Badehäusern. Da lagen kleine und große Ru-
derboote. Keine frischen Männerschritte im Sand! Sie zog
die Schuhe und Strümpfe aus, warf ihren Hut an den
Strand, schürzte ihren Rock, zog keuchend an dem Boots-
seil. Jetzt sprang sie ein, zog die Ruder. Nur wenig wurde
sie von der Brandung zurückgeworfen, dann fuhr sie sicher
aus.

Scharf blies der Wind über das offene Wasser; dicke Regen-
tropfen fielen; weit und breit kein Segel, kein Boot. Über
die hohen gebogenen Wellenwände kroch ihr Boot, stürzte
metertief, kroch unverdrossen weiter. Sie suchte nach allen
Seiten; die Angst überkam sie. Sie schrie auf den Knien
kriechend, von jeder Wellenhöhe seinen Namen kreischend
über das brodelnde Wasser, aber jetzt schlüpften nicht
zahme Hündchen über den Bord; wie der Steinschlag fielen
die Wellen auf die Brust der Atemlosen, die sich die Augen
wischte. Eben legte sie, schon erlahmend, die Ruder hin,
brach in ein wütendes Schluchzen aus, schlug sich verzweifelt mit den Fäusten gegen die Brust, als eine dunkle Gestalt sich neben dem Boot aus dem Wasser aufrichtete. Auf
dem Kamm einer Welle schwang sich die dunkle Gestalt
ins Boot. Der Brasilianer saß stumm auf dem Bootsrand und
ließ die Beine auf die Ruderbank hängen. Er war unförmig
geschwollen; seinen weißen Anzug trug er prall auf dem
Körper. Die weißgrauen Haare waren dick inkrustiert mit
Salz; schwarzgrüner Tang hing in Büscheln über sein triefendes gelbbraunes Gesicht, dessen Mund bebte. Dünner
weißer Sand und Muscheln rieselten von seinen breiten
Schultern, flossen aus seinen Ärmeln. Er blies laut die Luft
von sich, dann atmete er stiller. Langsam hob er den rechten Arm und wehrte die Frau ab, die sich jubilierend von
dem Boden erhob. Seine tiefen schwarzen Augen sahen sie
fragend an, ihr volles frauenhaftes Gesicht, ihre Lippen, die
reif waren, ihre kleinen lebendigen Augen unter den roten
Brauen, die jetzt beseelt und süchtig strahlten. Dann blickte
er an ihr vorbei. Er senkte seinen Arm, legte sich wie auf

ein Kissen mit dem Rücken gegen die Welle. Das Polster glitt zurück. Sie sah, wie er langsam den Kopf ihr zuwandte, sah den berauschten, aufgeschlossenen Blick auf sich gerichtet, sprang ihm nach, und nun umschlangen sie die wulstig dicken Arme; jetzt lachte sie gurgelnd und drückte ihren Kopf an seinen gedunsenen. Und wie sie zusammen die nassen Wellen berührten, wurde sein Gesicht jung; ihr Gesicht wurde jung und jugendlich. Ihre Münder ließen nicht von einander; ihre Augen sahen sich unter verhängten Lidern an. Eine Wassermasse, stark wie Eisen, schickte das unermeßliche graugrüne Meer heran. Die trug sie, mit der Handbewegung eines Riesen, an die jagenden Wolken herauf. Die purpurne Finsternis schlug über sie. Sie wirbelten hinunter in das tobende Meer.

CARL EINSTEIN

Am 26. April 1885 in Neuwied am Rhein geboren; Besuch des Gymnasiums in Karlsruhe, kurze Zeit Banklehre, dann Studium der Kunstgeschichte und Philosophie in Berlin; Mitarbeiter des *Pan*, der *Aktion*, der *Weißen Blätter*, 1912 *Bebuquin oder Die Dilettanten des Wunders* (R.); 1915 *Negerplastik* (Abhandlung über die Kunst der Primitiven); 1916 *Anmerkungen* (Essays); 1918 *Der unentwegte Platoniker* (R.). 1914–18 Soldat; 1918/19 Teilnahme am Spartakus-Aufstand in Berlin; 1929 Übersiedlung nach Paris, kämpfte im Spanischen Bürgerkrieg; 1940 nach Besetzung Frankreichs Internierung, Freilassung und Flucht, am 3. Juli 1940 Selbstmord.

Bebuquin
Für André Gide geschrieben 1906/1909
(1.–4. Kapitel)

Carl Einsteins zukunftsweisendes Werk ist schmal. Spät erst hat man seinen Rang erkannt. Der Expressionismus, dem er, der grüblerische Einzelgänger, mit kritischer Skepsis gegenüberstand, verdankt ihm, neben Döblin, einen ganz neuartigen Prosastil. Rhetorisches Pathos stieß Einstein ab: »Man gebe konzentrierte Resultate – keine Wege«, hieß seine Maxime. Die Spitze seines Angriffs richtete sich im gleichen Maße gegen das Bürgertum wie gegen die alte Ästhetik. Eine Theorie des Romans formuliert er in seinem Aufsatz »Anmerkungen über den Roman« (1912). Wie Döblin wendet er sich gegen die Psychologie, gegen »Gefühl«, Kausalität, Erotismus und Deskription. Statt dessen sieht er im Kunstwerk »eine Sache der Willkür«, fordert er »Bewegung«, Bereitschaft, das »Absurde zur Tatsache [zu] machen«. Es geht darum, »mit der Willkür die Kausalität zu beschämen«. Oder: »Wir müssen einsehen«, heißt es im »Bebuquin«, »daß das Phantastische Logik ist.« Werk und Wirklichkeit sind vom Ich durch eine Kluft getrennt. Deshalb ist Kunst sinnfrei, kreist sie um sich selbst, jeglichen Spiegelcharakter von sich weisend. Die Spannung, die solche Zwiespältigkeit beherrscht, führt zur »kapriziösen Willkür« der Groteske. Bebuquin ist Einsteins Prophet, Inkarnation seines Bemühens, das Absolute in der Form als »autonome Prosa« dingfest zu machen, »wie sie ihm keine Wirklichkeit bisher zu geben vermochte«. Das spielerische Denken wird dem »unentwegten Platoniker«, der im »Armen« das losgelöste, nach der Zukunft offene, vom Stempel des Bestehenden noch ungeprägte Symbol der Möglichkeitsfülle des Daseins sieht, zum bestimmenden Moment der neuen Literatur. »Wir stellten fest«, sagt Einstein in seinem Essay über Claudel, »dem eigentlich Dichterischen entsprechen autonome, gleichsam transzendente Gebilde als Gegenstand, das heißt solche, die eine anekdotische, zu beschreibende Welt übertreffen, die als ›Stoff‹ schon Schöpfung oder Traum sind. Diese Gebilde stellen die Elemente unserer geistigen Existenz dar, sie garantieren uns die Dauer des geistigen Prozesses.« Die künstlerische Intention stellt Einstein in eine Tradition, die genauso auf die Romantik wie auf Benns »absolute Prosa« und schließlich auf den Dadaismus

verweist. Erkenntnisleidenschaft, Wandlungswille, die Me-
lancholie des Wissenden erfüllten ihn, der seinen monolo-
gisch existierenden Bebuquin bitten läßt: »Herr, laß mich
einmal sagen, ich schuf aus mir. Sieh mich an, ich bin ein
Ende, laß mich eine unabhängige Tat, ein Wunder tun.«
Bebuquins Bitte fand keine Erhörung.

Erstes Kapitel

Die Scherben eines gläsernen, gelben Lampions klirrten auf
die Stimme eines Frauenzimmers: wollen Sie den Geist
Ihrer Mutter sehen? Das haltlose Licht tropfte auf die zart-
markierte Glatze eines jungen Mannes, der ängstlich abbog,
dem Überlegen über die Zusammensetzungen seiner Person
vorzubeugen. Er wandte sich ab von der Bude der verzer-
renden Spiegel, die mehr zu Betrachtungen anregen als die
Worte von fünfzehn Professoren. Er wandte sich ab vom
Zirkus zur aufgehobenen Schwerkraft, wiewohl er lächelnd
einsah, so die Lösung seines Lebens zu versäumen. Das
Theater zur stummen Ekstase mied er mit stolz geneigtem
Haupt: Ekstase ist unanständig, Ekstase blamiert unser
Können, und ging schaudernd in das Museum zur billigen
Erstarrnis, an dessen Kasse eine breite verschwimmende
Dame nackt saß. Sie trug einen ausladenden gelben Feder-
hut, smaragdfarbene Strümpfe, deren Bänder bis zu den
Achselhöhlen liefen und den Körper mit sparsamen Arabes-
ken schmückten. Von ihren Seehundhänden starrten rote
Rubinen senkrecht: »Abend, den Bebuquin.«
Bebuquin betrat einen mühsam erleuchteten Raum, wo eine
Puppe, dick, rot geschminkt, gemalte Brauen, stand, die seit
ihrer Existenz einen Kuß warf. Erfreut über das Unkünst-
lerische setzte er sich wenige Schritte der Puppe entfernt.
Der junge Mann wußte nicht, was ihn in das Banale zog.
Hier fand er eine stille, freundliche Schmerzlosigkeit, die
ihm jedoch gleichgültig war. Was ihn immer anzog, war der
merkwürdige Umstand, daß ihn dies ruhig konventionelle

Lächeln bewußtlos machen konnte. Ihn empörte die Ruhe alles Leblosen, da er noch nicht in dem nötigen Maße abgestorben war, um für einen angenehmen Menschen gelten zu können. Er schrie die Puppe an, beschimpfte sie und warf sie von ihrem Stuhl vor die Tür, wo die dicke Dame sie besorgt aufhob. Er wand sich in der leeren Stube:

»Ich will nicht eine Kopie, keine Beeinflussung. Ich will mich, aus meiner Seele muß etwas ganz Eigenes kommen, und wenn es Löcher in private Luft sind. Ich kann nichts mit den Dingen anfangen, ein Ding verpflichtet zu allen Dingen. Es steht im Strom, und furchtbar ist die Unendlichkeit eines Punktes.«

Die dicke Dame, Fräulein Euphemia, kam und bat, fortzusetzen, da ein dicker Herr ihn anfuhr:

»Jüngling, beschäftigen Sie sich mit angewandten Wissenschaften.«

Peinlich ging ihm das Talglicht eines Verstehens auf, daß er, in Erwartung eines Schauspiels, einem anderen zum Theater gedient habe. Er schrie auf:

»Ich bin ein Spiegel, eine unbewegte, von Gaslaternen glitzernde Pfütze, die spiegelt. Aber hat ein Spiegel sich je gespiegelt?«

Mitleidig blickte ihn der Korpulente an. Er hatte einen kleinen Kopf, eine silberne Hirnschale mit wundervoll ziselierten Ornamenten, worin feine glitzernde Edelsteinplatten eingelassen waren. Giorgio wollte entweichen; Nebukadnezar Böhm schrie ihn wutvoll an:

»Was springen Sie in meiner Atmosphäre herum, Unmensch?«

»Verzeihung, mein Herr, Ihre Atmosphäre ist ein Produkt von Faktoren, die in keiner Beziehung zu Ihnen stehen.«

»Wenn auch«, erwiderte liebenswürdig Nebukadnezar, »es ist eine Machtfrage, eine Sache der Benennung, der Selbsthypnose.«

Bebuquin richtete sich auf.

»Sie sind wohl aus Sachsen und haben Nietzsche gelesen,

der darüber, daß man ihm das Polizeiressort nicht anvertraute, wahnsinnig wurde und in die Notlage kam, psychologisch angebohrte Bücher zu schreiben?«

Fräulein Euphemia bat die Herren, mit ihrem Geist rationeller umzugehen; sie wolle gern ein Ballokal besuchen. Die beiden nickten und stampften die Holztreppe hinunter. Euphemia holte den Abendmantel, und Nebukadnezar ergriff ein Sprachrohr und bellte in die sich breit aufrollende Milchstraße:

»Ich suche das Wunder.«

Der Schoßhund Euphemias fiel aus dem Sprachrohr; Euphemia kehrte angenehm lächelnd zurück.

»Beste«, meinte Nebukadnezar, »Erotik ist die Ekstase des Dilettanten. Frauen sind aufreibend, da sie stets dasselbe geben, wir hinwieder nie glauben, daß zwei verschiedene Körper das gleiche Zentrum besitzen.«

»Adieu, ich will Sie nicht hindern, Ihre Betrachtungen durch die Tat zu beweisen.«

Euphemia bat, daß der Dicke zu trinken und zu essen hole, und kehrte um, ihren Hund zu pflegen, von dessen Unfall sie hörte. Der Dicke griff einen Baum und schmerzlich den Hals. Dann ging auch er, den Hund pflegen. –

Nebukadnezar neigte den Kopf über Euphemias massigen Busen. Ein Spiegel hing über ihm. Es sah, wie die Brüste sich in den feingeschliffenen Edelsteinplatten seines Kopfes zu mannigfachen fremden Formen teilten und blitzten, in Formen, wie sie ihm keine Wirklichkeit bisher zu geben vermochte. Das ziselierte Silber brach und verfeinerte das Glitzern der Gestalten. Nebukadnezar starrte in den Spiegel, sich gierig freuend, wie er die Wirklichkeit gliedern konnte, wie seine Seele das Silber und die Steine waren, sein Auge der Spiegel. »Bebuquin«, schrie er und brach zusammen; denn er vermochte immer noch nicht, die Seele der Dinge zu ertragen. Zwei Arme zerrten ihn auf, preßten ihn an zwei feste breite Brüste, und lange Haarsträhnen fielen über seinen Silberschädel, und jedes Haar waren tausend

Formen. Er erinnerte sich der Frau und merkte etwas beklemmt, daß er nicht mehr zu ihr dringen könne durch das Blitzen der Edelsteine, und sein Leib barst fast im Kampfe zweier Wirklichkeiten. Dabei überkam ihn eine wilde Freude, daß ihm sein Gehirn aus Silber fast Unsterblichkeit verlieh, da es jede Erscheinung potenzierte, und er sein Denken ausschalten konnte, dank dem präzisen Schliff der Steine und der vollkommen logischen Ziselierung. Mit den Formen der Ziselierung konnte er sich eine neue Logik schaffen, deren sichtbare Symbole die Ritzen der Kapsel waren. Es vervielfachte seine Kraft, er glaubte in einer anderen, immer neuen Welt zu sein mit neuen Lüsten. Er begriff seine Gestalt im Tasten nicht mehr, die er fast vergessen, die sich in Schmerzen wand, da die gesehene Welt nicht mit ihr übereinstimmte.

»Mißbrauchen Sie mich, bitte, nicht«, klang die dünne Stimme Bebuquins im Spiegel, »regen Sie sich nicht so an Gegenständen auf; es ist ja nur Kombination, nichts Neues. Wüten Sie nicht mit deplacierten Mitteln; wo sind Sie denn? Wir können uns nicht neben unsere Haut setzen. Die ganze Sache vollzieht sich streng kausal. Ja, wenn uns die Logik losließe; an welcher Stelle mag die einsetzen; das wissen wir beide nicht. Da steckt das, Bester. Beinahe wurden Sie originell, da Sie beinahe wahnsinnig wurden. Singen wir das Lied von der gemeinsamen Einsamkeit. Ihre Sucht nach Originalität entspringt Ihrer beschämenden Leere; meine auch. Ich entziehe mich Ihnen ohne weiteres. Dann spiegeln Sie sich in sich selbst. Sie sehen, das ist ein Punkt. Aber die Dinge bringen uns auch nicht weiter.« Spitzengardinen werden zusammengezogen.

Zweites Kapitel

Bebuquin wälzte sich in den Kissen und litt. Er machte sich daran, zunächst zu erfahren, was Leiden sei, wo für ihn das Leiden noch einen Grund und Zweck berge. Er fand aber keinen; denn sooft er den Schmerz zergliederte, traf er Ursachen, oder genauer, Umwandlungen an, die alles andere als Leiden waren. Er erkannte das Leiden als Stimulans zur Freude, als angenehmes Ausgespannt-werden und sagte sich, daß nirgends ein Leiden aufzufinden wäre; und im ganzen in einer solchen Bezeichnungsweise eine lächerliche Naivität des Vermischens liege; daß das Logische nichts mit dem Seelischen zu tun habe, fiel ihm auf; daß es eine gefälschte Zurechtmachung wäre. Er fand das Logische so schlecht wie Maler, die für die Tugend ein blondes Frauenzimmer hinsetzen.

Der Fehler des Logischen ist, daß es noch nicht einmal symbolisch gelten kann. Man muß einsehen, ihr Dummköpfe, daß die Logik nur Stil werden darf, ohne je eine Wirklichkeit zu berühren. Wir müssen logisch komponieren, aus den logischen Figuren heraus wie Ornamentkünstler. Wir müssen einsehen, daß das Phantastischste die Logik ist.

Ein Grauen überlief ihn, da er der Gegenstände gedachte, die ihn stets aufsaugen wollen; wie er die Gegenstände durch seine Symbolik vernichte, und wie alles nur in der Vernichtung existiere. Hier sah er eine Berechtigung alles Ästhetischen; aber zugleich auch, daß er, da er keinen ganzen Endzweck mehr sah, den einzelnen leugnen mußte. Er sehnte sich nach dem Wahnsinn, doch seinen letzten ungezügelten Rest Mensch ängstigte es sehr. Seine einzige Rettung schien eine anständige Langeweile zu sein; aber nicht, um sich damit wie der lebensfrohe Schopenhauer die Berechtigung zu einem System zu erschleichen; obwohl ihm klarwurde, daß in der Langeweile ein Stilfaktor ersten Ranges latent sei. Er blätterte in einigen Mathematikbüchern, und viele Freude bereitete es ihm, mit der Unendlichkeit umherzuspringen, wie Kinder mit Bällen und Reifen. Hier glaubte er in keinem Hinübergehen in die Dinge zu stehen, er merkte, daß er in sich sei.

Er sah ein, daß es verfehlt sei, sich Dichter zu nennen; daß er in der Kunst immer im Rausch der Symbole bleibe. Es genügte ihm keineswegs, daß die Technik der Poesie symbolisch sei, und ihre Gegenstände damit einen ganz anderen Sinn erhielten; noch immer fand er, daß die sprachliche Darstellung eben nur unreine Kunst sei, gemessen an der Musik. Er verwünschte die Anstrengungen der Wissenschaftler, die Musik auf reale physiologische Vorgänge zurückzuführen. Aber es berührte ihn entschieden angenehm, daß sie ihre Verdauung interpretierten, doch alles Künstlerische mit großer Sicherheit umgingen. Es freute ihn, wie sich hier eine alte Meinung bestätigte, daß die Teile über das Ganze gar nichts aussagten, das Synthetische in der logischen Analyse die unbewußte Voraussetzung sei, und man gerade die Hauptsache somit sicher umgehe, wie es diese Psychologen taten.

»Traurig«, rief er aus, »welch schlechter Romanstoff bin ich, da ich nie etwas tun werde, mich in mir drehe; ich möchte gern über Handeln etwas Geistreiches sagen, wenn ich nur wüßte, was es ist. Sicher ist mir, daß ich noch nie gehandelt oder erlebt habe.«

»Auch nie genossen, Idiot«, fauchte Nebukadnezar in die Stube, und schlug wieder den Deckel des Nachtstuhles zu. Leuchtende kleine Wolken glühten auf, und ein Vorhang aus Mull mit zarten Blumen überdeckt, wurde auseinandergezogen.

»Mein Herr, Sie faselten eben von einer reinlichen Scheidung Ihres Ichs. Ich merke, Sie suchen Gott. Nun ja, ich gestehe, es ist schwer einzusehen, daß alles Relative eben durch den Genuß und ähnliche passive Räusche absolut wird. Den Weg zu Dingen zu vergessen, haben Sie eben noch nicht fertiggebracht; aber die Resultate sind gleich, Sie Säugling mit der Denkerstirn«, schrie er mit erhobenem Zeigefinger. »Ich habe mich noch nie dafür interessiert, was ich genieße, aber daß ich genieße, war mir stets von größter Wichtigkeit.«

»Mein Herr, Sie suchen Zwecke mit Ihrem Bauch. Entfernen Sie sich. Im übrigen war Ihre jenseitige Genußmaschine gefährlich. Ich wohnte doch Ihrem seligen Abscheiden bei.«

»Sie sehen also immer noch nicht ein, daß lediglich die Nervenstränge rissen. Mein ziseliertes Hirn war bei weitem dauerhafter. Es ist empörend, daß Ihr mißlicher Ernst mich stets zu faulen Witzen reizt. Jetzt haben Sie Ihre eigenste Spiegelung weg.«

Er setzte sich zu Bebuquin ins Bett.

»Bebuquin«, begann er gütig, »Sie sind ja immer noch ein Mensch. Variieren Sie doch einmal, monotoner Kloß. Gestatten Sie mir, daß ich Ihnen von den Gärten der Zeichen, die Geschichte von den Vorhängen erzähle. Narzissus, Unproduktiver.«

Giorgio zog sich die Decke von den Ohren, steckte ein Keks in den Mund, und Böhm hub an:

Drittes Kapitel
Die Geschichte von den Vorhängen

Ich stand vor einem großen Stück aus Sackleinwand und schrie: »Knoten seid ihr.«

»Müssen Sie denn immer schimpfen?«

»Unterbrechen Sie mich nicht. Aber ich habe das Bedürfnis, mich zu dokumentieren. Bald merkte ich, daß niemand anders die Sackleinwand sei, als ich. Es war die erste Selbsterkenntnis. Aber ich drang weiter. Ein großes Gepolter begann. Ein Sturm zerriß mich. Ich schrie vor Schmerz. Ich merkte, wie der größte Teil der Leinwand zum Teufel ging. Dann war ich total von mir geblendet. Denken Sie, ich war ein stählernes Gebirge, das auf dem Kopf stand. Zarte Seelenblumen kaschierten die Abgründe, die mit keinem Schock Sofakissen auszufüllen waren. Ich begriff den ganzen Unsinn und merkte, daß ein Sandkorn bei weitem wertvoller sei, als eine unendliche Welt. Es ging mir auch das Infinitesimale, das Wunder der Qualität, auf, das weder historisch, noch sonst wie aufgelöst werden kann. Je-

denfalls merkte ich mir, daß es lediglich auf eine möglichst
ungehinderte Bewegung ankomme. Ich gestehe zu, daß hier
das Logische nicht ausreicht, weil jedes Axiom das andere
widerlegt. Denken Sie daran, daß man mit dem Satze vom
kausalen Denken eben gerade auf das Unkausale kommt;
aber mit grüner Ergebung gehe ich auf die Hauptsache los.
Ich sagte mir, Böhm werde dich los. Alles Persönliche ist
unproduktiv. Sei Vorhang und zerreiße dich. Beschimpfe
dich so lange, bis du etwas anderes bist. Sei Vorhang und
Theaterstück zugleich. Wenn du eine Sehnsucht hast, handle
stets im umgekehrten Sinn; denn sonst steckst du zu bald
im Leim. Ich habe es stets gesagt, das Umgekehrte ist genauso richtig. Aber gehen Sie nicht mehr auf zwei Beinen.
Warum amputieren Sie nicht eins heroisch unter der Bett-
decke weg?
Genuß verlangt Selbstbeherrschung und Qual. Grundsatz:
vermeiden Sie das Gleichgewicht.
Sie sehen, meine silberne Gehirnschale ist asymmetrisch.
Darin liegt meine Produktivität. Über den sich fortwährend verändernden Kombinationen verlieren Sie das un-
glückselige Gedächtnis für die Dinge und den peinlichen
Hang zum Endgültigen. Was Sie bisher nicht zu denken
wagten. Die Welt ist das Mittel zum Denken. Es handelt
sich nicht um Erkennen, das ist eine phantastische Tautolo-
gie. Hier geht es um Denken, Denken. Dadurch ändert sich
die ganze Affäre, mein Herr. Genies handeln nie, oder sie
handeln nur scheinbar. Ihr Zweck ist ein Gedanke, ein
neuer, neuester Gedanke.
Mein Herr, verstehen Sie jetzt den großen Napoleon? Der
Mann war nicht ehrgeizig. Das ist die Projektion der Uni-
versitätsintrigen und der Dilettanten. Der Mann versuchte
immer neue Mittel, um denken zu können; aber er war
etwas Ideologe. Nur eines bitte ich mir aus: werfen Sie
mich nicht mit der haltlosen Gefühlsduselei eines Panthe-
isten zusammen. Diese Leute haben nie ein gutes Bild begriffen; da steckt ihr Fehler. Das sind unkonzentrierte

Gymnasiasten, die deswegen über einen Begriff nicht hinauskommen, und gerade den leugne ich. Der Begriff ist gerade so ein Nonsens, wie die Sache. Man wird nie die Kombination los. Der Begriff will zu den Dingen, aber gerade das Umgekehrte will ich. Ich richte meine Aufmerksamkeit auf den Genuß. Sie wissen nun, daß mein Ende fast als tragisch zu bezeichnen ist. Ziehen Sie sich aber an. Wir wollen einer hypothetischen Handlung beiwohnen, nämlich meinem Seelenamt.«

Viertes Kapitel

Seit Wochen starrte Bebuquin in einen Winkel seiner Stube, und er wollte den Winkel seiner Stube aus sich heraus beleben. Es graute ihn, auf die unverständlichen, niemals endenden Tatsachen angewiesen zu sein, die ihn verneinten. Aber sein erschöpfter Wille konnte nicht ein Stäubchen erzeugen; er konnte mit geschlossenen Augen nichts sehen.

»Es muß möglich sein, genau wie man früher an einen Gott glauben konnte, der die Welt aus nichts erschuf. Wie peinlich, daß ich nie vollkommen sein kann. Doch warum fehlt mir sogar die Illusion der Vollkommenheit.«

Da merkte er, daß eine gewisse Vorstellungsfähigkeit des Tatsächlichen noch in ihm sei. Er bedauerte dies, wiewohl ihm alles gleichgültig erschien. Es war nicht, daß die generellen Instinkte in ihm abgestorben wären. Er sagte sich, daß der Wert etwas Alogisches sei, und er wollte damit nicht Logik machen. Er spürte in diesem Widerspruch keine Belebung, sondern Aufhebung, Ruhe. Nicht die Verneinung machte ihm Vergnügen. Er verachtete diese prätentiösen Nörgler. Er verachtete diese Unreinlichkeit des dramatischen Menschen. Er sagte sich, vielleicht nötige ihn nur seine Faulheit zu dieser Betrachtung. Doch die Gründe waren ihm nebensächlich. Es handelte sich um den Gedanken, der logisch war, woher auch seine Ursachen kamen. Böhm begrüßte ihn leise und freundlich. Er wollte sich nach seinem

Tode etwas schonen, da er noch nichts Sicheres über die Unsterblichkeit wußte.

»Es ist anständig und läßt Sie in gutem Licht erscheinen, wie Sie sich mit Todesverachtung um das Logische bemühen. Aber leider dürften Sie keinen Erfolg haben, da Sie nur eine Logik und ein Nichtlogisches annehmen. Es gibt viele Logiken, mein Lieber, in uns, welche sich bekämpfen, und aus deren Kampf das Alogische hervorgeht. Lassen Sie sich nicht von einigen mangelhaften Philosophen täuschen, die fortwährend von der Einheit schwatzen und den Beziehungen aller Teile aufeinander, ihrem Verknüpftsein zu einem Ganzen. Wir sind nicht mehr so phantasielos, das Dasein eines Gottes zu behaupten. Alles unverschämte Einbiegen auf eine Einheit appelliert nur an die Faulheit der Mitmenschen. Bebuquin, sehen Sie einmal. Vor allen Dingen wissen die Leute nichts von der Beschaffenheit des Leibes. Erinnern Sie sich der weiten Strahlenmäntel der Heiligen auf den alten Bildern und nehmen Sie diese bitte wörtlich. Doch das alles sind Gemeinplätze. Was Ihnen, mein Lieber, fehlt, ist das Wunder. Merken Sie jetzt, warum Sie von allen Sachen und Dingen abgleiten? Sie sind ein Phantast mit unzureichenden Mitteln. Auch ich suchte das Wunder. Denken Sie an Melitta, die aus dem Sprachrohr fiel, und wie ich mich blamierte. Man braucht die Frauen überhaupt nur, um sich zu blamieren. Es ist das eine Selektion, die gerecht ist, gerade weil in der Frau nur Dummheit steckt. Darum redet man bei ihr von Möglichkeiten und meint zuletzt, daß die Frau phantastisch sei. Hinter eines kam ich seit meinem seligen Abscheiden. Sie sind Phantast, weil Sie nicht genug können. Das Phantastische ist gewiß ebenso Stoff- wie Formfrage. Aber vergessen Sie eines nicht. Phantasten sind Leute, die nicht mit einem Dreieck zu Ende kommen. Man soll nicht sagen, daß sie Symbolisten sind. Aber in Gottes Namen, Ihnen ist dieser Dilettantismus nötig. Sie sahen noch nie ein paar Leute, nie ein Blatt. Denken Sie eine Frau unter der Laterne; eine Nase, ein Lichtbauch, sonst nichts. Das Licht, aufgefangen von Häusern und Menschen. Damit wäre noch etwas zu sagen. Hüten Sie sich vor quantitativen Experimenten. In der Kunst ist die Zahl, die Größe ganz gleichgültig. Wenn sie eine Rolle spielt, so ist sie bestimmt abgeleitet. Mit der Unendlichkeit zu arbeiten, ist purer Dilettantismus. Hier gebe ich Ihnen noch einen Ratschlag, der Sie später vielleicht anregt. Kant wird gewiß eine große Rolle spielen. Merken Sie sich eins. Seine verführerische Bedeutung liegt darin, daß er Gleichgewicht zustande brachte zwischen Objekt und Subjekt. Aber eines, die Hauptsache, vergaß er: was wohl das Erkenntnistheorie treibende Subjekt macht, das eben Objekt und Subjekt konstatiert. Ist das wohl ein psychisches Ding an sich. Da steckt der Haken, warum der deutsche Idealismus Kant dermaßen übertreiben konnte. Unschöpferische werden sich stets am Unmöglichen erschöpfen. Keine Grenzen kennen, wieviel Seelisches die Gegenstände ertragen, verantworten können. Alle Unendlichkeitsrederei kommt von ungeformter arbeitsloser Seelenenergie. Es ist der Ausdruck der potentiellen Energie, also eine Sache des kräftigen Nichtkönnens.

GOTTFRIED BENN[1]

Gehirne

Die Novelle »Gehirne« entstand zwei Jahre nach Erscheinen von Carl Einsteins Roman »Bebuquin«. Monologische Reflexion, aphoristische Verallgemeinerung, auflösendes Umbiegen von Aktion in Reflexion, Verhirnlichung, bestimmen die Erzählstruktur, die an die Stelle der aufbauenden, darstellenden Erzählung das Denkexperiment, das Spiel mit den Ideen treten läßt. Benn ist Einsteins folgen-

1. Bio-Bibliographie s. S. 66.

reichem Erzählprinzip verpflichtet. Dem Erlebnis des Zwie-
spalts von Ich und Welt, Sprache und Wirklichkeit, der
Störung des Realitätsbewußtseins, der Erfahrung von Ich-
Auflösung und völligem Kontaktverlust – dem Zerfall des-
sen in befremdende Einzelteile, was, als Konvention, die
erzählbare Welt zusammenhält – entspricht der Rückzug
auf den reflektierenden Monolog, die Form des diskon-
tinuierlichen aphoristischen Erzählprinzips, das dem
Schwund der »äußeren Logik« einen neuen Schwerpunkt in
der Logik der Phantasie, dem gesteigerten Innenleben,
einem »Leben im Kristall« entgegenstellt. Die Erfahrung
des Doktor Rönne ist, obwohl der Erzähler sich mit ihr
identifiziert, nicht individuell, sondern eher exemplarisch
gemeint: Verlust der Umweltbeziehung findet Kompensa-
tion in der Innerlichkeit der Phantasie, die unmittelbare
Formulierung erfährt. Später (1949) wird Benn von dem
anthropologischen Gesetz sprechen, »das uns be-
stimmte [...], eine Wirklichkeit aus Hirnrinde zu erschaf-
fen, ein provoziertes Leben aus Traum und Reiz und Stoff
in Ansätzen und Vollendung zu erleben«.

> Wer glaubt, daß man mit Worten lügen könne,
> könnte meinen, daß es hier geschähe.

Rönne, ein junger Arzt, der früher viel seziert hatte, fuhr
durch Süddeutschland dem Norden zu. Er hatte die letzten
Monate tatenlos verbracht; er war zwei Jahre lang an
einem pathologischen Institut angestellt gewesen, das bedeutet, es waren ungefähr zweitausend Leichen ohne Besin-
nen durch seine Hände gegangen, und das hatte ihn in
einer merkwürdigen und ungeklärten Weise erschöpft.
Jetzt saß er auf einem Eckplatz und sah in die Fahrt: es
geht also durch Weinland, besprach er sich, ziemlich flaches,
vorbei an Scharlachfeldern, die rauchen von Mohn. Es ist
nicht allzu heiß; ein Blau flutet durch den Himmel, feucht
und aufgeweht von Ufern; an Rosen ist jedes Haus ge-

lehnt, und manches ganz versunken. Ich will mir ein Buch kaufen und einen Stift; ich will mir jetzt möglichst vieles aufschreiben, damit nicht alles so herunterfließt. So viele Jahre lebte ich, und alles ist versunken. Als ich anfing, blieb es bei mir? Ich weiß es nicht mehr.

Dann lagen in vielen Tunneln die Augen auf dem Sprung, das Licht wieder aufzufangen; Männer arbeiteten im Heu; Brücken aus Holz, Brücken aus Stein; eine Stadt und ein Wagen über Berge vor ein Haus.

Veranden, Hallen und Remisen, auf der Höhe eines Gebirges, in einen Wald gebaut – hier wollte Rönne den Chefarzt ein paar Wochen vertreten. Das Leben ist so allmächtig, dachte er; diese Hand wird es nicht unterwühlen können, und sah seine Rechte an.

Im Gelände war niemand außer Angestellten und Kranken; die Anstalt lag hoch; Rönne war feierlich zu Mute; umleuchtet von seiner Einsamkeit besprach er mit den Schwestern die dienstlichen Angelegenheiten fern und kühl.

Er überließ ihnen alles zu tun: das Herumdrehen der Hebel, das Befestigen der Lampen, den Antrieb der Motore, mit einem Spiegel dies und jenes zu beleuchten – es tat ihm wohl, die Wissenschaft in eine Reihe von Handgriffen aufgelöst zu sehen, die gröberen eines Schmiedes, die feineren eines Uhrmachers wert. Dann nahm er selber seine Hände, führte sie über die Röntgenröhre, verschob das Quecksilber der Quarzlampe, erweiterte oder verengte einen Spalt, durch den Licht auf einen Rücken fiel, schob einen Trichter in ein Ohr, nahm Watte und ließ sie im Gehörgang liegen und vertiefte sich in die Folgen dieser Verrichtung bei dem Inhaber des Ohrs: wie sich Vorstellungen bildeten von Helfer, Heilung, guter Arzt, von allgemeinem Zutrauen und Weltfreude, und wie sich die Entfernung von Flüssigkeiten in das Seelische verwob. Dann kam ein Unfall und er nahm ein Holzbrettchen, mit Watte gepolstert, schob es unter den verletzten Finger, wickelte eine Stärkebinde herum und

überdachte, wie dieser Finger durch den Sprung über
einen Graben oder eine übersehene Wurzel, durch einen
Übermut oder einen Leichtsinn, kurz, in wie tiefem Zusam-
menhange mit dem Lauf und dem Schicksal dieses Lebens er
gebrochen schien, während er ihn jetzt versorgen mußte wie
einen Fernen und Entlaufenen, und er horchte in die Tiefe,
wie in dem Augenblick, wo der Schmerz einsetzte, eine
fernere Stimme sich vernehmen ließe.

Es war in der Anstalt üblich, die Aussichtslosen unter Ver-
schleierung dieses Tatbestandes in ihre Familien zu entlassen wegen der Schreibereien und des Schmutzes, den der
Tod mit sich bringt. Auf einen solchen trat Rönne zu, be-
sah ihn sich: die künstliche Öffnung auf der Vorderseite,
den durchgelegenen Rücken, dazwischen etwas mürbes
Fleisch; beglückwünschte ihn zu der gelungenen Kur und
sah ihm nach, wie er von dannen trottete. Er wird nun nach
Hause gehen, dachte Rönne, die Schmerzen als eine lästige
Begleiterscheinung der Genesung empfinden, unter den
Begriff der Erneuerung treten, den Sohn anweisen, die
Tochter heranbilden, den Bürger hochhalten, die Allgemein-
vorstellung des Nachbars auf sich nehmen, bis die Nacht
kommt mit dem Blut im Hals. Wer glaubt, daß man mit
Worten lügen könne, könnte meinen, daß es hier geschähe.
Aber wenn ich mit Worten lügen könnte, wäre ich wohl
nicht hier. Überall wohin ich sehe, bedarf es eines Wortes,
um zu leben. Hätte ich doch gelogen, als ich zu diesem
sagte: Glück auf!

Erschüttert saß er eines Morgens vor seinem Frühstücks-
tisch; er fühlte so tief: der Chefarzt würde verreisen, ein
Vertreter würde kommen, in dieser Stunde aus dem Bette
steigen und das Brötchen nehmen: man denkt, man ißt, und
das Frühstück arbeitet an einem herum. Trotzdem verrich-
tete er weiter, was an Fragen und Befehlen zu verrichten
war; klopfte mit einem Finger der rechten Hand auf einen
der linken, dann stand eine Lunge darunter; trat an Betten:
guten Morgen, was macht Ihr Leib? Aber es konnte jetzt

hin und wieder vorkommen, daß er durch die Hallen ging, ohne jeden einzelnen ordnungsgemäß zu befragen, sei es nach der Zahl seiner Hustenstöße, sei es nach der Wärme seines Darms. Wenn ich durch die Liegehallen gehe – dies beschäftigte ihn zu tief – in je zwei Augen falle ich, werde wahrgenommen und bedacht. Mit freundlichen und ernsten Gegenständen werde ich verbunden; vielleicht nimmt ein Haus mich auf, in das sie sich sehnen, vielleicht ein Stück Gerbholz, das sie einmal schmeckten. Und ich hatte auch einmal zwei Augen, die liefen rückwärts mit ihren Blicken; jawohl, ich war vorhanden: fraglos und gesammelt. Wo bin ich hingekommen? Wo bin ich? Ein kleines Flattern, ein Verwehn.

Er sann nach, wann es begonnen hätte, aber er wußte es nicht mehr: ich gehe durch eine Straße und sehe ein Haus und erinnere mich eines Schlosses, das ähnlich war in Florenz, aber sie streifen sich nur mit einem Schein und sind erloschen.

Es schwächt mich etwas von oben. Ich habe keinen Halt mehr hinter den Augen. Der Raum wogt so endlos; einst floß er doch auf eine Stelle. Zerfallen ist die Rinde, die mich trug.

Oft, wenn er von solchen Gängen in sein Zimmer zurückgekehrt war, drehte er seine Hände hin und her und sah sie an. Und einmal beobachtete ihn eine Schwester, wie er sie beroch oder vielmehr, wie er über sie hinging, als prüfe er ihre Luft, und wie er dann die leicht gebeugten Handflächen, nach oben offen, an den kleinen Fingern zusammenlegte, um sie dann einander zu und ab zu bewegen, als bräche er eine große, weiche Frucht auf oder als böge er etwas auseinander. Sie erzählte es den anderen Schwestern; aber niemand wußte, was es zu bedeuten habe. Bis es sich ereignete, daß in der Anstalt ein größeres Tier geschlachtet wurde. Rönne kam scheinbar zufällig herbei, als der Kopf aufgeschlagen wurde, nahm den Inhalt in die Hände und bog die beiden Hälften auseinander. Da durchfuhr es die

Schwester, daß dies die Bewegung gewesen sei, die sie auf dem Gang beobachtet hatte. Aber sie wußte keinen Zusammenhang herzustellen und vergaß es bald.

Rönne aber ging durch die Gärten. Es war Sommer; Otternzungen schaukelten das Himmelsblau, die Rosen blühten, süß geköpft. Er spürte den Drang der Erde: bis vor seine Sohlen, und das Schwellen der Gewalten: nicht mehr durch sein Blut. Vornehmlich aber ging er Wege, die im Schatten lagen und solche mit vielen Bänken; häufig mußte er ruhen vor der Hemmungslosigkeit des Lichtes, und preisgegeben fühlte er sich einem atemlosen Himmel.

Allmählich fing er an, seinen Dienst nur noch unregelmäßig zu versehen; namentlich aber, wenn er sich gesprächsweise zu dem Verwalter oder der Oberin über irgendeinen Gegenstand äußern sollte, wenn er fühlte, jetzt sei es daran, eine Äußerung seinerseits dem in Frage stehenden Gegenstand zukommen zu lassen, brach er förmlich zusammen. Was solle man denn zu einem Geschehen sagen? Geschähe es nicht so, geschähe es ein wenig anders. Leer würde die Stelle nicht bleiben. Er aber möchte nur leise vor sich hinsehn und in seinem Zimmer ruhn.

Wenn er aber lag, lag er nicht wie einer, der erst vor ein paar Wochen gekommen war, von einem See und über die Berge; sondern als wäre er mit der Stelle, auf der sein Leib jetzt lag, emporgewachsen und von den langen Jahren geschwächt; und etwas Steifes und Wächsernes war an ihm lang, wie abgenommen von den Leibern, die sein Umgang gewesen waren.

Auch in der Folgezeit beschäftigte er sich viel mit seinen Händen. Die Schwester, die ihn bediente, liebte ihn sehr; er sprach immer so flehentlich mit ihr, obschon sie nicht recht wußte, um was es ging. Oft fing er etwas höhnisch an: er kenne diese fremden Gebilde, seine Hände hätten sie gehalten. Aber gleich verfiel er wieder: sie lebten in Gesetzen, die nicht von uns seien und ihr Schicksal sei uns so fremd wie das eines Flusses, auf dem wir fahren. Und dann ganz erloschen, den Blick schon in einer Nacht: um zwölf chemische Einheiten handele es sich, die zusammengetreten wären nicht auf sein Geheiß, und die sich trennen würden, ohne ihn zu fragen. Wohin solle man sich dann sagen? Es wehe nur über sie hin.

Er sei keinem Ding mehr gegenüber; er habe keine Macht mehr über den Raum, äußerte er einmal; lag fast ununterbrochen und rührte sich kaum.

Er schloß sein Zimmer hinter sich ab, damit niemand auf ihn einstürmen könne; er wollte öffnen und gefaßt gegenüberstehen.

Anstaltswagen, ordnete er an, möchten auf der Landstraße hin und her fahren; er hatte beobachtet, es tat ihm wohl, Wagenrollen zu hören: das war so fern, das war wie früher, das ging in eine fremde Stadt.

Er lag immer in einer Stellung: steif auf dem Rücken. Er lag auf dem Rücken, in einem langen Stuhl, der Stuhl stand in einem geraden Zimmer, das Zimmer stand im Haus und das Haus auf einem Hügel. Außer ein paar Vögeln war er das höchste Tier. So trug ihn die Erde leise durch den Äther und ohne Erschüttern an allen Sternen vorbei.

Eines Abends ging er hinunter zu den Liegehallen; er blickte die Liegestühle entlang, wie sie alle still unter ihren Decken die Genesung erwarteten; er sah sie an, wie sie dalagen: alle aus Heimaten, aus Schlaf voll Traum, aus Abendheimkehr, aus Gesängen von Vater zu Sohn, zwischen Glück und Tod – er sah die Halle entlang und ging zurück.

Der Chefarzt wurde zurückgerufen, er war ein freundlicher Mann, er sagte, eine seiner Töchter sei erkrankt. Rönne aber sagte: sehen Sie, in diesen meinen Händen hielt ich sie, hundert oder auch tausend Stück; manche waren weich, manche waren hart, alle sehr zerfließlich; Männer, Weiber, mürbe und voll Blut. Nun halte ich immer mein eigenes in meinen Händen und muß immer danach forschen, was mit mir möglich sei. Wenn die Geburtszange hier ein bißchen tiefer in die Schläfe gedrückt hätte ...? Wenn man mich immer über eine bestimmte Stelle des Kopfes geschlagen hätte ...? Was ist es denn mit den Gehirnen? Ich wollte immer auffliegen wie ein Vogel aus der Schlucht; nun lebe ich außen im Kristall. Aber nun geben Sie mir bitte den Weg frei, ich schwinge wieder – ich war so müde – auf Flügeln geht dieser Gang – mit meinem blauen Anemonenschwert – in Mittagsturz des Lichts – in Trümmern des Südens – in zerfallendem Gewölk – Zerstäubungen der Stirne – Entschweifungen der Schläfe.

HEINRICH MANN

Am 27. März 1871 in Lübeck geboren als ältester Sohn des Senators Thomas Johann Heinrich Mann; Buchhändlerlehre in Dresden; 1890–92 Volontär bei S. Fischer in Berlin und nebenbei Universitätsstudium; 1893 Übersiedlung nach München. 1894 *In einer Familie* (R.). 1895/96 Herausgeber der Zeitschrift *Das zwanzigste Jahrhundert, Blätter für deutsche Art und Wohlfahrt*; 1896–98 in Italien. 1897 *Das Wunderbare* (Nn.); 1898 *Ein Verbrechen* (Nn.); 1900 *Im Schlaraffenland* (R.); 1903 *Die Göttinnen* (R.); *Die Jagd nach Liebe* (R.); 1905 *Professor Unrat* (R.); 1907 *Zwischen den Rassen* (R.); 1909 *Die kleine Stadt* (R.); 1917 *Die Armen* (R.); 1918 *Der Untertan* (R.). Ende 1918 Mitglied des »Rates der geistigen Arbeiter Münchens«. 1925 *Der Kopf* (R.). Verlegte nach 1928 Wohnsitz von München nach Berlin. 1931 *Geist und Tat* (Essays). 1933 Emigration nach Frankreich. 1935 *Die Jugend des Königs Henri Quatre* (R.); 1938 *Die Vollendung des Königs Henri Quatre* (R.). 1940 Flucht über Spanien und Portugal nach Amerika. 1945 *Ein Zeitalter wird besichtigt* (Autobiographie). Lebte in Hollywood und Santa Monica (Kalifornien), wo er am 12. März 1950, kurz vor der Rückkehr nach Berlin (Ost), starb.

Drei-Minuten-Roman

Auf Beeinflussung durch den Expressionismus hin befragt, stellt das Werk Heinrich Manns einen Grenzfall dar. Der Essay »Geist und Tat« verweist auf den Aktivismus, den

»*linken Flügel*« des Expressionismus. Die Literaten, heißt es darin, sollten sich mit dem Volk gegen die Macht zusammentun und, solidarisch mit ihm, die »Sprache« vertreten. Doch Skepsis, das Wissen, daß der Gedanke, um zur Aktion zu führen, der Selbstverleugnung bedarf, der Traum einer Verschwisterung von Ästhetik und Aktion kaum zu verwirklichen ist, unterhöhlt dieses Glaubensbekenntnis (1910), das den Verfasser zu einem Leitbild für viele junge Schriftsteller werden ließ. Heinrich Mann hat sich selber als deren »Vorgänger und Lehrer« bezeichnet, was durch seine Arbeiten der frühen zwanziger Jahre Bestätigung erfährt. Vor allem im novellistischen Werk finden sich, trotz eher konventionellem Sprachgebrauch, Stileigenheiten, die ihn mit dem Expressionismus verbinden. So charakterisiert Ernst Mühsam 1911 in der »Aktion«: »Dies drängende Übereinander des Geschehens, dieser stürmische Wechsel von Bildern, Szenen, Aufzügen, Entladungen; und das ist wohl auch der Zug des Neuen, des Zukünftigen: das Herauswachsen gewaltiger Gesten aus psychologischen Architekturen.« In besonderem Maße mag dies für die bereits 1905 entstandene Novelle »Drei-Minuten-Roman« gelten, die an Däublers berühmte Feststellung erinnert, wonach die Eigenart des Expressionismus sich durch die Volksweisheit definieren lasse: »Wenn einer gehängt wird, so erlebt er im letzten Augenblick sein ganzes Leben nochmals. Das kann nur Expressionismus sein!« Ungenügen an der Wirklichkeit kennzeichnet den welthungrigen Helden, dem das Leben davonzulaufen scheint, der den Aufschwung sucht und sich doch immer wieder vor der Frage sieht: »Was ist Wirklichkeit?« Dennoch: ein Expressionist im eigentlichen Sinn war Heinrich Mann gewiß nicht, auch wenn Otto Flake die »Überhitzung« seiner Prosa kritisierte und Kurt Hiller ihn zu den Initiatoren der »aktivistischen Bewegung« zählt. Er sah Geist und Tat als Supplemente, teilte mit den Jungen den »explosiven Willen zu handeln«, erkannte aber bald, daß »hemmungslose Betätigung [...] im Geistigen« bei

dieser »tragischen Jugend« letztlich eher ein Ersatz für
»Aktion« und »Arbeit« war.

Als ich einundzwanzig war, ließ ich mir mein Erbteil aus-
zahlen, ging damit nach Paris und brachte es ohne besondere Mühe in ganz kurzer Zeit an die Frau. Mein leitender
Gedanke bei dieser Handlungsweise war: ich wollte das Leben aus der Perspektive eines eigenen Wagens, einer Opern-
loge, eines ungeheuer teuren Bettes gesehen haben. Hiervon
versprach ich mir literarische Vorteile. Bald stellte sich aber
ein Irrtum heraus. Es nützte mir nämlich nichts, daß ich
alles besaß: ich fuhr fort, es mir zu wünschen. Ich führte
das sinnenstarke Dasein wie in einem Traum, worin man
weiß, man träume, und nach Wirklichkeit schmachtet. Ich
schritt an der Seite einer schicken, ringsum begehrten, mir
gnädigen Dame nur wie neben den zerfließenden Schleiern
meiner Sehnsucht...
Wenige Tausende lagen noch in meiner Brieftasche, da öffnete ich sie unvorsichtigerweise eines Nachts auf einem
öffentlichen Ball unter den Augen eines jungen Mädchens.
Sie lud mich ein, und ich folgte ihr weitab in ein kelleriges
Haus mit schlüpfrigen Treppen und mit Wänden, von denen es troff. Ich hatte soeben meinen Rock über einen Stuhl
gehängt, da klappte der Bettvorleger, auf dem ich stand,
mitsamt einem Stück Diele nach unten, und ich rutschte in
einen Schacht hinein. Er war ziemlich weit. Ein Vorsprung
ermöglichte es mir, drei oder vier Fuß unterhalb des soeben
verlassenen Zimmers einen Aufenthalt zu nehmen und der
Freude einer weiblichen und einer männlichen Stimme über
meine Hinterlassenschaft beizuwohnen... Auch das war
eine Perspektive. Es war nicht jene oberweltliche, der zu-
liebe ich nach Paris gekommen war. Es war eine aus traum-
fremder, aus traumschlimmer Tiefe. Aber ihr eignete etwas
Stillendes.
Damals blieb mir kaum noch Drang, wieder ans Licht zu
steigen. Übrigens ging die Klappe in die Höhe. Ich schloß

die Augen und ließ mich weiter hinuntergleiten. Wider Erwarten brach ich nicht den Hals, sondern entkam durch
einen Kanal. Entkam bis nach Florenz — wo ich mir
wünschte, den gepuderten Pierrot zu lieben, der in einer
Pantomime des Teatro Pagliano jeden Abend vor einem
Haubenstock in die Knie sank, weil er zu schüchtern war, es
vor seiner Angebeteten zu tun; der sie bekam, betrog, arm
machte; der spielte, stahl und dem seine kindlich hingetän-
delten Verbrechen immer schmelzendere Kreise um seine
unschuldigen Sünderaugen zogen. Zuletzt starb er, am
Schluß eines etwas frostigen Apriltages, in all seiner rosigen
Verderbtheit, zu den leichten Tränen einer schlanken, bieg-
samen Musik . . . Ich wünschte mir, ihn zu lieben. Nur war
er, wenn er die Bühne verließ, eine bedeutende Kurtisane
und kostete allein dem Conte Soundso im Monat tausend
Lire, was in Florenz sehr, sehr viel Geld ist. Ich ging also
zu ihrem Friseur und gab ihm meinen letzten Kassenschein
dafür, daß er mich seine Kunst lehrte und mit Schminken
und Puder zu ihr in die Garderobe schickte. Meine Dienste
befriedigten sie nicht immer; und die erste Berührung ihrer
schönen, vollen und spitzen Hand erfuhr ich in meinem Gesicht. Eines Abends, als ich ihr eine neue Perücke aufprobie-
ren sollte, wagte ich mich mit allem heraus und ward von
ihr entlassen. Ich wünschte mir weiter, sie zu lieben . . .
Unsere Beziehungen entwickelten sich jäh. Der Conte Soundso, von dem sie tausend Lire bekam, zog sich plötzlich
und unter Protest von ihr zurück. Er hatte bereits den
größten Teil seiner Familie unglücklich gemacht: durch ihre
Schuld, wie er vorgab. Auch andere erklärten sich für ge-
schädigt in ihrem Besten, dank ihr. Nun ward sie selbst von
allen entlassen, wie sie mich entlassen hatte, auch von ihrem
Direktor. Bald mußte sie, gepfändet, dem Hospital entlau-
fen, verachtet und umhergejagt, sich begnügen mit dem,
was auf der Straße zu finden ist. — Dies war der Zeitpunkt,
wo sie mir erlaubte, ihr ein Lager aufzuschlagen in meiner
Dachkammer am Ende der engen und volkreichen Via del-

l'Agnolo. Da lag sie nun in den Mondnächten, den Kopf an
der dunklen Wand, nur die Hände immer unterwegs zu
geisterhaft grellen Schlichen und Windungen, wie kranke,
launische Blumen, die nach Insekten schnappen. Ich saß am
Tisch bei einer Talgkerze und schrieb. Eine hallende, glitzernde, stahlblaue Stille war in der Weite; und der junge
Pierrot war mondgepudert und sterbensmüd aus seinen
Sündenfahrten hergetaumelt, grad in mein Zimmer. Wie ich
mir wünschte, ihn zu lieben! – Sie schlug den Blick auf,
schmelzend von sanftem Erstaunen über das Schicksal. Sie
ließ sich widerwillig pflegen von mir, suchte dabei immer
mit den Augen in mir. Sie verachtete mich, weil ich noch bei
ihr aushielt. Sie begehrte mich, weil sie mich nicht begriff.
Sie hatte manchmal Grauen, manchmal stürmisches Verlangen, manchmal Haß. Sie quälte mich, ganz glücklich, noch
ein wenig böse sein zu dürfen, noch einen Schatten von Rache zu haben für das, was mit ihr geschah. Dann weinte sie
an meiner Schulter. Und wieder suchten ihre Augen in mir:
warum ich sie noch liebe. Eine Antwort bekam sie nicht.
Hatte ich sie doch niemals geliebt; ich wünschte es mir
nur.

In einer dieser Nächte starb sie. Ich stieg darauf zur Straße
hinab; und die leere Via dell'Agnolo entlang und die kleinen, rinnsteinartigen Nebengassen entlang weinte ich in der
Finsternis Tränen, auf die ich namenlos stolz war und deren Versiegen ich nicht erleben wollte ... Sie dauerten nicht
viel weniger als eine Stunde: die Stunde, die in meiner Erinnerung das beste, wahrste, schönste Stück meines Lebens
umfaßt ... Aber ich ward schon matt – und fand bequem
dazu Muße, um mein Leben zu bangen, weil vor meinem
Hause zwei verdächtige Gesellen standen. Ich ging auf sie
los, aus Furcht davor, ihnen den Rücken zuzukehren. Der
eine hatte eine zerquetschte Nase, Kalmükenaugen, einen
viereckigen Oberkörper, kurze, krumme Beine. Der andere,
in einem dünnen Jäckchen und mit etwas Schwarzem um
den Hals, war schlank, dunkel, außerordentlich schön. Er

setzte sich in Bewegung, kam, mit der Hand in der inneren Brusttasche und den anderen neben sich, mir entgegen. Er hatte den Gang der Toten! – Ich tat gebannt und doch mit fliegenden Sinnen noch zwei Schritte. Aus seinem blassen, dicklippigen Gesicht – ihrem Gesicht – sah ich schon die Wimpern schwarz herausstechen. Das Heft des Messers erschien in seiner Faust am Rande des Jäckchens. Mein Tod stand beschlossen auf seinem Gesicht. Auf dem der Toten. Sie hatten nur eins, denn er war ihr Bruder. Er war mit einem Kumpan aus der Vorstadt gekommen, um sie von mir zu befreien; weil er der Meinung war, daß sie im Getändel mit mir ihr Geschäft versäume und darum den Eltern und ihm kein Geld mehr bringe.

Auf einmal – fast berührte ich mich schon mit ihrem Bruder – wichen die zwei mir im Bogen aus, gaben den Weg frei, verleugneten mich und verschwanden. Ich konnte, verschwommenen Sinnes, nicht mehr beurteilen, was vorging. Dann erst hörte ich den Trab eines Dritten, der aus dem Dunkel hervor dazwischengetreten war. Es war ein schmächtiger Mensch mit einem Röckchen über dem Arm, er hatte es eilig weiterzukommen. Aus Dankbarkeit, aus Kopflosigkeit, aus Gemeinschaftsgefühl machte ich zwei lange Sätze hinter ihm her. Er rückte geängstigt die linke Schulter, fing an zu laufen. Er lief davon vor mir; er hielt mich für etwas anderes als ich war. Auch ihn hatte mich verwechselt. Und ich habe das Gefühl, als sei der Verkehr von Menschen immer so ein ratloses und grausames Durcheinander von Irrtümern wie diese nächtliche Szene an der Ecke der Via dell'Agnolo . . .

In Mailand, meiner Heimatstadt, ließ ich mir etwas Geld geben für das, was ich geschrieben hatte in den fragwürdigen Nächten gegenüber einer Kranken, die ich nicht liebte. Eine hochstehende, begabte Dame warf sich aus diesem Anlaß auf mich. Sie sagte, sie suche, seit sie lebe; ihre Existenz sei tragisch; und den, der dies geschrieben habe, müsse sie lieben. Ich fand im stillen, das gehe nicht mich an, und war höflich. Ich schulde ihr Dank, behauptete sie; denn niemand auf der Welt werde mich je verstehen wie sie. Das gab ich nicht zu, sträubte mich und erkannte meine Schuld nicht an. Ihre Existenz sei tragisch, wiederholte sie, und ein Sturz vom Felsen von Leukos werde sie enden. Ich war entrüstet, geschmeichelt und befremdet. Wie kam ich zu solchen Dingen? Ich wollte nichts von ihnen wissen. Niemandem erteilte ich das Recht, meine Einsamkeit zu brechen. Die schicken, ringsum begehrten, mir gnädigen Damen meiner Jugend waren nur mit zerfließenden Schleiern an mir hingestreift. Pierrot war mondgepudert gestorben, wie ein Reflex. Und ein Körper wollte nun hinein zu mir? Wollte mich heilen? Mir Wirklichkeit verleihen? Mir mein Leiden fortlieben? Aber alles Interesse an mir selbst hing ab für mich von diesem Leiden! Jedes kranke Gesicht ist vornehmer als jedes gesunde. Ich war nicht geneigt zu sinken. Ihr ging es nicht ein; sie wollte ja glücklich sein, also glücklich machen. Ich fand sie schließlich nur noch dumm und mißhandelte sie dafür, entschlossen, aber mit dem Vorbehalt, mich dieses Stückes Seele zu schämen, wenn einst Zeit dazu wäre, und Kunst zu machen aus der Scham . . .

Als ihre Krisis überstanden war und sie anfing, sich loszulösen, holte ich sie zurück und nötigte sie, meine Freundin zu sein. Es befriedigte mich, sie als einen Beweis meiner ungebrochenen Einsamkeit vor Augen zu haben . . .

Diese Einsamkeit gleicht einer jähen Windstille vor der Ausfahrt. Eben klettern noch eine Menge Matrosen rastlos umher an Masten und Schiffswänden, heben Anker, binden Segel los, spannen sie aus. Im nächsten Augenblick fallen die Segel schlaff zusammen, das Schiff rührt sich nicht, die Leute rutschen herab, stehen und sehen sich an . . . Auf diesen Seiten haben sich wohl ungewöhnliche Sachen ereignet? Meine Lebensstimmung aber ist kahl, als sei nie etwas eingetroffen. Ich sitze, scheint mir, die ganze Zeit vor einem Grau-in-Grau-Stück, wo lebenslänglich auf langweilige Art gestorben wird. Was ist Wirklichkeit?

Wirklich waren vielleicht die Tränen, die ich einst die leere Via dell'Agnolo entlang und die kleinen, rinnsteinartigen Nebengassen entlang geweint habe, in einer Nacht, fast eine Stunde. Die Stunde war wirklich. Von einem Leben fast eine Stunde. Oder wenigstens die erste halbe Stunde war wirklich. Vielleicht . . . Aber es ist nicht ganz sicher.

ERNST WEISS

Am 28. August 1882 in Brünn geboren als Sohn eines Kaufmanns; Studium der Medizin in Wien und Prag, Reise als Schiffsarzt nach Indien und Japan; seit 1913 zeitweise enge Verbindung mit Franz Kafka. 1913 *Die Galeere* (R.); 1916 *Der Kampf* (R.); 1918 *Tiere in Ketten* (R.); 1919 *Mensch gegen Mensch* (R.). 1914–18 Militärarzt, 1920 in Berlin; emigrierte 1938 nach Paris, wo er sich beim Einmarsch der deutschen Truppen am 14. Juni 1940 das Leben nahm.

Der Arzt

Die bekenntnishafte Aufforderung, das Leben zu lieben, »wie es ist, wie es ohne Traum, ohne Rausch ertragen werden muß«, rückt Ernst Weiß in die Nähe von Carl Sternheims diesseitiger Charakterwirklichkeit. Doch er geht über den Dramatiker hinaus, wenn er mit dem Erlebnis des Höllencharakters dieser Welt zugleich die Gegenkräfte auf den Plan ruft, die für den Menschen, so er sich nicht in sterile, wunde Träume verlieren will, einzige Möglichkeit der Rettung bilden – Liebe, Bereitschaft zum Wollen. Nur in ihnen ist relative Befreiung möglich, die sich im Rahmen des »Und doch! Wieder ein ›Und doch‹ und nicht zum letzten Male!« vollzieht. Menschlichkeit, Erfüllung der »Pflicht« des Menschen gegen seinesgleichen: durch sie entsteht eine neue, bescheidene Freiheit »in Ketten«. Aber es ist eine Freiheit. Im Sinne östlicher Weisheit müsse der Mensch

»unerschütterbar« werden angesichts einer Welt, die vom Bösen, vom Leiden beherrscht erscheint, auch wenn das Gute in ihr angelegt ist. Unbedingt soll nach Weiß die Teilnahme sein, doch paradoxerweise muß der Mensch gerade dadurch, daß er sich im Mitleiden erschüttern läßt, überdeutlich die Auswegslosigkeit seiner Existenz, die Unmöglichkeit ihrer Veränderung erkennen. Doppelte Verzweiflung ist die Folge, die ein doppeltes Dennoch verlangt. »Menschlich handeln, menschlich fühlen«, schreibt W. Wendler, auf den Widerspruch hinweisend, »es ist nicht dasselbe und ist unvereinbar. [...] Was der Mensch ersehnt, ein menschliches Leben [...] ist aus der expressionistischen Erfahrung ein Widerspruch.« Was bleibt, ist ein Leben in der Zeit, Döblinsches Sich-tragen-Lassen, untragisches Sich-Schmiegen, oder Leben gegen die Zeit. Es ist erfüllt von Wollen, durchdrungen vom unbedingten ethischen Anspruch, vom heroischen, seines Scheiterns sich bewußten Trotzdem. Der »Hölle dieser Erde« ausgeliefert, setzt der Mensch ihr den Willen zum Menschsein entgegen. Es ist ein Akt der Menschlichkeit, wenn in der psychologisch scharfen, trotz lakonischer Knappheit mehr durch Gesinnung als durch Stilhaltung expressionistischen Erzählung »Der Arzt« der Student dem Sänger, der auf die andere Seite seines Könnens wartet, die »Todesbitte« erfüllt: »Erwirklicht wurde der Sänger in dem Studenten, wurde Mensch von seinem Menschen. [...] Erlösend erlöst stand der Mensch Arzt.«

Das menschliche Ungeziefer, das menschliche Gezücht zu lieben, hatte der Student erst begonnen: Noch erschreckten ihn die bekannten Menschen, unmenschlich fühlte er ihre Liebe, Fabrikarbeit, für Lohn und Brot geleistet. Aber zu namenlosen Patienten, die vorzimmerfüllend in der Nähe des Operationssaales warteten, wurde er hingezogen. Noch war Freude in ihm. Mit Freude tastete er sich an den Messingknöpfen des Treppengeländers herab, mit Freude ging er über die Asphaltstraßen, einatmend den Geruch des vom

Sprengwagen versprengten Wassers, das klar niederrieselte in den glimmernden Morgenstaub.

Die lange Liste derer, die zu operieren waren, mit Kreide auf eine Tafel geschrieben, »Speisekarte«, auch »Fahrplan« von den Studenten genannt, stand im Vorraum. Der Professor war telegraphisch berufen, ein großes Kriegslazarett mit dreitausend Betten im Süden zu organisieren. Morgen wollte er fort, heute mußte alles »aufoperiert« werden, in einer Serie das ganze operative Material erledigt werden.

Auch zwei Assistenten waren einberufen worden, sie verließen sofort die Klinik, begeistert, gerührt, einzig darauf bedacht, zurechtzukommen: denn jeder rechnete mit einem vierzehntägigen Krieg, »dem rächenden Blitz einer Strafexpedition«.

Glänzend begann die Serie. Militärmusik hörte man schmissig hereinschmettern, straßenher in die Stille des Operationssaales.

Unter den Händen des Studenten wanderte Gesicht um Gesicht, unter seinen Fingern fühlte er süß hinrollen beruhigt wellenschlagendes Leben, entgegenhauchte ihm aus gestilltem Mund Schlaf um Schlaf. Hier war menschliche Gegenwelt: infernalisches Dasein war gelindert durch Schmerzverminderung und ruhiges Atmen.

Es stieg der Tag, Hitze schwelte aus, Wasserdunst, Waschküchenatmosphäre schmierte sich schwer durch die Räume, zischend brannte das Zeißlicht, warf brennende Blendung in blutig geöffneten Mensch.

Müdigkeit riß an den Knien des Studenten. Teilnahmslos stand er da, wie in Schlamm eingebettet in die feuchte Glut des Vormittags. Erlösung: »Narkose, Schluß«, kommandierte der Professor, – der General.

In Phantasien schwankte der Student, gewaltsam hieb er nieder entfesselte Phantasie, durch Müdigkeit entkettet, weiß strahlende Körper, Wunden, blutigrot, wie geheimer Schoß.

Schon wurde ein anderes Gesicht ihm unter die Hände geschoben, ein blaurotes Säufergesicht, weiß gewimpert, häßlich anzufassen, schweißüberströmt, Alkoholdunst ausatmend, schwarzen Kaffee mit Rum gemischt, Vorbereitung zur Narkose, heimlich im Branntweinladen zur Ermutigung geschluckt.

Alle waren müde, der General nervös. Der Student begann die Narkose, riß sich zusammen, kühl funkte nieder Äther in weißen Tropfen, vereisend zu flaumigem Schnee die Maske. Der General wartete nicht, mit der stumpfen Seite des Messers zeichnete er den Hautschnitt vor. Gewaltig brüllte der Kranke, aufrüttelnd den Tisch, aufhämmernd mit dem schweren Schädel das harte Kopfgestell.

»Er schläft noch nicht«, sagte der Student.

»Man merkt es«, sagte höhnisch der Oberarzt.

»Vorwärts, vorwärts, wir haben Eile«, der General.

Der Student tropfte Äther. Der Kranke schlief nicht, tobte, hieb ihm mit dem Kopf in das gebeugte Gesicht, daß er Blut aus der Nase vergoß. Alle lachten.

»Nehmen Sie Chloroform«, sagte der Oberarzt.

Der Kranke schlief nicht.

»Weiter, weiter, weiter! Schütten, schütten!« der General.

Der Student gab nach, zu öligem Strahl rann das schwere Gift.

Der Kranke schlief endlich.

»Weiter, weiter, der Patient preßt«, hetzte der Oberarzt.

Der Student goß Gift. Er blickte den Kranken nicht an, fühlte nicht nach den tödlich erschlafften Muskeln hin, blickte fort vom lividen, veilchenblauen Gesicht, absichtlich blind, ausweichend der Wirklichkeit.

»Nur mehr, mehr Courage, endlich gibt das alte... Ruhe!«

»Das Blut ist dunkel«, sagte der Professor, der beinahe fertig war, »zählen Sie einmal den Puls.«

»Aber dem Patienten geht es ansonsten tadellos«, sagte der Oberarzt, »der reißt uns ja den Operationstisch um, der Mordskerl, wenn man ihn aus der Narkose herausläßt.«

»Nun, der Puls?« fragte der General.
Keinen Puls fühlte der Student. Aber erbleichend, ganz
Lehm, aufsteigende Verzweiflung, aufsteigende, schwere
Sumpferde ... *wollte* er den Puls fühlen, das Zittern der
eigenen Adern zählte er, rechnete falsch vor:
»Eins ... eins ... eins ...«
»So, dann habe ich mich geirrt«, sagte der General.
Als der Professor mit der Hautnaht fertig war, setzte die
Atmung aus. Die Maske, noch schwer von Chloroform trie-
fend, lag weiß neben dem blau gedunkelten Kopf.
Eine Sekunde Schweigen. Fall von Tropfen, Rascheln von
Kleidern, lichtzischende Bogenlampen, alles durchgrellend.
»Den Kiefer aufsperren! Zunge heraus!« sagte der General.
Mit zweiblättriger Zange wurden die Zähne auseinander-
gezwängt, die dicke Säuferzunge wurde eingeklemmt in
stramme Klemme. Man zog im Rhythmus an der Zunge,
leises Röcheln raschelte, ... dann wieder nichts. Leere, töd-
liches Schweigen ...
»Künstliche Atmung!« Der Student und der Oberarzt
schnallten den Patienten eilig los, schlaff fielen die Glieder
und der Kopf, nun schon weiß wie Teig, herab, schlenker-
ten, wie bei dem gelähmten Hund, befreit aus dem Gestell
der Vivisektoren.
An den Armen hob man ihn auf, weitete die Brust, schlug
die Arme wieder an die Rippen, um künstlichen Atem zu
erzeugen. Nichts rührte sich.
»Schade! Schluß!« sagte der General.
»Wahrscheinlich Herzverfettung, Herzlähmung, na, du mein
lieber Gott, ein alter Potator«, sagte der Oberarzt.
»Ich will noch eine Stunde künstliche Atmung versuchen«,
sagte der Student, »ich will ...«
»Hätten Sie lieber nicht so viel Chloroform hingegossen!«
»Herr Professor!«
»Ja, selbstverständlich, jetzt aber weiter, die Patienten war-
ten, noch sechs Fälle sind für heute bestimmt! Schillerling,

übernehmen Sie die Narkose, weg mit dem Chloroform, wir haben genug an dem einen Accident.«

In eine dumpfe Kammer rollte man den Patienten. Der Student blieb allein mit dem Betäubten. Lange arbeitete er dumpf, ohne Gedanken, geblendet von dem Schlag der Wirklichkeit. Dann begann er tiefsten Kummer zu fühlen; vergebens schützte er sich selbst, sagte, es wäre ein Geschick, ein Zufall, ein drittel Prozent der Statistik, ein schöner Tod ... Aber alles rann ab von ihm, nichts schützte ihn vor sich selbst, nichts deckte ihn vor tiefster Verzweiflung. Tausende würden sterben, im Schlachtfeld unrettbar verwundet liegen, was bedeutete ein einzelner, ein fetter Philister, eine alkoholvergiftete, alkoholverfettete Seele, potator strenuus? Aber er fühlte nur den blassen, leblosen Körper vor sich, die weißen Wimpern, Feuchtigkeit austriefend über den gewaltig großen, gewaltig schwarzen Pupillen, die harte Stricknadelader des Kiefers, nicht mehr rollend in Pulsschlägen, die arme Zunge, sprachlos längst, schlaff hängend an unbewegtem, starr blinkendem Haken.

Müde war er zum Erbrechen. Verwirrt hinkte der eigene Herzschlag, Überanstrengung war das ewige Stehen in dumpfdunklem Raum, Verbrechen an sich selbst war die überlange künstliche Atmung des Betäubten. Kampfer stand da, gelbölig in breiter Flasche, eine Spritze stach er sich selbst in den Arm, wilde Ströme brannten hervor, eine wilde Energie riß die Hände des Betäubten nach hinten, oben, preßte die Ellenbogen in die Brust. Er keuchte heiß. Müdigkeit kam, die zweite Spritze schlug sie nieder. Überarbeit wirkte herrliche Stärke! Flimmernd zuckten Sekunden! Das Instrument, an dem die Zunge hing, züngelte Licht, wandte sich in weicher Drehung nach oben: Er schrie, zitterte vor Glück, er schrie dem Kranken ins Ohr, rief ihn an mit »Herr ... Sie ... Sie ... potator!«, da er den eigentlichen Namen nicht kannte, wollte ihn ganz erwachen sehen, ganz umgewandelt in *Leben*, herrlichstes, wundervollstes! Er hielt sich zitternd fest am Rand des Operationstisches, der noch schlüpfrig von frischem Blut war: der Kranke atmete weiter ... lebte!

Der Oberarzt staunte, der Professor wurde jetzt erst ernst: »Sie sind gewarnt«, sagte er, »aber wir andern auch. Übernehmen Sie die nächste Narkose, nur Äther. Und dann müssen wir ins Sanatorium. Der Sänger wartet.«

Der Chirurg spät abends im Auto zu dem Studenten: »Eine scheußliche Sache haben wir noch vor uns. Schon die erste Operation war kein Vergnügen ... aber jetzt ... es bleibt nur eine hohe Darmfistel übrig und für die nächste Zeit das Wasserbett. Der große Sänger im Wasserbett ... sonderbare Einfälle hat der liebe Gott. Aber Sie werden sehen, wie leicht er das alles nimmt. Ich habe ihm eingeredet, es käme jetzt die Krisis, die Heilung mit vermehrten Schmerzen. Der Mensch ist zum Idioten geworden und freut sich über seine Krämpfe.«

»Und wie lange kann der Zustand noch dauern?«

»Jahre. Er hat eine eiserne Natur. Sie werden staunen.«

Der Student staunte: Der Sänger ging im Steirerkostüm im Garten des Sanatoriums umher, hatte grüne Schatten unter dem grünen Hut, aber auch ohne Hut, im weißen Zimmer! Wie war er klein geworden, geschrumpft sein Gesicht! Einen fünfzigjährigen Mann hatte das Leiden verjüngt zu blasser, hautgespannter Larve eines zwanzigjährigen Grüngesichts.

Der Professor: »Geben Sie dem Herrn die übliche Injektion, dann können wir die Operation angehen. Vorher natürlich die erste Desinfektion.«

»Nicht zu viel«, sagte der Sänger. »Sie wissen, ich schlafe leicht. Und dann: Ihre Narkose! Ich habe oft daran gedacht. Vor drei Monaten, erinnern Sie sich? konnte ich nicht genug davon bekommen. Nachts, um zwei Uhr morgens, habe ich Sie aus dem Schlaf geklingelt, direkt den Revolver auf die Brust: Geben Sie mir den Tod, oder ... Natürlich, das Theater verleugnet sich nicht.«

Der Student öffnete den Verband. Rein von Kot war die Haut, aber breit klaffte die Wunde auf dem edlen Leib.
»Sie sehen, ich bin zimmerrein. Mit einer gewissen Selbstzucht und Charakterstärke gewöhnt man sich selbst das an. Alles wird erträglich. Sie haben mir das Leben gerettet. Wo wäre ich, wenn Sie mir damals auf meinen Wunsch die lebenslängliche Narkose verabreicht hätten? Bei den Würmern.«
Seltsam... welch *anderen* Klang hinter diesen Worten hörte der Student?
»So aber habe ich drei schöne Monate hinter mir, habe mit Freuden gearbeitet, gesungen, nicht auf der Bühne natürlich, sondern fürs Grammophon. Zahlen übrigens wahrhaft fürstlich, diese Leute, abgesehen von der Reklame für mich.«
Der Student sah ihn an... und sah hinter diesen leeren Worten ein Gesicht... und schweigende Augen baten... Todesbitte...
Er benetzte die Umgebung der Wunde behutsam mit weicher Watte, mit lauem Wasser, rosarotem Sublimat. Schmerzhaftes, zerrissenes, von Furchen durchschnittenes Stück Mensch, in Sehweite ausgebreitet vor ihm, dem gesunden Mediziner, dem blühenden Menschen von 23 Jahren.
Jahrelang hatte dieser Mensch nun leben sollen, wechselnd zwischen Dauerwanne, Wasserbett, feuchtem grauem Dasein und kotgefüllten Verbänden. Tag und Nacht, Essen, Schlafen, Atmen, Warten, sich freuen, alles in dem Sarg aus Wasser, in der Zelle der Klinik. Hilflos hatte er bleiben sollen, verpestend die Welt und sich mit dem grauenhaftesten Jammer, nackt vor Hoffnungslosigkeit.
Nun aber wußte der Student: dieser Mensch wartete auf ihn,... auf die *andere* Seite seines Könnens...
»In den letzten Tagen war ich etwas unruhig. Bei Ihnen fühle ich mich daheim. Ich habe in den Hotels nicht geschlafen. Hier werde ich schlafen. Wo wollen Sie die Injektion machen, am Arm? Am...«

Schauerlich war alles Mensch.

Erwirklicht wurde der Sänger in dem Studenten, wurde Mensch von seinem Menschen.

Mit konzentrierter Güte schüttete er Schmerzvernichtung in seinen Bruder.

Er hatte die Injektionsspritze mit Sublimat gefüllt, stach sie schmerzlos schnell zwischen die sparren Rippen durch, entgegen dem hochzuckenden Herz.

»Hier . . .« sagte der Sänger, . . . »o Gott . . .«

In einem Zuckkrampf endete sekundenschnell ein Mensch.

Erlösend erlöst stand der Mensch Arzt.

IV. Drama

*Kam das lyrische Gedicht dem Drang des expressionisti-
schen Dichters nach bekennerhafter Wesenschau entgegen, so
bot ihm das Drama ein Forum, wo er seine auf Wandlung,
auf Steigerung gerichteten Ideen wirkungsmächtig demon-
strieren konnte. Es ist deshalb leicht verständlich, daß das
Drama neben der Lyrik im Expressionismus eine beherr-
schende Rolle übernahm. Auf der Bühne konnte die Kunst
am ehesten der Idee dienen, für sie werben und doch den
Eigencharakter als Kunst bewahren. Das Postulat der
Wandlung, Wandlung der Welt durch Wandlung des Menschen, tritt solcherart die Herrschaft an über das Theater,
das zur »edelste[n] Möglichkeit wird, [...] die Welt des
Geistes auf die reale Welt wirken zu lassen« (Pinthus).
Bühnengeschehen, seelische Befindlichkeit unmittelbar im
Typisch-Symbolischen erfassend – »Jedes Geschehen wird
sein Typisches«, heißt es bei Sorge –, steigert sich zum
Beispielgeschehen, zum Vorbild für Durchbruch und innere
Befreiung, zu Appell und »Erörterung der tragenden Ideen
dieser Menschheit« (Ludwig Rubiner). Das Erlebnis der
zwischen Abstraktion und Einfühlung auf der Bühne sich
vollziehenden Geburt des neuen, gewandelten Menschen
schafft Gemeinschaft, Einheit in der Idee. Zur Kultstätte
wird der Theaterraum, Mysteriengeschehen bergend. In Kokoschkas Mysterienspiel-Experiment »Der brennende Dornbusch« oder Kandinskys Weihespiel »Der gelbe Klang«[1]
dient das visionär-parabolische Spiel als Gefäß, das die
vereinten Zuschauer mit erlösendem Sinn zu füllen haben.
Nach Kandinskys Vorstellung soll das Drama »aus dem
Komplex der inneren Erlebnisse [...] des Zuschauers bestehen«. Diese Modelle – Kokoschkas »Prototyp für das*

---

1. Vgl. *Einakter und kleine Dramen des Expressionismus.* Hrsg. von
Horst Denkler. Stuttgart 1968 u. ö. (Reclams UB Nr. 8562–64.) S. 54–64.

von der Oper inspirierte Drama«, Kandinskys »Vorbild für das Bildwirkungen suchende Drama« (Horst Denkler) – blieben ohne Nachfolge, selbst wenn für sie charakteristische Elemente auch bei anderen expressionistischen Dramen wiederkehren.

Vorbereitet wurde das expressionistische Drama, auf Vorformen im Sturm und Drang und bei Büchner und Grabbe, auf die Stationendramen Strindbergs verweisend, von den Stücken Wedekinds, Else Lasker-Schülers und Carl Sternheims; mit Georg Kaisers »Bürgern von Calais« erlebte es einen Durchbruch auf der Bühne. Nach Kaiser soll das Drama »Denken darstellen«, »Erkenntnis zur Erscheinung« machen, »Schau-Lust« in »Denk-Lust« verwandeln. Der Dichter versteht sich als »Hülse« der »Vision« von der »Erneuerung des Menschen«. In der Hauptfigur seines »Bühnenspiels« vom Opfergang der Bürger von Calais erscheint der »neue Mensch« auf der Bühne. Sein ethisches Verhalten ruft zur nachahmenden Wandlung auf, läßt Licht auf die geänderte Welt von morgen fallen. Ein ernüchterter Georg Kaiser nahm später das Scheitern der Bemühungen um den neuen Menschen als Vorwurf für den letzten Teil seiner »Gas«-Trilogie.

Den eigentlichen Dramentyp des Expressionismus stellt das Protagonistendrama dar. Auf allegorisch-symbolische Demonstration der Verwirklichung ethischer Werte ausgerichtet, führt es am Menschen, begriffen als Mitte der Welt, Erlösung durch Wandlung vor. Zur monologischen Aussprache erscheint der Einzelmensch auf der Bühne; an ihm als Modellfigur, oft namenlos, eine Maske tragend, um das Allgemeingültige von Gestalt und Handlung zu unterstreichen, vollzieht sich das erlösende Geschehen, ekstatisch, mitreißend, zu Nachfolge aufrufend. Von Sorge und Hasenclever stammen die frühesten Beispiele solcher Läuterungs- und Wandlungsdramen, die, da es ein inneres Geschehen zu vermitteln gilt, auch auf opernhafte Mittel zurückgreifen, Sprache und Gebärde theatralisch-rituell aufzuladen suchen.

Emotion, als Pathos und Ekstase zum Ausdruck drängend, markiert die Steigerung über sich hinaus. Die Bühne, fordert Hasenclever, soll »Vermittlerin von Ekstasen« sein, sie »werde Ausdruck, nicht Spiel!«. Und die Darstellung auf ihr habe erfüllt zu sein von einem »Fieber aus Farbe, Tanz, Melodie«. Diese synästhetischen Postulate erinnern an Kandinskys Zielsetzung für das Bühnenwerk: »Verfeinerung der Seele« mittels Klang, Farbe, Wort, nur daß Hasenclever mehr will als »Schwingung«, sich zugleich aber wie Toller mit der revuehaften Demonstration von zeitgebundenem Wandlungswillen begnügt. Im Gegensatz etwa zu Barlachs monumentalen Dramen, von religio erfüllt wie die Sorges, bleiben die Versuche Hasenclevers und Tollers, »der Welt das Gesicht des Menschen« aufzudrücken, bloße Worte. Zum zeitlosen Thema des Konflikts der Generationen, radikalisiert, verschärft jetzt zum Thema des Aufruhrs gegen die bürgerliche Welt, des revolutionären Aufbruchs der Masse kam mit dem Erlebnis des Krieges die Demonstration gegen das menschenfeindliche massenmordende Geschehen, das als rechtfertigende Bestätigung der Kritik an der Gesellschaft empfunden wurde. Um so tiefer mußte bei Kriegsende der Eindruck sich festigen, daß ein neuer Horizont sichtbar geworden war. Hatte die Idee gesiegt, war der Wandel Wirklichkeit geworden? Als unausbleibliche Folge des Scheiterns der Revolution wurden die Töne schriller, gab sich der Wunsch nach Veränderung unverhüllter, gewaltsamer, verzweifelter zu erkennen. Ernüchterung führte schließlich zu ausweichendem Verstummen, zur Hinwendung zum Konventionellen oder zu Mystizismus, Kommunismus und, letztendlich, Nationalsozialismus. Vitalität, die sich nicht in transformierender Objektivation ausleben konnte, brach sich Bahn zur Groteske, entlud sich im bösen Lachen über die Welt, die Unfähigkeit des Menschen, sich selber und seine Welt zu ändern. Was blieb, war Veränderung nicht der Welt, sondern der Perspektive, in der sie erscheint. »›Der Mensch ist gut‹: Eine Phrase«, bringt Yvan

Goll zynisch die eigene Enttäuschung stellvertretend für viele seiner Zeitgenossen auf die kürzeste Formel.

OSKAR KOKOSCHKA

Am 1. März 1886 in Pöchlarn a. d. Donau geboren; 1903–09 Studium an der Kunstgewerbeschule in Wien; schloß sich 1905 der Künstlergruppe um Gustav Klimt an und war an der Wiener Werkstätte und dem dazugehörenden Theater und Cabaret »Fledermaus« beteiligt. Seit 1907 in mehreren Fassungen bis 1917 *Mörder, Hoffnung der Frauen*. 1908 Gewerbeschullehrer in Wien; 1910/11 in Berlin Mitherausgeber des *Sturm*, dessen »Wortkunst«-Theorie von ihm beeinflußt ist. 1911 *Der brennende Dornbusch* (zunächst unter dem Titel *Schauspiel*). 1920 nahm der im Ersten Weltkrieg schwer Verwundete eine Professur an der Akademie der Künste in Dresden an; 1931 Rückkehr nach Wien, 1934 Emigration über Prag nach England; seit 1954 in Villeneuve am Genfer See.

Mörder, Hoffnung der Frauen

»Von der Natur der Gesichte« ist ein Aufsatz Oskar Kokoschkas überschrieben. Als Zeugnis einer »persönlich gewordenen Freiheit« kann er als Programm gelten. Kokoschka betont die Selbstverantwortung des einzelnen, als Mensch in seiner Eigenheit. »Laßt uns unsere Engel selber sein! Wieder alles göttlich sehen«, sagt er. Das Leben ist für ihn, den Künstler, »Bewußtsein der Gesichte«, die Welt ist im Ich, wird als dessen Vision erlebt. Im Bewußtsein gerinnen die Dinge zu Gesichten, werden »Einbildung«. »Dann ist Einbildung Natur, Gesicht, das Leben.« Das Gegenüber von Stoff und Vision findet eine Entsprechung in jenem von Mann und Frau. Der unaufhebbare Gegensatz von männlichem und weiblichem Prinzip führt zum Kampf der Geschlechter, unlösbar, da zum Leben selbst gehörend. Gedanken Nietzsches, Bachofens oder Weiningers klingen an, Erkenntnisse Freuds. Die seelisch-visionären Dramen »Sphinx und Strohmann« und »Mörder, Hoffnung der Frauen« brin-

gen diesen (Liebes-)Konflikt zwischen Bewußtem und Unbe-
wußtem, Apollinischem und Dionysischem, den »Elemen-
ten« von Mann und Frau auf die Bühne. »In meinem ersten
Schauspiel« (»Mörder, Hoffnung der Frauen«), sagt Ko-
koschka zu dieser Antinomie, für die das spannungsvolle
Verhältnis zwischen Geist und Leben nur eine weitere Um-
schreibung ist, »hatte ich mich gegen die Gedankenlosigkeit
unserer männlichen Zivilisation mit dem Grundgedanken
vergangen, daß der Mann sterblich und die Frau unsterblich
ist und daß nur der Mörder diese Grundtatsache in der mo-
dernen Welt umkehren will. Deshalb war ich zum Bürger-
schreck geworden.« Das in seiner Symbolik vielschichtige,
visionäre Bilder beschwörende Stück deutet die Polarität
der Geschlechter als die Grundproblematik des Seins. Ins
Mythische überhöht, zur Parabel stilisiert, erscheint die Dia-
lektik von Geist und Sexus, Mann und Frau, Erzeuger oder
Mörder oder Kind und Lustspenderin oder Ermordete oder
Mutter. Nur Mord vermöchte den ewig sich fortzeugenden
Kreislauf aufzubrechen, den Geist von Begehr zu emanzi-
pieren. Kokoschkas Theater ist durch assoziative Verbin-
dung von Bild, Wort, Gebärde und Ton Gesamtkunstwerk
und erinnert in seinem Streben nach Totalität an Kandin-
skys Intentionen. Besonders die virtuose Einbeziehung von
Lichteffekten als »Lichtregie« gehört zu den bahnbrechen-
den Leistungen des Autors für das moderne Theater. Sie
unterstreicht den Symbolcharakter der knappen Bühnen-
handlung und knüpft an bei der Tradition des Barockthea-
ters. Kokoschkas Einfluß auf das künstlerische Programm
des »Sturm«-Kreises kann nicht hoch genug bewertet wer-
den. Wenn seine Bedeutung für die Folgezeit immer wieder
ungenügend gewürdigt wird, so auch deswegen, weil der
komplexe künstlerische Ansatz, der sich hier für eine Er-
neuerung von Idee und Struktur des Dramas anbietet,
keine eigentliche Weiterentwicklung fand, worin ein weite-
rer Beweis für die innere Widersprüchlichkeit der Strömung
des Expressionismus gesehen werden mag.

Umfang acht Seiten   Einzelbezug: 10 Pfennig

DER STURM
WOCHENSCHRIFT FÜR KULTUR UND DIE KÜNSTE

| Redaktion und Verlag: Berlin-Halensee, Katharinenstrasse 5
Fernsprecher Amt Wilmersdorf 3524 / Anzeigen-Annahme und
Geschäftsstelle: Berlin W 35, Potsdamerstr. 111 / Amt VI 3444 | Herausgeber und Schriftleiter:
HERWARTH WALDEN | Vierteljahresbezug 1,25 Mark / Halbjahresbezug 2,50 Mark /
Jahresbezug 5,00 Mark / bei freier Zustellung / Insertions-
preis für die Halbregelzeile Nonpareillezeile 60 Pfennig |

JAHRGANG 1910   BERLIN/DONNERSTAG DEN 14. JULI 1910/WIEN   NUMMER 20

Mörder, Hoffnung der Frauen
Von Oskar Kokoschka

Personen:

Mann
Frau
Chor: Männer und Weiber.

Nachthimmel, Turm mit großer roter eiserner Käfigtür; Fackeln das einzige Licht, schwarzer Boden,
so zum Turm aufsteigend, daß alle Figuren reliefartig zu sehen sind.

DER MANN
Weißes Gesicht, blaugepanzert, Stirntuch, das eine
Wunde bedeckt, mit der Schar der Männer
(wilde Köpfe, graue und rote Kopftücher, weiße,
schwarze und braune Kleider, Zeichen auf den
Kleidern, nackte Beine, hohe Fackelstangen,
Schellen, Getöse), kriechen herauf mit vorgestreckten Stangen und Lichtern, versuchen müde
und unwillig den Abenteurer zurückzuhalten, reißen
sein Pferd nieder, es geht vor, sie lösen den Kreis
um ihn, während sie mit langsamer Steigerung aufschreien.

MÄNNER
Wir waren das flammende Rad um ihn,
Wir waren das flammende Rad um dich, Bestürmer
verschlossener Festungen!

gehen zögernd wieder als Kette nach, er mit dem
Fackelträger vor sich, geht voran.

MÄNNER
Führ' uns Blasser!

Während sie das Pferd niederreißen wollen, steigen
Weiber mit der Führerin die linke Stiege herauf.

FRAU rote Kleider, offene gelbe Haare, groß.

FRAU laut
Mit meinem Atem erschlafert die blonde Scheibe
der Sonne, mein Auge sammelt der Männer Frohlocken, ihre stammelnde Lust kriecht wie eine
Bestie um mich.

WEIBER
lösen sich von ihr los, schrein jetzt erst den Fremden.

ERSTES WEIB flüstern
Sein Atem saugt sich grüßend der Jungfrau auf

Zeichnung von Oskar Kokoschka zu dem Drama
Mörder, Hoffnung der Frauen

*Die Zeitschrift »Der Sturm« mit dem Erstdruck von Kokoschkas
»Mörder, Hoffnung der Frauen«*

PERSONEN:

Mann
Frau
Chor: Männer und Weiber.

Nachthimmel, Turm mit großer roter eiserner Käfigtür;
Fackeln das einzige Licht, schwarzer Boden, so zum Turm
*   aufsteigend, daß alle Figuren reliefartig zu sehen sind.*

Der Mann

Weißes Gesicht, blaugepanzert, Stirntuch, das eine Wunde
bedeckt, mit der Schar der Männer (wilde Köpfe, graue
und rote Kopftücher, weiße, schwarze und braune Klei-
der, Zeichen auf den Kleidern, nackte Beine, hohe Fackel-
stangen, Schellen, Getöse), kriechen herauf mit vorge-
streckten Stangen und Lichtern, versuchen müde und un-
willig den Abenteurer zurückzuhalten, reißen sein Pferd
nieder, er geht vor, sie lösen den Kreis um ihn, während
sie mit langsamer Steigerung aufschreien.

Männer

Wir waren das flammende Rad um ihn,
Wir waren das flammende Rad um dich, Bestürmer verschlossener Festungen!

gehen zögernd wieder als Kette nach, er mit dem Fackel-
träger vor sich, geht voran.

Männer

Führ' uns Blasser!

Während Sie das Pferd niederreißen wollen, steigen Weiber
mit der Führerin die linke Stiege herauf.

Frau *rote Kleider, offene gelbe Haare, groß,*

Frau *laut*

Mit meinem Atem erflackert die blonde Scheibe der
Sonne, mein Auge sammelt der Männer Frohlocken, ihre
stammelnde Lust kriecht wie eine Bestie um mich.

Weiber *lösen sich von ihr los, sehen jetzt erst den Frem-*
den

Erstes Weib *lüstern*
  Sein Atem saugt sich grüßend der Jungfrau an!
Erster Mann *darauf zu den anderen*
  Unser Herr lähmt wie der Mond, der im Osten aufgeht.
Zweites Mädchen *still abgekehrt, irrsinnig*
  Wann wird mit Wonne sie empfangen.
Der Chor geht horchend, in aufgelösten Gruppen auf der ganzen Bühne umher, der Mann und die Frau begegnen sich vor dem Tore.
              Pause.
Frau *sieht ihn, gebannt, dann zu sich*
  Wer war der Fremde, der mich sah?
Mädchen *drängen sich vor*
Erstes Mädchen *erkennt ihn, schreit*
  Seine Schwester erstach sich, weil er sie nicht berührte!
Zweites Mädchen
  Singende Zeit, niegesehene Blumen.
Der Mann *erstaunt, Zug der Lebenden hält an*
  Bin ich ein Wirklicher, was sprach der Schatten! *Das Gesicht hebend, zu ihr:* Sahst Du mich an, sah ich Dich?
Frau *fürchtend und verlangend*
  Wer ist der bleiche Mann, haltet ihn zurück.
Erstes Mädchen *grell schreiend, läuft zurück, geil*
  Laßt ihr ihn ein? Der erwürgt meine kleine betende Schwester im Tempel!
Erster Mann *zu den Mädchen*
  Wir sahen, wie er das Feuer heilen Fußes durchschritt.
Zweiter Mann
  Tiere martert er, wiehernde Stuten erdrückte sein Schenkel.
Dritter Mann
  Vögel, die vor uns liefen, mußten wir blenden, rote Fische im Sande ersticken.
Der Mann *zornig, eifernd*
  Wer ist die, die wie ein Tier stolz unter den Ihren weidet?

Erster Mann
Sie errät, was niemand verstand.

Zweiter Mann
Sie spürt, was niemand vernahm.

Dritter Mann
Man sagt, scheue Vögel kommen zu ihr und lassen sich greifen.

Mädchen gleichzeitig mit den Männern

Erstes Mädchen
Frau, laß uns fliehen! Verlöscht die Leuchten des Führers.

Zweites Mädchen
Herrin entweiche, arme Singende.

Drittes Mädchen
Er soll nicht unser Gast sein, unsere Luft atmen. Laßt ihn nicht einkehren, er schreckt mich.

Männer gehen zögernd weiter, Frauen scharen sich ängstlich. Die Frau geht auf den Mann zu, sprunghaft, kriechend.

Erstes Mädchen
Der hat keine Lust!

Erster Mann
Die hat keine Scham!

Frau
Warum bannst Du mich, Mann, mit Deinem Blick, fressendes Licht, verwirrst meine Flamme, verzehrendes Leben kommt über mich, Flammenende. O nimm mir entsetzliche Hoffnung – und über dich kommt die Qual –.

Der Mann *fährt wütend auf*
Ihr Männer brennt ihr mein Zeichen mit heißen Eisen ins rote Fleisch!

Männer führen den Befehl aus. Zuerst der Chor mit den Lichtern mit ihr raufend, dann der Alte mit dem Eisen, reißt ihr das Kleid auf und brandmarkt sie.

Frau *in furchtbaren Schmerzen schreiend*
Schlagt die kalten zurück, die fressenden Leichen.

Sie springt mit einem Messer auf ihn los und schlägt ihm eine Wunde in die Seite. Der Mann fällt.

Männer
  Flieht den Besessenen, erschlagt den Teufel! Wehe uns
  Unschuldigen, verscharrt den Eroberer.
Der Mann *Starrkrampf, singend mit blutender, sicht-*
barer Wunde.
Der Mann
  Sinnlose Begehr von Grauen zu Grauen, unstillbares
  Kreisen im Leeren. Gebären ohne Geburt, Sonnensturz,
  wankender Raum. Ende derer, die mich priesen. Oh,
  Euer unbarmherziges Wort.
Männer
  Wir kennen ihn nicht, verschont uns. Kommt, Ihr singen-
  den Mädchen, laßt uns Hochzeit halten auf seinem Not-
  bett.
Mädchen
  Er erschreckt uns, Euch liebten wir, ehe Ihr kamt. *Legen*
  sich mit den Männern wälzend und paarend rechts auf
  den Boden.
Drei Männer auf der Mauer lassen mit Stricken einen Sarg
hinunter, man legt den noch schwach sich Bewegenden in
den Turm hinein, Weiber sperren das Tor zu und ziehen
sich mit den Männern zurück. Der Alte steht auf und sperrt
ab, alles dunkel, eine Fackel leise blaues Licht oben im Käfig.
Frau *jammernd und rächend*
  Er kann nicht leben, nicht sterben, er ist ganz weiß.
  Sie schleicht wie ein Panther im Kreis um den Käfig. Sie
  kriecht neugierig zum Turm, greift lüstern nach dem Git-
  ter, schreibt ein großes weißes Kreuz an den Turm, schreit
  auf.
  Macht das Tor auf, ich muß zu ihm!
  Rüttelt verzweifelt.
Männer und Weiber, *die sich ergötzen, im Schatten,*
verwirrt
  Wir haben den Schlüssel verloren – – wir finden ihn – –
  hast Du ihn? – sahst Du ihn nicht – – wir sind nicht
  schuldig an Euch, wir kennen Euch nicht – –

Gehen wieder zurück. Hahnenschrei, es lichtet im Hinter-
grund.

F r a u *langt mit dem Arm durchs Gitter und greift in seine*
Wunde, geil böswillig keuchend, wie eine Natter.

Blasser! Schrickst Du? Furcht kennst Du? Schläfst Du
bloß? Wachst Du? Hörst Du mich?

D e r M a n n *drinnen, schwer atmend hebt mühsam den*
Kopf, bewegt später eine Hand, steht dann langsam auf,
immer höher singend, entrückend.

Wind der zieht, Zeit um Zeit, Einsamkeit, Ruhe und
Hunger verwirren mich. Vorbeikreisende Welten, keine
Luft, abendlang wird es.

F r a u *beginnende Furcht*

So viel Leben fließt aus der Fuge, so viel Kraft aus dem
Tor, bleich wie eine Leiche ist er.

Schleicht wieder auf die Stiege hinauf, zitternd am Kör-
per, wieder triumphierend und hoch schreiend.

D e r M a n n *ist langsam aufgestanden, lehnt am Gitter,*
wächst langsam.

F r a u *schwächer werdend, wütend*

Ein wildes Tier zähm ich im Käfig hier, bellt Dein Gesang vor Hunger?

D e r M a n n

Bin ich der Wirkliche, Du die tote Verfangene? Warum
wirst du blässer?

Hahnenschrei.

F r a u *zitternd*

Du, Leichnam, beschimpfst mich.

D e r M a n n *kraftvoll*

Sterne und Mond, fressende Lichter, Frau! Versehrtes Leben, im Träumen oder Wachen sah ich ein singendes Wesen. Atmend entwirrt sich mir Dunkles. Wer nährt mich?
Frau liegt ganz auf ihm; getrennt durch das Gitter, auf
dem sie sich wie eine Aeffin hoch in der Luft ankrallt.
Wer säugt mich mit Blut? Ich fraß Dein Blut, ich ver-
zehre Deinen tropfenden Leib.

F r a u

Ich will Dich nicht leben lassen, Du Vampyr, frißt an
meinem Blut, Du schwächst mich, wehe Dir, ich töte Dich
– Du fesselst mich – – Dich fing ich ein – und Du hältst
mich – laß los von mir, Blutender, Deine Liebe umklammert mich – – wie mit eisernen Ketten – erdrosselt –
los – Hilfe. Ich verlor den Schlüssel, der Dich festhielt.
*Läßt das Gitter, wälzt sich auf der Stiege wie ein ver-
endendes Tier, krampft die Schenkel und die Muskel zusammen.*

D e r M a n n *steht ganz, reißt das Tor auf, berührt die
sich starr Aufbäumende, die ganz weiß ist, mit den Fingern, Erkenntnis des Todes, höchste Spannung, die sich in
einem langsam abfallenden Schrei löst, sie fällt um, ent-
reißt im Fallen dem aufstehenden Anführer die Fackel,
die ausgeht und alles in einen Funkenregen hüllt. Er steht
auf der obersten Stufe, M ä n n e r und W e i b e r , die
vor ihm fliehen wollen, laufen ihm in den Weg, schreiend
gerade entgegen; wie Mücken erschlägt er sie und geht
rot fort. Von ganz ferne Hahnenschrei.*

Der Teufel! Bändigt ihn, rettet Euch, rette, wer kann –
verloren!

REINHARD JOHANNES SORGE

Am 29. Januar 1892 in Berlin-Rixdorf geboren als Sohn eines Stadt-
bauinspektors; Besuch des Gymnasiums, kaufmännische Lehre; begann
als Sechzehnjähriger zu schreiben (*Kinder der Erde*, 1908). 1912 *Der
Bettler, Eine dramatische Sendung* (Dr.), wofür er den Kleist-Preis
erhielt. 1913 Konversion in Rom. 1915 *Metanoeite. Drei Mysterien*
(Dr.); 1916 *König David* (Dr.); 1921 *Gericht über Zarathustra* (Vision).
Studium der Philosophie, um Priester zu werden; am 20. Juli 1916
in Flandern gefallen.

Odysseus
Dramatische Phantasie

*»Ich will die Welt auf meine Schultern nehmen | Und sie
mit Lobgesang zur Sonne tragen«, heißt es in visionärem,
an Nietzsche erinnerndem Aufschwung in der »theatrali-
schen Sendung« »Der Bettler« von Reinhard Johannes Sorge.
Die symbolische Dichtung in fünf Akten führt in »Seelen-
bildern«, die Bühnengeschehen zum Sinnbild von Seelen-
geschehen machen, die innere Wandlung eines Ich vor, läßt
seinen Aufbruch zur »Leuchte« Szene werden. In ekstatischen Monologen ringt der Dichter um seine innere Berufung, seine »Sendung«, überwindet sich am Widerstand der
Welt, läutert sich zum Unbedingten, als dessen Vertreter
der Bettler-Dichter und Opfer-Heiland für sich und die
Welt »Segen« und erneuernde Wandlung erwirkt. Die
Bühne wird in diesem lyrischen Traumspiel dem durch
»Symbole der Ewigkeit« redenden Autor »wieder ur-
sprünglicher Altarraum, auf dem das stellvertretende Opfer
des Held-Heilands geschieht, der als ›Bettler‹ die Aussto-
ßung, die er durch seine Unbedingtheit provoziert hat,
auch akzeptiert, um sich selbst und durch sich die Welt zu
erneuern« (Hans Schumacher). Mystische Selbstaufgabe und
ekstatische Selbsterhöhung bedingen einander, ohne daß der
Widerspruch zwischen Gottsehnsucht und Willensdrang gelöst würde. In der »dramatischen Phantasie« »Odysseus«
(Januar 1911 entstanden, 1925 posthum veröffentlicht)
wird Erlösung als ständige Spannung auf ein Ziel hin verstanden: der Pfeil, der zur Sonne, zum Licht schnellt, ist ihr
Symbol. Odysseus erscheint als auferstandener »Licht-
mensch«, dessen Heimkehr von langer Irrfahrt Selbstüber-
windung zum symbolischen, Finsternis lichtenden und Erneuerung wirkenden Pfeilschuß bedeutet. Die Tat des in
eine chaotische, von Wertzerfall bestimmte gottferne Welt
heimgekehrten »freien« Führers schafft Leben und Licht, indem sie die schmarotzenden »unfreien« Freier vernichtet*

und mit ihnen die Nacht. In kultischem, bis in die Gebär-
dennuance stilisiertem, choreographisch durchorganisiertem
Spiel bricht sich das »lichte« Leben in selbstgewisser Aktion
Bahn. Durch seine Konversion zum Katholizismus fand
Sorge ein heiles Weltbild, in bedingungsloser Unterord-
nung unter das Glaubensgebäude versöhnten sich dem ein-
stigen Vertreter eines »mystischen Existentialismus« die
Antinomien.

Der ewigen Wiederkehr Seher:
Friedrich Nietzsche

GESTALTEN:

O d y s s e u s.
P e n e l o p e i a.
T e l e m a c h o s.
D e r   S e h e r.
D e r   S ä n g e r.
E r s t e r   F r e i e r *(erster Gegensprecher).*
Z w e i t e r   F r e i e r *(zweiter Gegensprecher).*
D r i t t e r   F r e i e r *(Chorsprecher).*
C h o r   d e r   F r e i e r.
E i n   d i e n e n d e r   K n a b e   ⎱
Z w e i   D i e n e r i n n e n   ⎰ *stumm*

Die Gewandung der Gestalten ist der griechischen ver-
wandt, ohne ihr Zug um Zug nachgeahmt zu sein; sie darf
nicht unmittelbar wie die griechische wirken, da es sich hier
in nichts um Griechentum handelt.

SCHAUBILD:

Rechts und links vom Zuschauerraum.

Der Palast des Odysseus ist zur rechten Seite angedeutet
durch drei Säulen, die schräg hintereinander auf erhöhtem

*Gefels errichtet sind, so daß die hinterste ganz nahe der
rechten seitlichen Bühnenwand zu stehen kommt. Von den
Säulen erscheinen weder Kapitäl noch Architrav, sie streben
gerade und nackt bis zur letzten sichtbaren Höhe empor.
Bei dem nächtlichen Dämmer sind nur zwei Drittel von
ihnen deutlich, erst zu Ende der Handlung werden sie glänzend erhellt. Diesen Säulen zur Linken fällt der Fels bis zu
ebener Bühne in unregelmäßigen Stufungen und nach der
Mitte zu sich verengend ab; hier schließt sich eine freie fel-
sige Plattform an, die sich bis in den Hintergrund hinein
dehnt. Zur Linken des Vordergrundes steigt der Fels un-
gleichmäßig wieder an und läuft, im flachen Bogen sich
weitend, nach dem linken Mittelgrunde zu in eine steile
Klippe aus. Von der gesamten Szene reicht also nur die
letzte Säule und ein Teil der Plattform in den Hintergrund. Das übrige grenzt nicht über den Mittelgrund hinaus. Den gesamten freien Hintergrund der Bühne nimmt
der Nachthimmel ein, so daß die Felsszene wie ein harter,
zackiger Rand in ihn hineinragt. Wenige mattflimmernde
Sterne geben der Bühne ein Dämmerlicht, in dem man die
Gebärden der Schauspieler noch erkennen kann.*
*Vor dem Palast, diesem in gleicher Höhe und nahe der
mittleren Säule sitzt Telemachos, gänzlich in dunkles Gewand gehüllt in der eingesunkenen Haltung eines Trauern-
den. Unter ihm zu ebener Erde, am Fuße des säulentragen-
den Gesteines, hocken die Freier. Sie sitzen in einer Reihe
nebeneinander, den Säulen rückgewendet und ihnen parallel, mit vorgebeugten Leibern, die Hände tappen wie su-
chend auf der felsigen Erde. Ihnen gegenüber, in gleicher
Höhe auf dem Ausläufer der Plattform im Hintergrunde
kauert der Sänger, nur wie ein Schatten sichtbar. Telemachos wendet sein verhülltes Gesicht diesem zu. Auf der steilen Klippe im Linken des Mittelgrundes zeichnet sich ein
dunkler Körper vom Felsen ab: Odysseus. Er liegt ausge-
streckt um das Gestein gekrümmt, das er mit seinem Leib
umschlingt, als sei er mit ihm verwachsen.*

*Aus dem Chor der Freier sondern sich die drei Sprecher:
Der Chorsprecher, anfangs inmitten des Chores sitzend.
Die zwei Gegensprecher, anfangs an beiden Enden der
Chorreihe, die etwas seitlich und erhöht stehen.*

E r s t e r F r e i e r *(erster Gegensprecher)*. Munter, meine
Freunde, welch Trauriges fing euch denn? Ihr sitzt wie
Nachteulen.

C h o r *(in einem Tone bleierner Dämpfung, matt singend
und eintönig resigniert)*. Munter, munter.

E r s t e r F r e i e r. Ach, meine Freunde! Euer Witz stieg
zu Grabe. Ein dürres Gerippe ward er da und klapper-
knochig.

C h o r *(mit Lachen)*. Hört ihn!

E r s t e r F r e i e r. Meine Freunde, ach, ach! Ihr krächzt
wie Totenvögel, euer Lachen lallt aus den Eingeweiden.
Laßt uns auf lustigeres Lachen sinnen!

Z w e i t e r F r e i e r *(zweiter Gegensprecher; sich erhebend)*. Schlachtet Ochsen und tut ein großes Schmausen!

D r i t t e r F r e i e r *(Chorsprecher)*. Wir schmausten schon
den Tag über. Voll Übelkeit sind wir, und Speise ward
uns ekel.

C h o r. Ekel ward das Schmausen.

E r s t e r F r e i e r. Ach, meine Freunde, wißt ihr denn
nichts zu sinnen?

Z w e i t e r F r e i e r. Herzet Dirnen und liegt ihren Leibern bei.

D r i t t e r F r e i e r. Wir lagen alle Tage bei Dirnen; wir
sind des Hurens überdrüssig und müden Samens.

C h o r. Müd ward unser Same.

Z w e i t e r F r e i e r. So schlafet allesamt, wie die Nacht
es gebietet.

D r i t t e r F r e i e r. Schweig still davon. Hassen lernten
wir den Schlaf; unser Blut ward von grausigen Träumen
schwanger, grausige Träume schleift uns der Schlaf im
Hirn.

C h o r. Nicht schlafen. Nicht schlafen.

Erster Freier. Ach, meine Freunde, seid ihr denn ganz hilflos?

Zweiter Freier. Mag der Sänger uns singen, so scheucht er uns den Schlaf, so nimmt er uns Ekel und Übelkeit.

Chor. Der Sänger soll singen.

(Der Sänger erhebt sich, dunkel und hoch steht er vor den Freiern.)

Erster Freier. Schon harret er bereit.

Eine Stille.

(Der erste und zweite Freier sitzen ein wenig abseits nieder und lehnen die Häupter weit zurück an die Felsen.)

(Der Chor und mit ihm der Chorsprecher neigt sich bei des Sängers Worten tiefer zu Boden, er ist ganz ohne Bewegung, die Hände ruhen.)

Sänger *(langsam und leise, fast zage, beginnend, bald aber mit starker Steigerung).*

> Aus blauen Weiten schäumte eine Sonne
> Glänzende goldene Weine ihres Lichtes;
> Rings tanzte Helle, taumelheiße Tänze
> Tosender Lust um wildgewiegte Welten,
> Strahlen-Umblendung gürtete die Felsen
> Und weißen, stolzen Leiber dieser Säulen;

> Doch diese Schwelle rührte der Fuß,
> Der königliche des Odysseus, Herrschers
> Zu Lande hier. Ein König war er allen:
> Um seine Stirne flogen Trunkenheiten
> Und schlangen seinem dichten Haar den Kranz;
> Sein Auge schaute aus Versunkenheiten
> Erglühend allen Dingen ihren Glanz,
> Sein Schritt war jäh und ein verhaltener Tanz
> Voll Hoheit wie die Schritte der Geweihten ...

Erster Freier *(hart einfallend).* Singe uns Penelopeia!

Chor *(fährt jäh empor).* Penelopeia . . . . . .

Sänger.

> Wehe des jammervollen Leides, wehe

Des leiden Helden, wehe des Geschicks,
    Nun er uns schwand, losch eine Sonne aus.
Z w e i t e r F r e i e r. Singe uns Penelopeia!
D r i t t e r F r e i e r. Penelopeia singe!
C h o r *(gesteigert)*. Penelopeia.
*(Die Freier hören die folgenden Worte des Sängers starr
und gierig an, den Blick auf den Redenden gebannt, die
    Arme zurückgereckt mit krampfenden Händen.)*
S ä n g e r.
    Penelopeias Keuschheit schritt verhüllt
    In königlicher, dunkeler Gewalt;
    Die Herzen blühten alle solchem Wunder,
    Die Seelen bebten, ach . . . den Wonnen nach
    Und seltenen Gestirnen, die die Fluten
    Durchdämmerten und Gründe ihres Wesens . . .

    Wehe, ihr wurde Wehmut wandellose,
    Wehe, ihr Weinen ward ihr namenloses,
    Wie lebt sie wohl so kummervolles Wehe?

    Zu Zeiten tastet heimlich eine Sage
    Durch den Palast. Sie wirke ein Gewand
    Bei sich die öden Nächte, öden Tage;
    Schluchzen verwirre ihre heißen Hände,
    Drum fände mühevoll ihr Tun nicht Ende,
    Eh' sie nicht ihren Tränen Ruhe fand.
*(Bei des Sängers Worten ist Telemachos – gleichsam ein
Echo diesen Worten – aus seiner versunkenen Trauer aufge-
wachsen; nun steht er, groß und bebend, in trunkener Geste
            hintübergeneigt.)*
Z w e i t e r F r e i e r. Wohlan, du Sänger, verstumme dein
    Lied, der jähen Wünsche wecktest du genug, ferne auch
    scheuchtest du jede Müdigkeit.
E r s t e r F r e i e r. Wohlan, meine Freunde, die Stunde
    ward unser; es weckte uns der Sänger. Allzu lange sitzen
    wir hier schon zögernden Harrens, indes Penelopeia uns
    beschwatzt mit toten Versprechen und tandhaften Reden

und die Stunde der Hochzeit trüglich behält. So greifet nun endlich diese Stunde, meine Freunde, Penelopeia läßt unser werden.

D r i t t e r   F r e i e r *(sich erhebend).* Penelopeia.

(Chor verharrt reglos noch immer im Banne des Sängers.)

E r s t e r   F r e i e r. Seid ihr Kinder, die man mit Spiel verlockt? Seid ihr Kinder, die man mit Tanz betaumelt? Seid ihr Kinder, die man mit süßen Wiegenliedern einschläfert? Kinder waret ihr wohl, doch weckte euch der Sänger; Penelopeia wird euch jetzt.

C h o r *(jäh auffahrend).* Penelopeia.

E r s t e r   F r e i e r. Durch die Hallen und über die Stiegen werdet ihr hinschreiten, an ihr Gemach werdet ihr pochen; so sie aber vor lauter Klage unser Kommen nicht vernimmt, werdet ihr die Riegel brechen. Wohl wird sie dann ihr Jammern enden, Zittern wird ihre Tränen trocknen, Ängste und Schrecken werden ihre geputzten Worte strauchen lassen und alle Flitter verwirren. Penelopeia ist dann euer, meine Freunde!

D r i t t e r   F r e i e r *(gesteigert).* Penelopeia.

C h o r *(gesteigert).* Penelopeia.

E r s t e r   F r e i e r. Zwingen werdet ihr sie, aus eurer Mitte einen zum Gatten zu wählen, zwingen werdet ihr sie, aus ihrer Trauer zu schreiten und die Hochzeit zu rüsten, Brautgewand anzutun und Brautgeschmeide –

C h o r *(sich erhebend).* Penelopeia ist unser!

D r i t t e r   F r e i e r *(Chorsprecher).* Laßt uns schnelle sein und nicht länger säumen.

(Er wendet sich halb nach dem Palast um, als wolle er hinaufeilen; der Chor schart sich um ihn.)

D r i t t e r   F r e i e r *(mit lebhaften Gesten).* Hunger zehrt unsern Leib, ein wilder Hunger, der ihren Leib begehrt, ein nicht zu sättigender Hunger, denn an ihrem Leibe ...

C h o r. Hunger.

(Mitsamt dem Chorsprecher eilt er hastig und ungeordnet

*die Anhöhe hinauf, dicht vor den Säulen tritt ihnen Tele-
machos entgegen.)*

T e l e m a c h o s. Ihr werdet nicht gehen. Ihr werdet nicht
gehen. Niemand von euch wird seinen Schritt in den Palast wagen.

*(Die Freier halten inne, sie stehen ohne Ordnung in drei
lockeren Reihen, die den Hang hinab einander geneigt sind.
Der erste und zweite Gegensprecher sind an ihrem bisherigen Platz verblieben, doch wenden sie jetzt das Gesicht dem
Palaste zu.)*

D r i t t e r F r e i e r. Holla! Hört den Schwätzer.

C h o r. Hört den Schwätzer!

E r s t e r F r e i e r. Ein Schwätzer will euch wehren, meine
Freunde, ein schwatzhaftes Kind will euch gebieten.

(Chor tut eine Gebärde, weiter vorzudringen.)

T e l e m a c h o s. Hört mich! Hört mich! Ihr! Ich werde
selbst gehen, ich werde statt eurer gehen und mit meiner
Mutter reden.

Z w e i t e r F r e i e r. Du selbst willst gehen! Du selbst
willst gehen! Vergissest du dein Knabentum? Wie kann
ein Kind seiner Mutter reden, wie kann ein Kind seiner
Mutter gebieten? Weinen wirst du mit ihr, so du ihre
Tränen siehst, jammernd wirst du ihren Brüsten hinsin-
ken, jammernd wirst du verseufzen an ihren Brüsten.

D r i t t e r F r e i e r. Was harren wir so lange? Hunger
nagt uns.

C h o r. Hunger.

(Geste wie oben.)

T e l e m a c h o s *(sehr gesteigert)*. Ich bin nicht Kind. Ich
bin nicht Knabe. Auch mich weckte der Sänger. Zitternd
ward ich ein Feuer, an euch aufzuzucken.

D r i t t e r F r e i e r. Endet sein Schwatzen!

(Chor stürmt hinan.)

T e l e m a c h o s *(stürzt – zuckend wie eine Flamme – mit
erhobenen Armen und vorgebeugtem Körper haltlos unter sie)*. Ihr werdet nicht gehen!

(Die Freier weichen zurück, Telemachos hält inne, und auch sie halten. Sie stehen etwa im rechten Winkel auf dem Hange, der Chorsprecher im Scheitelpunkt. Telemachos steht dem Chorsprecher gegenüber und ein wenig vor dem geöffneten Winkel. Die Gegensprecher stehen unverändert.)

T e l e m a c h o s *(mit erhobenen Armen und mit Zittern seines knabenhaften Leibes).* Ein Feuer ward ich, eine zackige Glut. Eher noch zu verlöschen bin ich bereit, als euch zu lassen. Purpurn hoben sich des Sängers Worte vor mir auf. Purpur hob sich auf in meiner Seele, ein Erbe meines Vaters, meines Helden Erbe: Purpur und Glanz und Bewußtsein einer Krone. Wohl ward mir Stolzes da zu hohem Stolze, doch ach ... auch zu um so größerem Leide ward es mir.

(Läßt die Arme sinken.)

Denn nicht vermag ich euch von meines Vaters Hof zu treiben, mein Zittern und Zucken reicht nicht hin, euch vielen so zu tun. Allzu viele seid ihr mir, zu gering bin ich vor euch, zu neu, zu fremd, zu jung, zu zerbrechlich vor euch vielen. Eine harte eherne Macht verwuchs sich mit euch in den Jahren, da ich noch Kind war, ohne Richtung und ohne Ziel, spielend nur aus mir meine Kinderspiele. Nun ich aber zur Flamme erwacht bin, finde ich euch flammengehärtet. Ein Stammeln nur bin ich an euch, ein fieberhaft Stammeln, ein übermensch-lich Stammeln, doch ach ..... ein Stammeln nur.

(Unbändig.)

Daß ich zu wilder Lohe würde und in die Himmel spränge. Daß ich euch mit meinem Tanze sengte, tanzend euch zerträte. Wehe ... Wehe ... meiner Ohnmacht! Wehe ... Wehe ... meiner flehenden Verzücktheit! Daß meine Seufzer mich zerbrächen und höher mich bauten. Daß ich die Schande kehrte diesem Hause ...

(Er läßt die Arme sinken, neigt das Haupt zurück und schließt die Augen.)

E r s t e r F r e i e r. Ein Trunkener redet, und nicht ist mit
ihm zu rechten.

D r i t t e r F r e i e r. Nimmer werden wir die Hochzeit
lassen, weder du vermagst daran zu hindern, noch vermag es deine Mutter.

Z w e i t e r F r e i e r. Gehe und rede deiner Mutter.

T e l e m a c h o s *(blickt auf und spricht toten Tones). Ich*
werde gehen und ihr reden; sie wird zu euch kommen.

Z w e i t e r F r e i e r. Hüte dich, solche Worte zu Nichts
zu sprechen; reiche Worte sprichst du wohl, doch reiche
Worte arm zu achten, lehrte deine Mutter.

D r i t t e r F r e i e r. Wir harren deines Tuns, Telemachos.

E r s t e r F r e i e r. Eile dein Tun, Telemachos!

C h o r. Eile, Telemachos!

(Alle Freier haben Telemachos starr angeblickt, der nun
zaudernd und stockend wie bezwungen, weitverstörten
Auges rückwärts schreitet; wie er den Palast erreicht hat,
wendet er sich um und geht hinein.)

(Der Chor und Chorsprecher schließen sich zu einer Reihe,
man nimmt die erste sitzende Stellung wieder ein.)

E r s t e r F r e i e r *(wieder das Antlitz zum Chor vor ihm*
gewendet). Erwacht ist der Knabe Telemachos, meine
Freunde, erwacht ist sein Blut, erwacht ist sein Sinn; ein
Hassender ward der Knabe Telemachos, meine Freunde,
ein Liebender ward er, ein Verzichtender, ein Begehren-
der. Hütet euch! Fluch und Segen weiß er nun, seinen
eigenen Wegen wandelt er nach, seine eigenen Gedanken
hascht er, er schwört sich seine Schwüre, er tut seine Waffen an. So hütet euch!

Z w e i t e r F r e i e r. Ein Eigener ward der Knabe Telemachos.

E r s t e r F r e i e r. Ich sah auch, wie ihr alle zittertet und
zitternd wichet, als er zu euch niedertaumelte: Meine
Freunde, ich sah auch eure Schwäche. Hütet euch!

Z w e i t e r F r e i e r. Ein Eigener ward der Knabe Telemachos.

E r s t e r F r e i e r. Und wieder und wieder: Hütet euch, meine Freunde!

Z w e i t e r F r e i e r. Was gebührt den Eigenen?

D r i t t e r F r e i e r. Das Sterben.

C h o r. Das Sterben.

E r s t e r F r e i e r. Ihr wollt sein Sterben?

C h o r. Wir wollen sein Sterben.

Z w e i t e r F r e i e r. So gebührt den Eigenen.

D r i t t e r F r e i e r. Ein spitzes Eisen laßt uns denn glühen und eine sichere Hand dazu finden.

E r s t e r F r e i e r. Ihr glüht das Eisen?

C h o r *(sich erhebend)*. Wir glühen das Eisen.

E r s t e r F r e i e r. Meine Freunde, so tut ihr klug und behutsam und treu eurem Brauche.

(Die Freier knien in weitem Kreise nieder, gesondert von-einander, ein jeder tief und stumm zu Boden geneigt. Dem Sitz des Sängers gegenüber tritt der Chorsprecher vor den offenen Kreis, er steht unbeweglich aufrecht, den Blick über die Knienden hin, statt zum Palaste gewandt. Der erste und zweite Freier ändern ihre Stellung nicht, so daß die Sprecher etwa die Ecken eines spitzwinkeligen Dreiecks bilden, dem der Kreis einbeschrieben ist. — Während der Worte des ersten und zweiten Gegensprechers beginnen die Freier sich allmählich aufzurichten, sie greifen mit den Händen langsam tastend und zuckend über sich, tastend dehnt sich ihr Oberkörper, indes sie jedoch s[t]ets kniend verbleiben. Das Spiel der Hände wird fiebriger, der Körper schneller, die Gebärden steigern sich bis zu verzweifelter Heftigkeit.)

D r i t t e r F r e i e r. Vergeltung wird alten Brauches.

C h o r. Vergeltung.

E r s t e r F r e i e r. Ihr glühet das Eisen, meine Freunde, wisset es recht zu glühen.

Z w e i t e r F r e i e r. Aus rechten Feuern recht zu glühen.

E r s t e r F r e i e r. Wisset die Feuer gut zu fachen.

Z w e i t e r F r e i e r. Aus euren Gluten gut zu fachen.

*(Die beiden Gegensprecher wachsen jetzt in ihren Worten
aus jeder persönlichen Besonderheit heraus, herb und ehern
verkünden sie ehernes Geschehen.)*

E r s t e r   F r e i e r. An des Menschtums Wurzeln schwälen
eure Gluten, die wurden bei dem Schrei der heißen Tiermenschen. Die wurden zitternd gezündet bei dem Schrei
der heißen Tiermenschen, die Wälder verheerten und Felsen zerbrachen, die Meere zerwühlten und Berge locker-
ten. Die die trunkenen Tänze erdumwärts tanzten, die
eure Häupter in trunkenen Tänzen zerschlugen, tanzend
zerschlugen an felsigem Gestein. Da ward eure schwä-
lende Glut geboren: aus Gejammer und Gewimmer, aus
Flucht und eurem Blut.

Z w e i t e r   F r e i e r. An des Menschtums Wurzeln wächst
auch euer Eisen, das ward gepflanzt, als ihr Kette wurdet, kettend euch fesselt unter dem Heulen der heißen
Tiermenschen. Das ward gepflanzt, als ihr euch fliehend
zusammenfandet, fliehend gemeinsam wurdet unter der
Tiermenschen Gestampf. Da pflanztet ihr euer Eisen, eine
gemeinsame Saat.

E r s t e r   F r e i e r. Als ihr euer Eisen pflücktet: längst
westen schon hin die Leichen der Schrecklichen, es wachte
da ihr Same auf unter euch. Ihres Wesens voll erwachte
er, er erwachte im vierten Gliede, im zehnten Gliede oder
im tausendsten. Da wurden die lohetrunkenen Menschen
und die sengenden, da wurden die Weisenden, wurden
die furchtbar Weckenden, wurden die Zerbrechenden. Da
wurden die großen Mordenden und die mit Blut ihren
Acker düngten: die zielte euer Eisen.

Z w e i t e r   F r e i e r. Da wurden, die sich aus euch wanden, schmerzenden Blutes die Bande rissen, die einst ge-
kettet ward zu der Tiermenschen Zeit. Da wurden, die
euch ungemeinsam wurden, die Ungetreuen an euch, die
Verräter an euch, die Überläufer ihren Ahnen, züngelnd
zuckte da diesen euer Haß und euer spitzes Eisen.

E r s t e r   F r e i e r. So fachet recht eure Glut, fachet mit

dem Atem fernster Ahnen, dem Atem der Ängstlichen
und Schaudernden, der Verkrümmten und der wimmernd
Glimmenden, der Flüchtigen vor der Tiermenschen wahn-
tollem Reihen.

Z w e i t e r F r e i e r. Härtet recht euer Eisen, härtet mit
dem Hasse fernster Ahnen, mit gleichem Hasse gleicher
Gebundener, die euer Eisen einst pflückten unter dem
Tanze der Glutmenschen, der Tiermenschen Same.

*(Der dritte Freier (Chorsprecher) tritt rasch in die Öffnung
des Kreises; indem die Freier zuckend ihre gehobenen
Hände ineinanderschließen, faßt er – aufrecht stehend – die
Hände der neben ihm Knienden.)*

D r i t t e r F r e i e r. Zum Werke schlossen sich die Hände.

C h o r. Vergeltung.

D r i t t e r F r e i e r. Aus Glut und Eisen ward die Waffe.

C h o r. Vergeltung.

D r i t t e r F r e i e r. Meine Hand fand sich dem Eisen.

C h o r. Vergeltung wird alten Brauches.

*Die Gestalt des Odysseus hat sich inzwischen langsam vom
Felsen gelöst, sie kniet jetzt tief verhüllt und gebeugten
Leibes auf der Klippe. – Die Freier lassen die Hände von-
einander und erheben sich. Wie sie sich wieder zur Reihe
schließen wollen, ertönt langhallend ein trunkener Ruf aus
dem Hause. Die Freier halten ein, einen Augenblick lauschend, dann spricht der Chor, der ungeordnet steht, mit
hastigen, schnellen Gesten die folgenden Worte unter sich,
sehr rasch hintereinander:*

> Welch ein Ruf?
>
> Eines Menschen? Eines Tieres?
>
> Ein Trunkener rief.
>
> Laßt sehen, laßt sehen!
>
> Sagt, welch ein Ruf?
>
> Gab es Streit?
>
> Ist zu fürchten?
>
> Ein Mann ward irr.
>
> Sag doch, welch Ruf?

Ein Warnruf? Ein Wehruf?
Eines Wunden? Eines Sterbenden?
Eines Hirten? Eines Wächters?
So sagt, welch ein Ruf?
(*Der Chor steht jetzt ohne Ordnung vor dem Hange.*)
(*Die Stimme erschallt noch einmal, näher als vorhin und
bedeutend verstärkt. Der irre, zitternde Schein von Fackeln
fällt von innen her auf Säulen und Gefels; aus dem Palast
eilt der Seher in den Fiebern und Atemlosigkeiten der In-
tuition. Nahe der mittleren Säule hält er jäh inne, einen
Augenblick steht er hoch und aufrecht, den Rumpf rück-
lings gebogen, die Fäuste vor Stirn und Augenhöhle gepreßt,
dann bricht er kurz und hart in die Knie, der vornüber-
gesunkene Leib ringt über dem Boden, plötzlich halb auf-
gereckt, erstarrt er, seine Gesten kehren sich nach innen, die
Augen sinken zurück und schauen in sich hinein, sein ganzes
Wesen furcht sich, er richtet sich nun gänzlich auf und
lehnt starr und düster an der Säule.*)

E r s t e r F r e i e r (*indes der Seher am Boden ringt*). Der
Seher leidet Schmerz.

Z w e i t e r F r e i e r. Der Seher rief den Ruf.

D r i t t e r F r e i e r (*höhnt und lacht*). Der Seher ward
bezecht.

C h o r (*ebenso*). Der Seher ward bezecht.
(*Eine Stille, indes der Seher sich aufrichtet.*)

E r s t e r F r e i e r. Im Schmerz rief er den Ruf ...

Z w e i t e r F r e i e r. Schmerz litt er ...

D r i t t e r F r e i e r (*jetzt leiser und mit verhaltener
Scheu*). Der Seher ward bezecht.
(*Chor blickt schweigend unverwandt den Seher an.*)

S e h e r (*beginnt zu reden, herb und schwer; seine Worte
gelten den Freiern nicht, er sucht nur sich selbst*).
Die steilen Runen und verzackten Ranken
Schufen sich mir zu seltsamen Symbolen;
Scheu grub ich in mein Herz und tief verstohlen
Die ersten jungen, ratlosen Gedanken.

Dann aber fühlt' ich meine Gründe wanken,
Zerstücktes schloß sich zu verflochtenen Ringen,
Nun sah mein Auge erst in allen Dingen
Ewig das Gleiche sich dem Gleichen ranken.

Schaudernd erkannte ich das starre Zwingen,
Darin ich endlos mich von neuem lebte,
Endlos mich selber im Gewirke webte:
Ewige Wiederkehr in ewigen Ringen.

Da ward mir Weinen und verschluchztes Singen
Und irre Krämpfe schwer von toten Schreien;
Doch endlich ruhte ich in stummen Weihen
Zerfurchten Herzens über allen Dingen ...

> *Eine tiefe Stille – der Chor steht reglos.*

D r i t t e r F r e i e r *(plötzlich jäh auffahrend)*. Lachet
doch ...

C h o r *(unter tosendem Lärm und großer Bewegung)*. Der
Seher ward bezecht ...

D r i t t e r F r e i e r *(gell und kreischend)*. Lachet doch ...
(Der Seher tritt etwas vor und tut eine Geste, als ob er
reden wolle. Sofort schweigt der Chor.)

S e h e r. Lachet, denn sehr nahe ist euch die Wandlung.
Nutzet die löschende Zeit, haschet jedes Glimmern. Schon
hockt es neben euch, euer Furchtbares, es umtastet schon
euer Blut, es umklammert schon euer Hirn, es umkrallt
schon euer Gebein, das Mark zu saugen. Lachet mir recht,
denn bald seid ihr verlacht. Spottet mir recht, denn bald
seid ihr Gespött. Putzet zu Tand eure Armut, eure jam-
mernde Armut, denn ein Tand und zerbrochener Putz
seid ihr bald.

E r s t e r F r e i e r. Meine Freunde, hört ihr ihn höhnen?

Z w e i t e r F r e i e r. Euch zu beschämen, sprach er nackte
Worte.

D r i t t e r F r e i e r. Welch Furchtbares nennt er?

C h o r. Welch Furchtbares nennst du?

S e h e r. Des Odysseus Wiederkehr.

Chor erschauert in gellender Lache. – Der Sänger erhebt sich
und starrt den Seher an.

S e h e r. Lachet, lachet, lachet ihr Betörten, lachet euer
freudloses Lachen. Was blieb euch sonst, als euer freudloses Lachen? Sehet, wiederkehren wird Odysseus, dies
Wissen ward mir. Daß er von dannen ging, bürgt seine
Wiederkehr. Euch ward Odysseus ein wesendes, wurm-
durchhöhltes Gebein, ein verwehter Staub ward er euch,
ein verwehtes Nichts. Doch vergaßet ihr das Leben der
Gerippe, vergaßet ihr das Leben des Staubes und eures
blindgezeugten, blindgeborenen Nichts? Euch ward
Odysseus ein Tod, doch vergaßet ihr das Leben des Todes? Kurzsichtig schaut ihr, euer Auge ist ein Krüppel.
Wer ihr aber seid, wißt ihr alle nicht. Von allem All
wißt ihr alle nichts.

E r s t e r   F r e i e r. Meine Freunde, höret ihr ihn höhnen?

Z w e i t e r   F r e i e r. Euch zu beschämen, sprach er nackte
Worte.

D r i t t e r   F r e i e r. Halt inne, irrer Schwätzer!

C h o r. Halt inne!

Der dritte Freier (Chorsprecher) tut mit drohender Ge-
bärde einige schnelle Schritte vor, den Hang hinauf, der
Chor folgt ihm mit gleicher Gebärde, zugleich schließt er
sich zur Einheit, zu einem spitzen, sehr kleinen Winkel, des-
sen Scheitel der Chorsprecher bildet, der demnach an der
Spitze des ganzen Chores vor dem Seher steht. Der Chor
bildet gleichsam einen schmalen Keil gegen den Seher. – Die
beiden Gegensprecher ändern ihren Platz nicht.

S e h e r *(sieghaft und aufwachsend, gebieterisch in Gebärde*
und Rede).

Hier herrschte einst Odysseus; Licht war rings, das spen-
deten segnend blaue Lichthimmel.

Hier herrschte einst Odysseus; sein Kleid war Purpur,
sein Thron war golden, der fing die Strahlen der Sonne
und zuckte sie überhell zurück.

Hier herrschte einst Odysseus; Penelopeia saß ihm zur
Seite, hier herrschte ein Herrscherpaar.

Odysseus ging ferne, Nacht nahte und ihr hinterhaltiges
Dunkel, ihr nahtet auch mit euren Nachtbegierden, Penelopeia gehrend. Manche Nacht- und Dunkelschliche wurden da erfunden, manche Nacht- und Dunkellaster spra-
chet ihr da heilig. Jetzt aber krankt ihr wohl an euch
selbst, an eurem Nacht- und Dunkeltum und an allen
euren heiligen Lastern.

D r i t t e r   F r e i e r   *(Chorsprecher; hebt hastig einen
schweren Stein vom Boden; diesen über seinem Haupte
zum Wurfe bereit haltend, tritt er rasch gegen den Seher
vor).* Hüte dich, Seher!

*(Chor folgt ihm, so daß der Keil eine jähe stechende Be-
wegung gegen den Seher hin tut. Jeder der Freier erhebt
während des Vorschreitens seinen der gegenüberstehenden
Reihe nächsten − linken oder rechten − Arm bei flachge-
streckter Hand empor, und zwar so, daß die Arme von den
beiden Gegensprechern an je zwei allmählich ansteigende
Linien bilden, die in den senkrecht erhobenen Armen des
Chorsprechers, der den Stein hält, ihr Ende finden.)*

C h o r. Hüte dich, Seher!

S e h e r *(gesteigert).* Ich sage euch, Odysseus wird rück-
kehren und eures Nachtseins Ende mit ihm. Wohl dun-
kelte sich zu Nacht seine Strahlenhelle, doch wähnet ihr,
es bliebe ewig Nacht? Und wähnet ihr, er bliebe ewig
fern? Von seiner Helle Wandlung und Rückwandlung
will ich euch künden.

*(Dritter Freier (Chorsprecher) läßt die Arme sinken, zu-
gleich das rechte Bein ein wenig vorstellend und beugend
läßt er den Stein in der rechten Hand auf dem rechten
Oberschenkel ruhen. Der Leib neigt sich lauschend vor gegen den Seher hin.)*

*(Chor läßt die Arme sinken; jeder der Freier beugt sein der
gegenüberstehenden Reihe nächstes − linkes oder rechtes −*

Bein etwas, die Leiber sind nach dem Seher hin lauschend
ein wenig vorgeneigt.)
S e h e r. Dunkel überrann ästelnd seine Helle, Dunkel
durchwand flutend seine Helle, bis zitternd auch gering-
stes Flimmern entfloh. Alle Finsternis durchwuchs da dies
Dunkel: die Tastenden, die Blutenden, die Bleiernen, die
Zackigen, die Verkrümmten, die Zerfurchten, die Sum-
menden, die Donnernden; was immer nur möglich ist an
Finstergestalten. Dann aber fiel wieder ein erstes Licht in
das Dunkel, zitternd, mit sprühenden, glitzernden Fünk-
chen hinspringend, ein winziges Leuchten; blitzend schoß
darauf ein tieferes Licht aus ihm auf, tiefer aus Dunkel
strahlend. Aus ihm wieder glänzten wandelnd alle Hellen, sich weitend und umbreitend, was immer nur möglich ist an Lichtgestalten; wann aber alle diese geglänzt,
einmal wird dann die frühere wiederstrahlen.
(Indes der Seher sprach, dehnte langsam der Sänger das
Haupt und den Rumpf etwas hinüber, die herabhängenden
Arme etwas zurück; fast zu Ende der Rede tat er dann
plötzlich einige zuckende glutverhaltene Schritte auf den
Seher zu, als dieser jetzt schweigt, hält er inne.)
(Bei den letzten Worten des Sehers haben sich die Freier in
großer Erregung weiter und tiefer vorgebeugt. Nun teilt
sich der Chor jähe in der Mitte, die beiden Reihen der obe-
ren Hälfte eilen rechts und links um den Chorsprecher
schwenkend hinauf und stehen dann so, daß sie einen spit-
zen Winkel bilden, der vor dem Seher geöffnet ist und des-
sen Scheitel der Chorsprecher darstellt. — Die beiden Reihen
der unteren Hälfte schwenken langsam rückwärts, scheuen
und verstörten Auges, je eine inwärts um einen der Gegen-
sprecher; sie bilden so zwei Glieder, die in einer Richtung
stehen, jedoch mit geringem Zwischenraum untereinander.)
C h o r s p r e c h e r *(jäh auffahrend).* Ende deine Worte!
O b e r e r C h o r *(indem er sich eilend und mit stürmi-*
schen Gesten in der beschriebenen Weise aufstellt). Ende
deine Worte!

Unterer Chor *(zugleich rückweichend in der beschriebenen Art und dumpf vor sich hin).* Worte, Worte, Worte.

Dritter Chorsprecher *(in Hast und Heftigkeit).* Wisse, wir sind nicht willens, rohe und irre Reden von dir anzuhören. Schamlos nenne ich dich und brauchverletzend, ein rechter Räuber an Scham, Scheu und guter Sitte; ein blindtolles Tier nenne ich dich, das ferne ist von jeder Menschengewohnheit. Dein Tierblut und deine Tiergier treiben dich wohl, die Zäune zu brechen, die wir uns zu hegen richteten; solcherweise hoffst du wohl, uns zu schrecken mit Gebrüll und allem Gebaren der Bestie. *(Der untere Chor starrt indessen scheu zum Seher auf, er tut ein raunendes Murmeln unter sich und Gebärden, die auf den Seher weisen.)*

Chorsprecher *(fortredend).* Wir aber sind nicht gewillt, dich also wüten zu lassen, und werden uns gut zu wehren wissen mit schlichiger List und lispelnder, irrelockender Vernunft und allem Menschlich-Eigenen, das dir fehlt. Schweige ja stille, sonst möchten wir wohl einen schnellen Fang an dir tun!

Erster Gegensprecher *(im unteren Chor, zum Seher aufblickend und in ähnlicher Art redend wie vorher – starr und ohne persönliche Sonderheit).* Niemals sprach je einer so kühne Worte, so mörderische und mörderlustheiße.

Chorsprecher *(kehrt seine Stimme zu spitzem Zischen).* Du schweigst wie einer, der unsere Worte nicht achtet, du schweigst wie einer, der unseren Worten nicht schweigt; dein Schweigen höhnt uns noch. Hüte dich! Hüte dich! Ich sage dir, wir haben Stricke und Schlingen, in die verfängt sich heil- und hilfelos, wer sie zerreißen will. Jahre und aber Jahre wanden wir daran mit emsigen Händen; wage nicht zuviel; viele wurden schon in ihnen zu Tod gewürgt.

Zweiter Gegensprecher *(im unteren Chor; spricht*

gleicherweise wie der erste). Niemals trieb einer solches
Spiel, solch unbändiges und verfängliches, solch löwen-
und tigerhaftes.

S e h e r. Ein gleicher Schrecken schlug euch alle: einige stehen vor mir angstverstummt, andere aber angstbe-
schwatzt. Denn angstbeschwatzte Worte vernahm ich
eben. Angst zitterte in jedem Atem. Ein gleicher
Schrecken hieß euch reden oder schweigen. Und also
wollte ich es: Euch zu schrecken und zu wecken kam
meine Rede, all euer seliges Hoffen zu entseelen kam sie,
alle eure lustgelullten Träume fortzuscheuchen. Ihr ver-
meintet wohl, euer stumpfes, dumpfes Dasein also fort-
zuleben, ja, ihr hattet wohl schon irgendein wollustweiches
Winkelchen für Ewigkeit euch bereitet, wohlig gefüttert
und gewärmt mit kleinen, lieben Lüsten. Nun aber kam
meine Rede und zauste und fetzte es, ein rechter Sturm-
wind kam sie, es fortzublasen.

(Der untere Chor steht starr, die weitgeöffneten Augen
haften voller Angst auf dem Seher. Der erste und zweite
Gegensprecher stehen gleichfalls beide unbeweglich, ihre
Blicke sind, ohne dem Seher zu begegnen, ruhig geradeaus
gewandt. Der obere Chor und der Chorsprecher recken
rasch und lautlos die Arme nach dem Seher aus: eine
schweigende Gier und Wut. Der Chorsprecher verbleibt auf
seinem Platz, die übrigen treten etwas näher, so daß der
Winkel kleiner wird.)

S e h e r *(tritt schnell einen Schritt vor und tut eine große*
zwingende Geste mit beiden Armen um sich). Ihr ...
Ihr ... Ihr ...

(Die Arme der Freier sinken nieder, die Freier selbst wie
auch der Chorsprecher treten etwas zurück und stehen dann
ohne Ordnung um den Seher.)

S e h e r *(ohne eine Pause weiterredend).* ... Was vermögt
ihr mir zu tun!? Ahnet ihr nicht, daß ich euch stets ent-
schlüpfe, schlüpfend über euch hinwegtanze, tanzend
über euch mein blinkendes Lachen lache? Unbeirrt schreite

ich hin auf meiner Worte hartem, knirschendem, lichtge-
stirntem Schnee, meiner Sonne zu, eurer Trübsal fern; ihr
aber hascht täppisch meines Sonne- und Schneegelächters
Widerhall, ein genarrtes Narrenvolk ...

C h o r s p r e c h e r *(wirft die Arme jach empor und schreit
gell).* Steinigt ihn!

O b e r e r C h o r *(auf den Seher eindringend).* Steinigt
ihn!

U n t e r e r C h o r *(gleichzeit wie der obere Chor und
indem er die Anhöhe hinaufeilt).* Steinigt ihn!

*(Es entsteht ein lautes Getümmel um den Seher, in welchem
dieser den Blicken entzogen wird. Der erste und zweite
Gegensprecher stehen unentwegt auf ihrem früheren Platz,
ganz in gleicher Haltung. Unterdessen schreitet der Sänger
ebenso wie vorhin hoch und verzückt auf den Seher zu, die
Anhöhe hinan. Wie er bis dicht vor die Tummelnden gelangt ist, erschallt aus der Menge, unbeirrt und gleichmäßig
den Lärm übertönend, die jubelnde Stimme des Sehers.)*

S e h e r. Die letzte Höhe will ich noch erklimmen, mein
spähefrohes Auge weitum schweifen lassen ...

*(Der Chor stutzt und schweigt stille, er öffnet sich vor dem
Seher ein wenig, so daß man diesen jetzt erblickt. Der Sänger ist indessen weitergeschritten; nun steht er nahe vor
dem Seher und blickt diesen tief und groß an. Dann gleitet
er vor ihm nieder und preßt in stummer Demut des anderen Gewand an die Lippe.)*

S e h e r *(mit weitgeöffnetem Auge weitaus schauend, ohne
eine Pause hinter den vorigen Worten zu tun).* Ein
Glanz liegt über jener Höhe, ein goldiger, goldverräterischer, Gutes und Letztes kündend. Gutes und Letztes dieser Morgennacht, wie ich hell sie nenne, denn längst zog
Mitternacht vorüber. Morgenluft spüre ich hier schon,
eine tagerwartende, taglauschende, graues Morgenflattern
streicht hier schon vorbei, hörbar nur für feine Ohren.
Erstes Dämmer tastet, erste Morgenröte flüstert, alle lichten Dinge künden sich. Ach, Mitternacht zog längst schon

vorüber! Schon rauscht Helle morgenlich ganz um mich,
hoch auf letzter Höhe; ein Adler kreist über mir, dem
glüht auf den Schwingen goldverräterischer Glanz goldenen Mittags. Denn er kommt, er ist nahe, der goldene
Tänzer.

(Bei den Worten des Sehers hat auf der Klippe Odysseus
die Arme zu weiter, mächtiger Geste emporgehoben; jetzt
hallt seine Stimme wie aus großer Ferne.)

O d y s s e u s.

An welches Landes Küste warf die Woge mich?
Zu welchen Ufern trieb das Uferlose hin?
Todtiefem Schlaf entscheucht, welch neues Wachen ward
Dem ewig Ruhelosen ruhelos zuteil?
Was birgt das Nächste: lauter Waffen Widerhall,
Fährliche Wunden oder freundesfrohe Lust?
Birgt es ein stummes Trauern um geliebte Frau'n,
Verhülltes Sinnen oder Küsse hellen Muts?
Ein gleiches Preisen wird die Lippe allem leihn;
Selbst Mißgeschick zu kränzen ist des Kühnen Art.

(Der Seher lauscht mit seligem Antlitz und hoch aufgerich-
tet; wie Odysseus endet, stürzt er jäh in sich zusammen;
Odysseus selbst tut langsam einige Schritte die Klippe hin-
ab. Die Freier umdrängen den leblosen Seher, so daß dieser
wie auch der Sänger den Blicken verborgen bleiben.)

C h o r s p r e c h e r *(sich hastig niederbeugend)*. Der Seher
fiel.

C h o r *(der während der Worte des Odysseus, offenbar*
ohne diese zu hören, den Seher unverwandt angeblickt
hat, jetzt näherdrängend). Der Seher fiel.

C h o r s p r e c h e r. Endlich also fuhr er uns dahin, er
starb an seinem eigenen Narrengeschwätz. Jedem mag
solches Los zuteil werden, jedem, der freche Worte uns in
die Ohren jagt, mit Schrecken uns zu scheuchen, mit
Hohn uns zu drohen, wie dieser tat. Solche Worte aber
laßt uns eilig von uns schütteln, nicht zu Heile flüstern
sie in uns. Eilig gebt solche Worte dem Wind anheim und

jedem Verwehen; uns tun wir so am besten und ihm am rachevollsten. Wahrlich, dem Toten tun wir so noch die härteste Rache an! Reinigt euch von ihm, denn sein Schmutz wird euch zu Seuche und Aussatz! Laßt ihn in eurem Erinnern ein zweites Mal sterben, denn nur Vergessen, nur Vergessen erlöst von ihm!

C h o r *(düster, fast angsthaft).* Nur Vergessen erlöst...

(Der Chorsprecher wendet sich und steigt langsam den Abhang hinab; die Freier schließen sich allmählich an, indem sie sich einer hinter dem andern zu zwei Einzelreihen ordnen, die getrennt nebeneinander wandeln. Wie der Chorsprecher bis zur Hälfte des Hanges hinabgelangt ist, beginnt der erste Gegensprecher zu reden, in selber Art wie vorher; bei seinen Worten halten die Niederschreitenden inne. Der Seher und der Sänger sind beide noch immer den Blicken verdeckt durch die Gruppe der Freier, die noch ungeordnet vor dem Palaste weilt.)

E r s t e r   G e g e n s p r e c h e r. Ein furchtbarer Feind sank euch dahin. Euer furchtbarster Feind seither, der alle eure Heimlichkeiten wußte. Eure heimlichen Ängste wußte er auch, tief stach er in eure Angstwunden, erbarmungslos quälend. Seid auf eurer Hut, daß euch nicht größeres Unheil treffe, denn ihr seid erkannt.

Z w e i t e r   G e g e n s p r e c h e r. Ein Bild erschuf er euch zur Angst, nicht zu stürzen und nicht zu trümmern. Schließt eure Augen und wagt nicht zu blinzeln, das Bild ragt vor euch und sein wilder Schrecken! Blendet euch, werdet freiwillig Blinde, das wäre noch die sicherste Zuflucht!

(Der Chorsprecher und die Freier senken das Haupt und wandeln stumm und gedrückt den Hang nieder. Die Gruppe der Freier vor dem Palast schließt sich an, so daß Sänger und Seher sichtbar werden. Der Sänger hat den Seher halb hinter die mittlere Säule gebettet, man sieht nur Haupt und Brust, das zur Seite geneigte Antlitz ist der Klippe zugewendet. Der Sänger selbst steht seitlich neben

dem Seher mit dem Rücken an der Säule, er blickt den Zuschauern abgekehrt dem Hintergrunde zu. Der Chor mit dem Chorsprecher an der Spitze schreitet langsam zwischen erstem und zweitem Gegensprecher hindurch; an dem früheren Platz des Sängers macht der Chorsprecher halt und wendet sich nach dem Palast um; die beiden Reihen des Chors gruppieren sich schräg zueinander vor dem Chorsprecher, so daß sie zwei gerade Linien bilden, die verlängert sich im Chorsprecher treffen würden. Erster und zweiter Gegensprecher stehen nach wie vor. Unter dem tiefen Schweigen kommt Telemachos aus dem Palast den Hang hinab; er schreitet verhüllt und mit gesenktem Antlitz, langsam in der Haltung eines trauernd Versunkenen; wie er den Hang halb hinabgestiegen ist, ruft der S ä n g e r
(ohne eine Geste) in langgezogenem Klageton.)

Telemachos ...
(Dieser schreitet weiter, zwischen den beiden Gegensprechern hindurch, es ist wieder tiefstill. Als er hinabgestiegen ist, tut er noch einige Schritte in gleicher Richtung; wie er sich dann abwenden will, um nach der Klippe zu schreiten, ruft ihm der C h o r s p r e c h e r in gierigem, zischendem Tone zu.)

Telemachos ...
C h o r *(flüsternd).* Telemachos ...
(Der J ü n g l i n g stutzt und hebt das Haupt. Dann spricht er nach einer kurzen Weile klar und ruhig.)

Penelopeia bereitet sich zu kommen.
(Er senkt das Haupt wieder, wendet sich und schreitet auf die Klippe zu; plötzlich aufschauend, erblickt er Odysseus. Er stutzt, er reckt sich hoch auf, sein zurückgeneigtes Antlitz überhuscht seliger Jubel, er hebt die Arme zum Gruß und Wink, sein ganzer Körper bebt in Entzücken und entzücktem Gruß, er bricht in die Knie, erhebt sich wieder ... stummes Spiel. — Indem Telemachos noch auf die Klippe zuschritt, sprach der e r s t e G e g e n s p r e c h e r (in unveränderter Haltung zu den Freiern).)

Eure Stunde ist gekommen.

(Gleich darauf der C h o r s p r e c h e r leise und deutlich,
doch sehr vernehmbar.)

Meine Hand fand sich dem Eisen.

(Dann der z w e i t e C h o r s p r e c h e r.)

Was gebührt den Eigenen?

C h o r s p r e c h e r *(wie oben).* Das Sterben.

(Der Chor – ohne den Chorsprecher – gruppiert sich lautlos
um Telemachos. Er teilt sich in drei Viertelkreise, von de-
nen je einer rechts und links hinter dem Jüngling nieder-
kniet; der dritte kniet in dem durch die beiden anderen be-
grenzten Raume dicht hinter Telemachos. Durch die Stille
schreitet der Chorsprecher langsam heran, jähen Schrittes,
schleichend und lauernd. Wieder erschallt der Klageruf des
S ä n g e r s, diesmal etwas verstärkt.)

Telemachos . . .

(Der Chorsprecher schreitet unbeirrt weiter durch die
Knienden bis dicht hinter den Jüngling. Er hebt die Hände;
dumpfen Schlags trifft er das Hinterhaupt. Telemachos
stürzt nieder. Der Chor erhebt sich lautlos. Abermals –
jetzt sehr laut – und verzweifelt – tönt des S ä n g e r s
Ruf.)

Telemachos . . .

(Odysseus steigt nach des Telemachos Fall die Klippe
hinab.)

D e r   e r s t e   u n d   z w e i t e   Gegensprecher *(reden*
gleichzeitig, so daß es wie die sehr verstärkte Stimme
eines einzelnen tönt).

Vergeltung ward alten Brauches.

C h o r s p r e c h e r *(mit höhnend gellendem Lachen, in-*
dem er den vor ihm liegenden Toten mit dem Fuße an-
stößt). Telemachos . . .

(Odysseus steht jetzt vor dem Leichnam und blickt starr
dem Chorsprecher ins Antlitz. Dieser stutzt und weicht ein
wenig zurück, mit ihm der ganze Chor.)

C h o r s p r e c h e r *(hastig, leise).* Wer bist du, Fremder?

Erster Gegensprecher *(in gewohnter Art).* Hütet euch!

Odysseus. Verschlagen schon durch viele Meere, suche ich heimatlichen Strand. Viel ward mir des Schauens und des Kämpfens, ehe mich die Welle[] diesen Felsen hinwarf.

> *(Auf Telemachos deutend.)*

Wer ist der Leichnam?

Chorsprecher *(hastig).* Laß dich durch ihn warnen. Er wagte, uns Trotz zu tun; von den törichten Frechen war er einer, die manches Mal sich wider uns heben. Wir übten Rache, er fiel durch uns.

> *(Auf den Palast deutend.)*
>
> Auch dort, Fremdling, wirst du einen Toten hingestreckt finden; auch er vermaß sich des Eigenwillens und höhnenden Spottes. Auch er fiel. Richte du danach deinen Sinn und wage nicht Gleiches; Gleiches würde dir dann auch zuteil. Doch wenn du uns achtest und unseren Bräuchen Ehrfurcht bringst, wirst du dich eines sicheren friedlichen Lebens unter uns freuen. Dies wisse, Fremder, und hüte dich.

Zweiter Gegensprecher *(in gewohnter Art).* Hütet euch!

(Odysseus tut einen schnellen Schritt über den Leichnam fort; wieder weicht der Chorsprecher, dieses Mal etwas weiter rückwärts, zugleich eiliger und erschreckter; auch der Chor weicht in weitem Umkreise. – Es ertönt der lange, seligtiefe Ruf des Sängers.)

> ...Odysseus!...

Chorsprecher *(unter hastigem Lachen).* Wohlan, wohlan, Fremdling, laß uns miteinander recht in Lustigkeit feiern! Doch vorerst erzähle uns von deinen Schicksalen und Abenteuern, deren du wohl manche erlebtest. Köstlich wollen wir dich nachher bewirten, prunkend wollen wir dein Tun dir vergelten. So komme nur, sprich und muntere uns!

(Odysseus schreitet vorwärts; der Chorsprecher folgt, bis-weilen ihn verstohlen forschend von der Seite anblickend. Der Chor folgt gleichfalls ohne Ordnung; hier und da flü-stert man scheu untereinander.)

E r s t e r   G e g e n s p r e c h e r *(in langgedehntem Klage-ruf).* Wehe!...

C h o r s p r e c h e r *(zum Chor, indem er auf den ebenen Boden vor dem Hange weist, immer mit hastiger, etwas verschleierter Stimme).* Lagert euch hierher, ihr alle ins-gesamt, des Fremden Rede anzuhören!

(Zu Odysseus, dem er zum untersten Hange deutet.)

Du aber stelle dich ein wenig erhöht, daß wir dich um so besser vernehmen! Zuvor jedoch laß einen alten Brauch an dir erfüllen!

(Er schlägt in die Hände, aus dem Palast tritt unter die Säulen ein dienender Knabe.)

D e r   C h o r s p r e c h e r *(zum Knaben).* Bringe Wein!

(Der Knabe geht wieder in den Palast hinein. Der Chor hat sich unterdessen in ziemlich großem Umkreis auf den Boden gelagert, doch ohne besondere Ordnung; man liegt teils zer-streut, einige auch zu Gruppen vereinigt. – Eine kurze Stille.)

Z w e i t e r   G e g e n s p r e c h e r *(gleicher Art wie der erste).* Wehe!...

C h o r s p r e c h e r *(sehr hastig).* Der Knabe weilt lange, doch nur ein weniges, Fremdling, gedulde dich noch!...

(Der dienende Knabe kommt mit dem gefüllten Becher den Hang hinab; er reicht dem Chorsprecher den Wein und geht dann gleiches Weges wieder.)

C h o r s p r e c h e r *(Odysseus den Becher darbietend).* Nimm hier und labe dich, Fremdling, denn gewiß sind dir die Glieder müde und erschöpft; gewiß auch wird dich nach so vielen Leiden und Irrfahrten ein Trunk er-quicken, dir die notumwundene Seele zur Heiterkeit lö-sen und dich geneigt machen zu mannigfachem Wort. Denn selbst unserer Leiden läßt uns ja der Wein froh ge-

denken, wenn sie nur überstanden sind; alle ferne Trübsal wandelt er zu Gold und Glanz. Koste drum den
Trank.

*(Odysseus nimmt den Becher und schleudert ihn in weitem
Bogen in den Nachthimmel. Glänzend fällt ein Stern. Der
Chorsprecher hat sich tief unter dem Wurfe geduckt; wie
der Stern fällt, wimmert der Chor auf und tut zitternde
Gesten.)*

E r s t e r   u n d   z w e i t e r   G e g e n s p r e c h e r *(in eins
und gleicher Weise wie oben).* Wehe! . . . Wehe! . . .

C h o r s p r e c h e r *(ängstlich lachend, spricht fiebrig).* Ei,
ei, du Fremdling, wo lerntest du solchen Brauch? Fremd
scheint er mir, fremd wie du selbst, doch ein recht lustiger
Brauch scheint er mir vor allem. Doch nun zaudre nicht
länger und künde uns.

*(Er setzt sich in die Mitte zwischen Odysseus und die gela-
gerten Freier nieder. Odysseus steht erhöht, groß und unbeweglich lehnt er an einem Felsen des unteren Hanges . . .
Eine Stille . . . Man hört den Sänger freudeschluchzen[.])*

O d y s s e u s *(mit langsamer, eherner Stimme beginnend).*
An öden Fels geklammert lag ich allein in Nacht- und
Wellennöten, sturmberast gierte ein Meer nach mir, fels-
empor sich reckend zu meinen Gliedern. Mit Schaum und
flachem Wasser tastete es mich zuerst, einem Tiere gleich,
das seine Beute prüft, dann sprang es jäher heran, ein
Wellenmaul zuckte gegen mich, kalten, harten Zahns
schlug es in meine Nacktheit, zurückzerrend wollte es
meine starren Finger vom Gesteine krallen . . .

C h o r s p r e c h e r *(ängstlich unterbrechend, hastig und
leise).* Etwas Lustigeres, Fremdling, erzähle uns!

E i n e   S t i m m e *(aus dem Chor, in verhaltener Angst).*
Mich friert.

E i n e   a n d e r e. Mich friert.

C h o r. Mich friert.

O d y s s e u s *(in gleicher Weise wie vorhin).* Ich kämpfte
mit Feinden. Jauchzend klang meines Bogens Sehne,

meine schwirrenden Pfeile zerschnitten die Herzen, rings
fielen Leiber. Meine Pfeile gruben Brunnen, sickernd und
ästelnd rann das Blut einen rankenverkreuzten Teppich
zu meinen Füßen. Sterbend brachten mir so meine Feinde
wider Willen das Siegsgeschenk. Als ich des Spieles müde
war, schritt ich hin über den Teppich; meinen Bogen warf
ich hinter mich, es starrten die Feinde. Rasch packte ich
einen, über meinem Haupte bog ich ihn wie einen Stirn-
reif, brechend knackten die Wirbel . . .

C h o r s p r e c h e r *(aufschreiend).* Fremdling, Fremdling,
so erzähle doch Lustigeres! . . .

C h o r *(zitternd, leise).* Mich friert.

(Die einzelnen kriechen furchtsam zueinander.)

O d y s s e u s . Ein fahrbereites Schiff sah ich vor kurzem in
einer Bucht vor Anker. Ein Fremdling betrat es, sein hoher Wuchs war eines Königs. Seinem Schritte bogen sich
die Balken, die Wellen wichen scheu. Sein Auge war
Glut, seine Stirne wolkenschweres Wetter. Springend
schlugen seine Pulse die Adern, sein Weisen war Blitz,
sein Wort war Donner. Er rief die Winde, rauschend
füllten sie die Segel, ferne fuhr das Schiff. Ich erfragte
seinen Namen und seines Schiffes Ziel. Ithaka war seines
Schiffes Ziel, sein Name Odysseus.

(Es fallen Sterne.)

E r s t e r   u n d   z w e i t e r   G e g e n s p r e c h e r *(zusammen).* Wehe!

C h o r *(tief zu Boden gedrückt, indem die einzelnen immer
verzweifelter und flehend einander mit den Händen greifen).* Odysseus!

*(Ein Sturm streicht heulend in der Ferne vorüber, dann
schweigt er wieder. Der Chor jetzt ein furchtzusammenge-
balltes Knäuel, stöhnend und jammernd.)*

Odysseus!

C h o r s p r e c h e r *(kreischt auf).* Wehe! . . . Wehe! . . .
Wehe! . . .

E i n e   S t i m m e *(aus dem Palast).* Penelopeia naht.

(Der Chor, ebenso der Chorsprecher schweigen sogleich und halten mit Bewegungen inne; die Leiber richten sich halb vom Boden auf, starr lauschend.)

Erster und zweiter Gegensprecher *(zusammen).* Penelopeia naht.

Chorsprecher *(aufspringend wie im Rausche).* Penelopeia . . .

Chor *(ebenso).* Penelopeia . . .

(Getümmel; wie der Chor die Anhöhe hinaufeilen will, erscheint Penelopeia zwischen den Säulen des Palastes, der Chor hält inne. Odysseus steht unbeweglich und – da der Chor vorgerückt ist – jetzt in geringer Entfernung neben demselben. Penelopeia ist in dunkles Gewand gekleidet und tief verhüllt, von hoher, königlicher Haltung. Zwei Dienerinnen stehen zu beiden Seiten hinter ihr; die eine hält den Bogen des Odysseus, die andere den Köcher mit den Pfeilen. – Eine tiefe Stille.)

Penelopeia *(ruhig anhebend).* Telemachos tat mir euren Willen kund, ihr Freier, ich hatte mich nicht lange zu bedenken. Müd seid ihr des Harrens und voll Ungeduld. Wahrlich, auch ich ward des langen Hinhaltens überdrüssig, drum bin ich jetzt gewillt, Entscheidendes zu wagen!

(Sie wendet sich um und nimmt der Dienerin den Bogen aus der Hand.)

Den Bogen des Odysseus weise ich euch hier; keine Hand tastete diese Waffe, seit ihr stolzer Eigner von hinnen zog, fromm bewahrte ich sie zu frommem Gedenken. – Wohlan: Ohne Zögern folge ich dem als Gattin in sein Haus, der diesen Bogen zu spannen vermag und also sich ebenbürtig zeigt an Kraft und Gewalt des Arms dem hingeschiedenen König. Die übrigen mögen dann wiederum auf ihre Gehöfte zurückkehren. Und also schwöre ich: Kein anderer wird je mich besitzen, kein anderer je sich glücklich preisen meiner Liebe als des Bogens starker Zwinger!

*(Sie winkt der Dienerin; diese legt den Köcher ihr zu Fü-
ßen; beide Dienerinnen gehen darauf wieder in den Palast
hinein. – Eine Stille.)*

C h o r s p r e c h e r. Leicht erscheint mir, Königin, dein Bedingen, leicht dürfte sich wohl ein mächtiger Arm dieser
Sehne finden. Dann aber – bitte ich – bleibe auch deines
Schwures eingedenk und suche nicht in Ausflüchten Auf-
schub; taub möchten wohl unsere Ohren solchen Worten
sein. So versuchen wir uns jetzt an der Waffe, wenn du
es zugestehst . . .

P e n e l o p e i a. Tretet denn nahe!

*(Der Chor wandelt, vom Chorsprecher geführt, in zwei
Reihen den Hang hinauf; der erste und zweite Gegensprecher schließen sich an. Oben nehmen die Freier nicht vorn
neben den Säulen Stellung, sondern gehen etwas zurück, so
daß sie in tieferes Dunkel zu stehen kommen. Man sieht sie
sich hier in großer Unruhe um den Bogen scharen, doch erkennt man nicht die Gesten der einzelnen, sondern nur die
mächtige Bewegung der ganzen Masse. Man hört das Ge-
wirre ihrer Stimmen. Nachdem der Chor in kleiner Entfernung an ihr vorübergeschritten ist, tut Penelopeia einige
Schritte den Hang hinunter, dann hält sie ein.)*

P e n e l o p e i a *(zu Odysseus).* Was bliebst du zurück, du
einsam Schweigender? Bist du etwa nicht von jenen einer,
wie? Oder schontest du gar meines Leides?

O d y s s e u s *(hat sich bei den Worten Penelopeias umge-
wendet; nun tritt er vor und neigt sich tief vor ihr).*
Königin, nicht Sinn und Begier habe ich mit jenen gemein. Ein Fremdling bin ich, durch Schicksals Mißgunst
an dieses Gelände verschlagen, nachdem mir die See Gefährten und Schiff genommen. Nicht unbekannt finde ich
mich hier; vor Zeiten, da Odysseus hier noch unvermählt
herrschte, durfte ich mich rühmen, Gast dieses Hauses zu
sein. Ach, Schrecken und Bestürzung mußte ich leiden, als
ich die Schmach jetzt erschaute, Tränen mußte ich leiden,

meines Freundes Hof so geschändet zu sehen! Wahrlich,
recht zu Jammer trieben mich die Wasser her...

Penelopeia *(schmerzzitternd)*. Fremdling...

*(Eine Stille zwischen beiden. Man hört indessen den e r -
s t e n G e g e n s p r e c h e r, etwas verhalten, während
der Chor schweigt.)*

Meine Freunde! Nur wenige erprobten den Bogen noch
nicht! Wehe! Und den übrigen mißlang die Tat! Welk
und hinfällig wurde ein jeder Arm an harter Sehne.
Müht euch, müht euch, meine Freunde, denn es gilt vieles...

(Der Chor tut wieder das vorige Spiel.)

Odysseus. Trost ward mir einzig der Gedanke, daß
bald Odysseus diesen Frechen Halt gebieten wird, bald
ihr Blut ihm dargebracht wird als ein Sühneopfer, ein
lang verschuldetes. Zweifach wird unsere Freude sein, o
Königin, wenn in alter Pracht Altes neu ersteht, wenn
schmachtiefe Nacht wieder der Helle weicht!

Penelopeia. Fremdling, Fremdling, Qual und Blut
sind deine Worte meinem Herzen! Ach, niemals wird,
was du erhoffst! Ein Toter, ruht Odysseus längst, irgendwo an fremdem Strand wäscht die Welle sein bleichendes
Gebein...

Odysseus *(leise, sehr eindringlich)*. Penelopeia, Odysseus lebt!...

(Es fällt ein Stern.)

Penelopeia *(aufschluchzend und mit einer Bewegung,
als wollte sie den fallenden Stern erhaschen)*. Odysseus!...

*(Eine Stille zwischen beiden. Man hört den z w e i t e n
G e g e n s p r e c h e r, in gleicher Weise wie vorher der
erste.)*

Wehe... Wehe... meine Freunde, häßlicher Hohn
wächst über euch aus dieser Stunde! Wehe! Was soll werden? Erlahmet ihr nicht alle an Unüberwindbarem?
Wehe! Will niemand mehr wagen?

(Allmählich verlöschen die Sterne am Nachthimmel.)

Odysseus *(gesteigert, doch stets leise).* Glaube, Penelopeia, glaube, er ist nahe! ... Alle meine Schwüre schwöre ich dir ...

Penelopeia *(zerbricht jähe ihr Schluchzen, stutzt ... dann leise tastend und spähend zu Odysseus nieder).* Odysseus! ...

(Ein Sturmstoß heult.)

Beide Gegensprecher *(verhallend herüber).* Wehe ... Wehe ... Wehe ...

Odysseus *(steigt langsam den Hang hinauf, vor Penelopeia neigt er sich tief in die Knie).* Pen[e]lopeia, Odysseus lebt! ...

Penelopeia *(wild aufjubelnd).* Odysseus! ...

(Jähe einsetzender Sturm läßt ihren Schrei verhallen; während des folgenden nimmt der Sturm unentwegt zu, es wird finsterer.)

Odysseus *(richtet sich empor, nun neben Penelopeia den Freiern zurufend).* Vergeblich scheint ihr euch um den Bogen zu mühen, ihr Freier. Wohlan, so vergönnt auch mir einmal ein Versuchen, vielleicht, daß rechte Kraft mir innewohnt!

Chorsprecher *(spricht hohnvoll, doch in einer heimlichen Angst).* Mit törichter Hoffnung betörst du dich da, du Narr, denn diesen Bogen – das erkannten wir genug – vermag einzig Odysseus selbst zu spannen. Dessen Kraft scheint mir die deine gewiß nicht ebenbürtig, vermessen hoffst du, wenn du also hoffst! ... Wie?

(Lauernd.)

Oder bist du vielleicht bei Odysseus in die Schule gegangen? Fast sollte man es glauben, wenn man deine stolzen Worte hört; auch fabeltest du vorhin so manches von Odysseus. Doch komme nur heran und versuche dich, ein Gelächter wirst du uns damit, du Narr!

Chor *(fast drohend).* Narr! ...

(Penelopeia steigt langsam hinauf, Odysseus folgt ihr. –
Wütendes Wetter.)

O d y s s e u s *(oben vor den Freiern).* Weicht ein wenig
von hier, ihr Freier, und steigt hinab! Eure nahedrän-
gende Menge möchte mir sonst die Sinne verwirren und
meinen Arm untauglich machen.

C h o r s p r e c h e r *(dicht vor Odysseus, indem er diesem
spähend in die Augen blickt).* Wohl werden wir weichen,
damit du nicht auf uns deines Mißgeschickes Schuld nachher wirfst; denn Mißgeschick wirst du jetzt leiden,

(in ängstlich forschender Hast)

es sei denn, du wärest Odysseus, dem einzig dieser Bogen
gehorcht.

(Auflachend.)

Doch sehr unähnlich bist du jenem Helden, du
Jammernarr!

C h o r *(drohender als vorhin).* Narr! ...

*(Vom Chorsprecher geleitet, steigt der Chor ziemlich un-
geordnet den Hang hinab, furchtsam unter sich flüsternd;
die beiden Gegensprecher schließen sich an. Am Fuße des
Hanges nimmt der Chor ungeordnet Stellung; starr erwartend blickt er zu Odysseus empor. Penelopeia steht neben
Odysseus.)*

O d y s s e u s *(faßt den an einer Säule lehnenden Bogen; in
diesem Augenblick erlischt der letzte Stern, der Sturm er-
reicht seine heftigste Gewalt, dann schweigt er plötzlich.
Aus dem tiefen, undurchdringlichen Dunkel tönt des
Odysseus Stimme).*
Zu herbster Vollendung endlich greife ich
Den Bogen, der seit Jahren dieser Stunde harrt.
Nun soll er treffen, soll er tilgen Schändliches,
Giftiges, Gift – Verseuchtes, das um Mitternacht
Aufschoß zu Tod und Unheil allem Heile rings.
In Grund vernichtend gründet stärkere Gewalt
Stärkere Mächte großem Leben prächtiger.

(Der Chor beginnt zu wimmern, immer weiter rückwärts

weichend. Dann wird es ganz stille. Odysseus spannt mit jähem Ruck den Bogen, wie er die gespannte Sehne prüft, schwebt ein tiefer, dröhnender Ton über die Bühne.)
Die Freier *(wild aufschreiend)*. Odysseus!
(Ein Blitz überzuckt den Himmel; man sieht Odysseus, den Bogen schußbereit, die Spitze des Pfeiles zeigt gegen die Freier. Diese stehen am äußersten Rand der Felsszene; sie haben einander an den Händen gefaßt. Der Blitz erlischt. Dunkelheit. Odysseus schießt den Pfeil ab; krachend springt die Sehne zurück. Das Geschoß flieht in feurigem Streifen durch die Luft über die Häupter der Freier fort und nieder in den Himmel. Die Freier stürzen hintüber zum Abgrund. Ein morgenroter Sonnenstrahl loht aus der Tiefe über den Himmel, Morgenhelle ringsum.)
Der Sänger *(in schluchzender Freude die Arme weit breitend)*. Odysseus!
(Er sinkt sterbend nieder. Odysseus steht hoch und stolz, zitternd in der Freude des Siegers. Penelopeia lehnt an ihm.)

Der Vorhang gleitet rasch über die Szene.

GEORG KAISER

Am 25. November 1878 in Magdeburg geboren als Sohn eines Kaufmanns; arbeitete nach kaufmännischer Lehre von 1898 bis 1901 als Kontorist in Buenos Aires, Rückkehr wegen Malariaerkrankung; 1908 Beginn literarischer Arbeit. 1911 *Die jüdische Witwe* (K.). 1915 erste Aufführung eines seiner Stücke (*Der Fall des Schülers Vehgesack*); 1916 *Von morgens bis mitternachts* (Dr.). Seit der Uraufführung der 1914 publizierten *Bürger von Calais* (1917) einer der meistgespielten deutschen Dramatiker. 1917 *Die Koralle* (Dr.); 1918 *Gas* (Dr.); 1920 *Gas. Zweiter Teil* (Dr.). 1921–33 neben Gerhart Hauptmann der bekannteste Bühnenautor Deutschlands; 1920/21 sechs Monate im Gefängnis wegen »Unterschlagung«, 1933 Schreib- und Aufführungsverbot; 1938 Emigration in die Schweiz, starb am 4. Juni 1945 in Ascona.

Die Bürger von Calais
(3. Akt)

*Vorbild Georg Kaisers war Plato, die von ihm erstrebte
Form das Denk-Spiel. Denken, sokratische Ansprache, statt
schauen (im Sinne von bloßem Sehen), zur Einfühlung ein-
ladendem Schau-Spiel. Ein Drama schreiben bedeutet für
ihn: »Einen Gedanken zu Ende denken.« Ideen sollen zu
Figuren werden. Wie in der Fabel, die sich auf Rationalität
beruft, das Tier, soll die Figur die Idee durchscheinen lassen, sie tragen und nicht durch Vermenschlichung verwäs-
sern. »Expressionismus ist Kunst«, sagt Kaiser. »Die Definition für Kunst: Ausdruck der Idee, die unzeitlich gegen-
wärtig ist.« Nicht ohne Grund sah Brecht in dem Denkspie-
ler einen seiner »unehelichen Väter«, während für beide
Shaws dichterisches Werk Bedeutung gewann. Knappheit
des Ausdrucks, schlanker Stil finden Entsprechung in der
strengen, den Gesetzen der Symmetrie folgenden Architektur
von Kaisers Stücken. Die »Störung der Erscheinungen« soll
»auf ein Minimum« beschränkt werden. Brecht sagte in
einem »Kölner Rundfunkgespräch« über ihn, er habe »in
den Theatern jene ganz neue Haltung des Publikums er-
möglicht, jene kühle, forschende, interessierte Haltung, nämlich die Haltung des Publikums des wissenschaftlichen
Zeitalters«. Vierundsiebzig Dramen hat er geschrieben; sie
sind im Grunde Variationen zu einem Thema, seinem und
zugleich des Expressionismus großem Thema: Wandlung,
ihre Idee, ihre Verwirklichung, ihr Scheitern. Kaiser selbst
hat die Frage nach der Einheit seines Werkes gestellt und
beantwortet (1918): »Zersprengen diese Gestalten nicht den
Kreis, in dem sie stehen – mit suchender Wucht nach außen?
Was drängt sich hier alles im Ring, um den ich laufe – und
stutzte bei jeder neuen Figur in Nebeneinander von Buntheit? Was für Stimmen? Baut einer wieder am Turm zu
Babel? Oder entliefen sie dem Turmbau . . .?« Die Antwort,
die er gibt: »Vielgestaltig gestaltet der Dichter eins: die*

Vision, die von Anfang ist, [...] die Vision [...] von der
Erneuerung des Menschen.« In den »Bürgern von Calais«,
ein Jahr zuvor uraufgeführt, betritt der »neue Mensch« die
Bühne: sein Leben gibt er in freier Tat für seine Mitmenschen hin. Es ist der gleiche neue Mensch, der es später
(»Gas. Zweiter Teil«, 1920) im Gefühl verzweifelter Macht-
losigkeit gegenüber den Instinkten der Masse als seine Pflicht
ansehen wird, seine Mitmenschen selbst zu vernichten.

Im ersten Akt, dessen Schauplatz die »offene Stadthalle«
im Jahre 1347 ist, läßt der Calais belagernde König von
England durch einen Offizier ein Ultimatum übermitteln:
Er sei bereit, die Stadt und den von den Bewohnern unter
größten Opfern gebauten Hafen zu schonen, wenn sechs
ihrer angesehensten Bürger, im Büßergewand, einen Strick
um den Hals, am nächsten Morgen mit dem Stadtschlüssel
vor ihm erschienen. Während Duguesclins, der »dumpfem«
Zwang gehorchende »alte Mensch«, bis zum letzten kämpfen will, rät Eustache de Saint-Pierre dazu, »das Werk
[zu] vollenden«, nicht der »Stunde«, dem »Tag«, sondern
der überdauernden »Zeit« zu gehorchen und sich zu beugen.
Nicht sechs, sondern sieben Bürger melden sich auf seine
Rede hin freiwillig zum Opfergang. Das Los soll am Nachmittag den siebten aussondern. Im zweiten Akt, der in
einem »Saal im Stadthause« spielt, wird die Entscheidung
fallen. Nach Abschied von den ihnen Nahestehenden und
gemeinsamer, eher symbolischer, deutlich auf das »Abendmahl« verweisender Mahlzeit, greift jeder der Opferwilli-
gen aus einer »verhängten Schüssel« eine Kugel: alle sieben
sind sie blau. Eustache de Saint-Pierre, der in freier Tat
sich opfernde »neue Mensch«, wollte vermeiden, daß man
eitel um die Tat »buhlt«, die den einzelnen »nackt und
neu« fordert. Statt dessen schlägt er vor: »Mit der ersten
Glocke soll jeder von seinem Hause aufbrechen – und wer
zuletzt in der Mitte des Marktes ankommt – ist los.«

DRITTER AKT

Der Markt vor stufenhoher Kirchentür, die – mit ihrem spitzen figurenreichen Giebelfeld – den ganzen Hintergrund bis auf zwei schmale Gassen, die rechts und links zur Tiefe laufen, einnimmt. Grau des frühen Morgens schenkt Gebilden und Gestalten schwache Deutlichkeit: die Seiten und noch in die Gassen säumt die dichte Ballung des Bürgervolkes – kenntlich mit blassem Streifen der helleren Gesichter. In der Mitte bewegen sich die Gewählten Bürger.

J e a n d e V i e n n e. Hier ist der Schlüssel. Ich bin mit ihm von langer Zeit vertraut – ich taste an ihm oben jede Krümmung ab und fühle unten an ihm jede Buchtung – mit meinen Fingern finde ich ihn genauer wie mit meinem Kopfe! – an diesem Morgen liegt er fremd auf meinen Händen. Es ist eine Last, die sich durch meine Arme auf meine Schultern schiebt und mit erdrückendem Gewicht auf den Boden zwingen will! – Er erwärmt sich auch nicht von meinem Blute. Ein starrer Frost dringt von ihm aus und erkältet die Haut um mich. Ich friere an diesem kleinsten Erz! – Ich halte ihn mit Mühe fest.

(Die Gewählten Bürger stehen still um ihn.)

J e a n d e V i e n n e. Ich scheue mich, ihn auf andere Hände zu legen. Ich fürchte, daß die stärkste Kraft mit ihm zusammenbrechen soll – der fügsamste Wille bersten. Trägt nicht der die zweifache Bürde hinaus: die er hier empfängt – und jene, mit der ihn sein Entschluß schon belud? – Ich weiß nicht, wem von ihnen ich diese äußerste Anstrengung zumuten soll!

(Es herrscht Schweigen.)

J e a n d e V i e n n e *(sich aufraffend)*. Ist er euch deutlich, den ich vor den anderen mit dem Schlüssel schicke?

E i n G e w ä h l t e r B ü r g e r. Der gestern in der offenen Halle vor den anderen zuerst aufstand – muß der nicht heute vor ihnen schreiten, Jean de Vienne?

Ein anderer Gewählter Bürger. Der sie mit seinem Vortreten rief – liegt nicht die Pflicht auf ihm?

Jean de Vienne *(sieht auf).* – Kann nicht Eustache de Saint-Pierre hier der letzte sein?

(Neue Stille.)

Jean de Vienne *(nach einem Warten).* Ich will keinen bezeichnen. Wer von uns kennt, wie einer aus dieser Nacht geht? Wer sah schon einen zu diesem Gang hier ankommen? Ihr bestimmt jetzt diesen und trefft vielleicht den schwächsten mit eurem Urteil! – *(Stärker.)* Wir atmen im wehenden Morgen – die herrliche Sonne ist uns gewiß – wir schelten leicht und frisch! – Ich will nicht diesen oder einen bestimmen! – –

Ein anderer Gewählter Bürger *(fest).* Jean de Vienne, wir suchen den Streit von ihrem letzten Morgen zu nehmen, wenn wir dies vorbereiten: – gib an den ersten von ihnen, der ankommt, den Schlüssel!

Jean de Vienne *(langsam).* Wer geht den kürzesten Weg von seinem Hause? – *(Mit wachsender Heftigkeit und nach den Seiten weisend.)* Sind seine Schritte nicht schon ausgezählt? Lief die Neugierde ihm nicht voraus und schleppte ihn durch die Straßen – hundertmal? Rastete der grausame Eifer seit gestern? Tollte nicht das harte Klappern ihrer flinken Schuhe über den steinigen Grund durch die Nacht? Scholl es nicht, als schleuderten sie mit einem Sturm von Steinen nach einer Scheibe? – Sie haben sich ein schändliches Spiel daraus gemacht und das hat ihre Ungeduld unterhalten – jetzt erwarten sie die Erfüllung, um vor einander zu prahlen, wer klüger rechnete! – Ich habe nicht die Macht, sie von den Rändern des Marktes zu treiben – ich gönne ihnen den Anblick nicht! – *(Zu den Gewählten Bürgern.)* Hörtet ihr nicht – maß nicht auch schon einer eurer Gedanken die mindeste und die längste Strecke vor: – wer ist der Nächste zu seinem Ziel?

Mehrere Gewählte Bürger *(dumpf, zögernd).*

Eustache de Saint-Pierre. – *(Dann viele.)* Eustache de Saint-Pierre!

Jean de Vienne. Ihr findet nur diesen Namen. Ihr ratet ihn wieder. Er ruft sich an Anfang und Ende. Er lockte gestern – soll er nicht heute mit demselben Willen verführen? Ihr habt recht, er ist der nächste. Er drängte sich gestern zu – er wird jetzt vor den anderen eilen. Er ist der erste vor ihnen – mit seinen schnellen Schritten – mit seiner frohen Kraft. Er wird dies von mir fordern: vor den anderen hinauszugehen und diese Last noch, die mich bedrückt, auf seinen vorgestreckten Armen wie eine dünne Feder tragen. Jetzt ist alle Angst von mir gewichen – jetzt sind Spiel und Ziel eins: – an Eustache de Saint-Pierre sinkt jeder Zweifel nieder!

(Aus der Dichte längs der Seiten haben sich Arme gestreckt – neue Arme heben sich neben: von scheinenden Händen geschieht ein eindringliches Hinweisen nach oben.

Ein schwacher Lichtstrahl trifft die Spitze des Giebelfeldes.

Die Gewählten Bürger blicken hoch.)

Jean de Vienne *(mit stürmischer Geste).* Die Zeit ist da – wir müssen ihnen die Gewänder rüsten!

(Eine Glocke klingt, die in weiten Pausen schrille Schläge tut.

Die Arme sinken.

Gewählte Bürger bücken sich zu den Stufen und nehmen vor die Brust dunkle Bündel auf.

Die Glocke tönt nicht wieder.)

Jean de Vienne. – – Nun sind sie aufgebrochen – nun ist ein Gehen in den Straßen, wie noch keins in ihnen erschütterte! – – *(Wieder nach einem Warten.)* Wir wollen dem Ersten am Ende seines Weges entgegentreten. Kennen wir nicht den, den Eustache de Saint-Pierre schreitet? *(Er geht nach rechts, ihm folgen einige – auch einer, der ein Bündel trägt.)*

(Von links dringt klappernder Hall eines gemächlichen gleichmäßigen Schreitens; zugleich läuft von der Tiefe dort

*ein Flüstern. Auf der rechten Seite zeigen noch zögernd –
dann rasch Arme hinüber – nun schwillt der zischelnde
Lärm stärker auf: »Der Erste!«)*
D e r F ü n f t e B ü r g e r *(kommt von links. – Er endigt
seinen rüstigen Gang in der Marktmitte. Eine kleine
Weile verharrt er steif – dann dreht er den Kopf weit
nach rechts – nach links).*

(Es ist lautlos still geworden.)

D e r F ü n f t e B ü r g e r *(blickt vor sich auf den Boden –
und tritt aus seinen Schuhen. Danach richtet er das Gesicht nach oben – und beginnt mit festen Händen sein
Kleid am Halse zu öffnen. Schultern und Arme sind entblößt – nun hält er es nur auf der Brust zusammen und
wartet).*
E i n G e w ä h l t e r B ü r g e r *(tritt von den anderen,
rollt das Bündel auf und entnimmt einen wenig langen
Strick. – Er stellt sich dicht hinter den Fünften Bürger,
hebt das sackförmige farblose Gewand hoch über ihn und
streift es an ihm nieder: es hüllt an ihm mit schwerem
Hang ein, verschließt die Arme und schleppt um die
Füße. – Nun weitet er die Schlinge – und legt sie auf die
Schultern, das lose Seil im Rücken lassend).*
D e r F ü n f t e B ü r g e r *(tut einen Schritt beiseite).*
D e r G e w ä h l t e B ü r g e r *(bückt sich, rafft die leeren
Schuhe und das Kleid auf, geht weg und legt alles auf
die Stufen nieder).*
J e a n d e V i e n n e *(hatte sich bei der Ankunft des
Fünften Bürgers schleunig hingewendet. Ihm stellten sich
einige Gewählte Bürger entgegen und bedeuteten ihn heftig. Jetzt sie abweisend).* – Ich sehe ihn. Er ist es, der in
der Halle zuerst zu Eustache de Saint-Pierre trat. Er
schritt seinen Weg eilig. Nun kommt er früher an als der,
den wir vor allen erwarten. Eustache de Saint-Pierre
geht von seinem Haus gemächlich. Er kennt seine Zeit.
Eustache de Saint-Pierre ist der nächste – der zweite auf
dem Markte! – *(Er kehrt nach rechts zurück.)*

(Wieder herrscht tiefe Stille.
Von links der hallende Gang hart wie zuvor.
Dasselbe Zischeln läuft um den Markt: »Der Zweite!« –
und verstummt.)

Der Dritte Bürger *(erreicht ohne Aufenthalt den*
Fünften Bürger und stellt sich nach einem flüchtigen Blick
nach ihm neben).

Ein Gewählter Bürger *(dient an ihm – und ent-*
fernt sich).

Jean de Vienne *(auf seinem Platz verharrend, stau-*
nend). Wer ist es?

Ein anderer Gewählter Bürger. Der nach den
beiden aufstand und aus den Reihen ging!

Jean de Vienne. Nach diesem – und wem?

Ein anderer Gewählter Bürger. Nach ihm –
und nach Eustache de Saint-Pierre!

Jean de Vienne. Eustache de Saint-Pierre –! – *(Seine*
Verwunderung von sich schüttelnd.) Wer will die Hast
oder die Weile eines ausmessen, der zu diesem Gang auf-
bricht? Einer dringt von seiner Schwelle und stürmt
durch die Straße – einer löscht noch das Licht aus und
verschließt seine Tür. Die Füße verrichten dies Werk nicht
– sie leisten den mindesten Dienst. Wir sind in dem
Wettspiel dieser Nacht verwirrt – wir erfahren die
schärfste Lehre. Ich war nahe daran, einen Vorwurf zu
erheben – jetzt fällt er schwer auf mich. Ich schäme mich
ihm entgegenzutreten, wenn er nach diesen kommt. Wir
wollen vor Eustache de Saint-Pierre beiseite stehen! *(Er*
geht rasch von rechts weg.)

(Von rechts dringt ein langsam schlürfender Gang.
Die Köpfe links des Marktes sind vorgereckt. Rechts
schwillt das Raunen: »– der Dritte!« – und flutet nach
links.)

Jean d'Aire *(tritt aus der Gasse rechts, hält inne und*
übersieht den Markt. Dann nickt er, bricht auf und ge-

langt zur Mitte. Er blickt die beiden prüfend an – und macht sich daran, sein Kleid von dem fleischarmen Körper zu lösen).

Ein Gewählter Bürger *(rüstet ihn mit Gewand und Strick aus und trägt das bunte Kleid und Schuhe weg).*

Ein anderer Gewählter Bürger *(an Jean de Vienne herantretend).* Dieser ist nicht Eustache de Saint-Pierre!

Ein anderer Gewählter Bürger *(zu anderen).* Eustache de Saint-Pierre ist es noch nicht!

Ein anderer Gewählter Bürger *(zu Jean de Vienne).* Er stieg vor den Brüdern Jacques de Wissant und Pierre de Wissant aus den Reihen!

Ein anderer Gewählter Bürger *(zu Jean de Vienne).* Er ist der Älteste unter ihnen!

Jean de Vienne *(sehr lebhaft).* Ist er nicht gebrechlich vor ihnen – vor Eustache de Saint-Pierre? Schlürfen seine Schritte nicht müde durch die Straße – führte ihn sein Gang nicht am Hause Eustache de Saint-Pierres vorüber? Schreitet einer mühselig wie dieser – überholte ihn nicht der letzte, der gleichen Weg mit ihm geht?

Ein anderer Gewählter Bürger *(zu anderen).* Eustache de Saint-Pierre ist noch nicht aufgebrochen!

Viele Gewählte Bürger *(untereinander).* Eustache de Saint-Pierre ist noch nicht aufgebrochen! *(Diese Stimmen mischen sich mit dem Murmeln, das von links nach rechts kreist: »– Der Vierte!«)*

(Der Vierte Bürger kommt an und versammelt sich – rasch überzählend – den anderen in der Mitte.

Bei dem Geräusche, das die anhaltende Bewegung unter den Gewählten Bürgern verursacht, kleidet ihn ein Gewählter Bürger ein.)

Ein Gewählter Bürger *(fast laut zu Jean de Vienne).* Dieser kam als vierter in der offenen Halle herunter!

J e a n   d e   V i e n n e *(stammelnd).* Sind vier versammelt?
– Ist Eustache de Saint-Pierre nicht unter ihnen?

E i n   a n d e r e r   G e w ä h l t e r   B ü r g e r. Eustache de
Saint-Pierre fehlt noch bei ihnen!

J e a n   d e   V i e n n e. Eustache de Saint-Pierre fehlt
noch – –

E i n   a n d e r e r   G e w ä h l t e r   B ü r g e r. Zwei fehlen
noch an sechs!

M e h r e r e   G e w ä h l t e   B ü r g e r *(dicht vor Jean de
Vienne).* Zwei fehlen noch zu sechs!

E i n   a n d e r e r   G e w ä h l t e r   B ü r g e r *(zuversicht-
lich).* Einer von ihnen wird Eustache de Saint-Pierre sein!

E i n   a n d e r e r   G e w ä h l t e r   B ü r g e r. Eustache de
Saint-Pierre will der letzte sein!

E i n   a n d e r e r   G e w ä h l t e r   B ü r g e r. Jean de
Vienne, er will den Schlüssel von dir nehmen: darum
spart er mit seinen Kräften und will hier nicht lange stehen und mit den anderen noch warten!

J e a n   d e   V i e n n e *(aufgebracht).* Rechnet ihr denn
dunkel? Blendet nicht auf euren Augen dieser fahle
Strahl? – Wer ist noch übrig? Denkt aus – denkt aus! –
Wo greift ihr dies Irrsal an – wie entwirrt ihr dies
Knäuel? Strickt es sich nicht enger – vergarnt es sich nicht
wie ein Filz? Knotet daran – knotet daran! – – Wer soll
nun ankommen? – Lockt ihr Eustache de Saint-Pierre?
Stellt er sich zu diesen und ist der fünfte? – Der fünfte,
der den Kreis erschüttert – der fünfte, der den Ring zer-
sprengt – der fünfte, der – – – *(Abbrechend, noch erreg-
ter.)* Brechen Jacques de Wissant und Pierre de Wissant
nicht von demselben Hause auf? Sind sie nicht Brüder?
Langen sie nicht zusammen an? – Stehen nicht sieben
hier? Ist der Ausgang nicht wie der Anfang – ein Anfang ohne Ende? – *(Stärker, stärker.)* Soll ich alle wieder
schicken, um das Spiel zu wiederholen – um ihren furchtbaren Gang noch einmal zu tun? Sollen wir ihre Leiber
foltern – mit dem Wechsel und Wechsel der Kleider? Sol-

len wir ihre Sohlen stacheln – jetzt warm – nun bloß?
Sollen wir die Schlinge Mal nach Mal strängen und lok-
kern? – – Treibt nicht die Frist hin – lauert nicht schon
der Henker? Schwillt nicht das Licht – spätet sich nicht
der Morgen? Versäumen wir nicht die Rettung? – –
(Stockend.) Und zögert Eustache de Saint-Pierre und
kommt nach allen an – der siebente! Eustache de Saint-
Pierre, der alle anrief – der um alle warb! – der sich vor
allen vermaß – kommt nicht. – – *(Die Arme über sich
werfend.)* Denkt nicht aus – denkt nicht aus – ihr zer-
brecht daran – an diesem und jenem –: verbietet es euch
noch – in eurem Blut – in eurem Kopf – – *(Andere mit
sich nach hinten ziehend.)* Wir wollen nicht sinnen – wir
sollen nicht suchen – wir sollen nicht lauschen nach einem
müden Schritt – und nach einem doppelten – wir müssen stehen und sehen!

> *(Von neuem tritt lautlose Stille ein.*
> *Harter doppelstarker Gangklang von rechts.*
> *Kein Flüstern und Hinzeigen entsteht.*
> *Jacques de Wissant und Pierre de Wissant einander in en-*
> *ger Umschlingung verbunden kommen an. In der Mitte hal-*
> *ten sie ein – zählen. Dann küssen sie sich und stellen sich an*
> *die Ecken rechts und links.)*

Zwei Gewählte Bürger *(dienen an ihnen).*
> *(Das Licht trifft tiefer auf das Giebelfeld und enthüllt –*
> *noch unscharf – eine obere Figurengruppe.*
> *Das Bürgervolk ist aus den Gassen nachgedrungen und ver-*
> *schließt sie. Langsam und unaufhaltsam schiebt es sich von*
> *den Seiten vorwärts und verengt um die Mitte – flutet die*
> *Stufen auf und vereinigt sich.*
> *Ein dunkles Murmeln – befriedigt und bestimmend – tönt*
> *davon: »– Sechs!«)*

Jean de Vienne *(aus maßlosem Erstaunen).* Ist Eustache de Saint-Pierre taub? Mit seinen Ohren vor der
schrillen Glocke? Mit seinen Gliedern lahm, die nicht beb-
ten – von harten Schritten vor seiner Tür? Erschütterte

sich nicht die Stadt von diesem Gehen in ihren Straßen?
Springt nicht unser Blut – dröhnt nicht unser Kopf?
Klopft und saust die Luft nicht um uns – halten wir uns
nicht mit Mühe aufrecht? Stapft nicht jeder Schritt durch
uns hin und reißt uns mit – sechsmal hin und her – sechsmal tausend Schritte auf und ab? – Rennen wir nicht den
Wettlauf seit gestern – und rasten nicht – und hetzen die
Jagd – mit Fleiß und Schweiß – und kommen an – von
den letzten Winkeln – von den Enden die letzten – vor
der Zeit – mit der Zeit – jeder früh – jeder in jedem bereit – jeder mit jedem entblößt – alle im Aufbruch – –:
Eustache de Saint-Pierre kommt nicht?!

Ein Gewählter Bürger *(schreiend)*. Eustache de
Saint-Pierre kommt nicht!

Andere Gewählte Bürger *(ebenso)*. Eustache de
Saint-Pierre kommt nicht!

(Der Schrei hallt hin.
Um den Markt wird mit stärkerer Entgegnung lauter –
von den Stufen zeigen die Arme zur Mitte –: »Sechs!«
Neue Stille.)

Ein Gewählter Bürger *(außer sich)*. Eustache de
Saint-Pierre hat den äußersten Betrug gespielt! – *(Über-
stürzt.)* Rief nicht einer von diesen in der Halle – und
zielte nach dem übermächtigen Reichtum, um den Eustache de Saint-Pierre sich sorgt! – Wer hat Speicher wie
seine über dem Hafen? Wer seine Güter hoch unter Fir-
sten? Wer seine Frachten in vielen Lastschiffen? – Lästerte der in der Halle – schalt er dreist? – Dieser
schmähte schwach – dieser mäßigte sich milde! Was
kannte er von List und List, mit der Eustache de Saint-
Pierre dem Wurf auswich, der ihn zerschmettert? – Trat
er nicht auf und stellte sich hin – zuerst und bereit für
Calais? Wußte er nicht – was nützt einer? Sechs sind nötig – und wo sechs sich wagen, da übertreffen viele noch
die Zahl! Sieben standen beisammen – einer zuviel! Wie
glitt sein Witz aus der Gefahr – wie zog er aus diesem

kleinsten Überfluß seinen Vorteil? – Wer vergißt noch
die Geschichte des langen Tages gestern? Wie hielt er alle
bis an den Nachmittag hin? Und wie versäumte er wieder die Entscheidung, die ihn bestimmen konnte zu
sechs? – Täuschte er nicht dreist mit den Kugeln – und
log plump mit den Losen? Vermied er die Wahl nicht
und schickte alle aus dem Saal – und verwies sie auf den
Morgen – und dieses Morgens Gang, mit dem er sich von
ihnen schied – und vor dem Strang bewahrte – mit einem
Witz? – – Er verschließt sich in seinem Hause und ist
frei! – – Sind wir blind – dumm mit unserem Denken –
durchschaute ein Kind nicht den Schwindel und lallt die
feile Lösung? – – Jetzt sitzt Eustache de Saint-Pierre
hinter seiner festen Tür und biegt die Schultern auf den
Tisch und verlacht uns – die blöde glaubten und wie
schielende Schafe folgten!

*(Von den Seiten und von den Stufen steigert sich der Lärm
und schwillt zu kreischendem Schrei an: »– Sechs!«)*

Ein anderer Gewählter Bürger *(nach rechts
vorne laufend).* Stockt euch nicht der Hauch im Halse –
füllt euch nicht Blut bis in den Mund – erstickt euch nicht
die Scham? – Seid ihr Schwindler, die mit falschem Gelde
kaufen – die mit blechernen Münzen klirren und auf
dem Handel bestehen? Schüttelt ihr nicht den Betrug von
euren Fingern und stampft ihn mit euren Füßen zum Kot?
– Wartet ihr hier auf den Aufbruch – fordert ihr die
Schändung? – Ist eins und jenes gleich bei euch – gilt der
Verrat nichts mehr? – Ekelt euch nicht eure Zunge, die
schreit – brennt nicht euer Gaumen, der hallt? – Sättigt
ihr euch mit der Kost, die ihr stehlt – verschlingt ihr
Kraut und Dung wie Würmer am Boden? – Seid ihr
nicht müde mit eurer Begierde – mit euren Knien von der
Hetzjagd in dieser Nacht durch Straßen und Gassen?
Werdet ihr jetzt erst lüstern nach einem Spiel? Es ist euch
verheißen – es ist vorbereitet auf das letzte –: nun sucht
über den Markt – nun späht nach dem aus, der es erfand

– ihr entdeckt ihn nicht – bei keinem Licht – bei keinem Dunkel! – Jetzt späht und sucht, wo euer Recht ist, mit dem ihr nach der Erfüllung schreit!

(Ringsum hebt es an, ballt sich und löst sich schrill: – »Schickt sechs hinaus.«)

Ein anderer Gewählter Bürger *(nach vorne laufend).* Ich will nicht Bürger in Calais sein, das aus diesem Betrug aufgebaut ist! – Ich will nicht als Hehler hinter seinen Mauern sitzen – ich will nicht scheu in den Straßen schleichen! Ich will nicht Wucher mit diesem Verrat treiben – ich halte meine Hände hoch von diesen Malen, die sie zeichnen – ich dulde nicht diesen Makel auf meinem Leibe! – *(Er steht mit starr gereckten Armen da.)*

Ein anderer Gewählter Bürger *(zu diesem laufend, seinen Arm anfassend und zur Tiefe aufrufend).* Wer fordert die Schändung der sechs? Wer lädt einem von diesen den Schlüssel auf? Wer stößt vor ihnen das Tor auf? Wer überliefert sie an diesem Morgen? – *(Stark.)* Wer steht unter uns hier, der teil an diesem Betruge hat?

(Bei den Gewählten Bürgern entsteht eine unruhige Bewegung: einige sind auf dem Wege nach vorn – andere zögern hinten.

Drohend und stärker von den Seiten: »– Schickt sechs hinaus!«)

Ein anderer Gewählter Bürger *(laut).* Calais fällt nicht –!! – *(In die verminderte Unruhe, eilig.)* Wir sind nicht heute am Ende unserer Kräfte – nicht morgen! – Wir leiden keinen Hunger – es mangelt uns nichts! – Unsere Leiber tragen keine Wunden – wir bluten kräftig in unseren Adern – unsere Schultern sind fest – unsere Hände greifen hart um Lanzen – Schwert! – Wir stehen hinter den Mauern – wir füllen die Straßen – die Fahne Frankreichs flammt über der Stadt – der Hauptmann von Frankreich lenkt uns – – vor dem Hauptmann von Frankreich – – *(Er stockt. Tiefe Stille.)*

Ein anderer Gewählter Bürger *(ausbrechend).* Duguesclins ist aus der Stadt!!

Ein anderer Gewählter Bürger. Eustache de Saint-Pierre hat den Hauptmann aus der Stadt geschickt!

Ein anderer Gewählter Bürger. Eustache de Saint-Pierre hat uns alle verraten!

Ein anderer Gewählter Bürger. Eustache de Saint-Pierre verbietet die Rettung der Stadt!

Ein anderer Gewählter Bürger. Eustache de Saint-Pierre hat von allem Anfang an den Verrat gesucht!!

(Um den Markt erhebt sich von neuem das Geschrei: »Schickt sechs hinaus!!«)

Ein Gewählter Bürger *(die Arme über sich schwingend).* Wir holen Eustache de Saint-Pierre aus seinem Hause!

Ein anderer Gewählter Bürger. Wir zerren Eustache de Saint-Pierre von seinem Tisch!

Ein anderer Gewählter Bürger. Wir stoßen Eustache de Saint-Pierre vor uns auf den Markt!

(Eine erste Gruppe der Gewählten Bürger stürmt nach rechts hin und wird von der dichten Menge aufgehalten.)

Ein Gewählter Bürger *(nach vorne).* Eustache de Saint-Pierre soll allein büßen!

Ein anderer Gewählter Bürger. Wir binden Eustache de Saint-Pierre den Schlüssel auf den Rücken!

Ein anderer Gewählter Bürger. Eustache de Saint-Pierre soll den Schlüssel auf seinen Knien hinausschleppen!

(Ein neuer Trupp drängt nach rechts hinten.)

Ein Gewählter Bürger *(vorne).* Eustache de Saint-Pierre soll auf dem offenen Markte geschändet werden!

Ein anderer Gewählter Bürger. Wir richten vor diesen Eustache de Saint-Pierre!

Ein anderer Gewählter Bürger *(aufreizend).* Sucht Eustache de Saint-Pierre!

Viele Gewählte Bürger. Sucht Eustache de Saint-
Pierre!

(Rechts hinten dauert der Widerstand: jetzt gibt die Menge
dem wuchtigen Sturme nach, die Gewählten Bürger dringen
in die Gasse. Der Ruf schallt scharf: »Eustache de Saint-
Pierre!!«)

Jean de Vienne *(steht allein – müde, erschüttert).*

(Von den Seiten drängt das Bürgervolk nach ihm – joh-
lend: »Schicke sechs hinaus!!«

In der Gasse bricht der Lärm ab – langsam flutet die Schar
der Gewählten Bürger zurück – einander betroffen Zeichen
gebend.

Um den Markt legt sich der Aufruhr – die Vorgedrungenen
weichen auf die Seiten.)

Jean de Vienne *(tritt hastig fragend zu den Gewähl-*
ten Bürgern).

(Diese bedeuten ihn gegen die Tiefe der Gasse; sie stehen
stumm wartend – mit dem Bürgervolk der rechten Seite die
Gasse fast bis in die Mitte des Marktes verlängernd.

Hall langsamsten Schreitens nähert sich: – die beiden erdge-
bundenen Krüppel tragen eine Bahre, schwarz überhängt.

In kleinem Abstande folgt der Vater Eustache de Saint-
Pierres – hagerer überalter Greis, kahlhäuptig; ein dünner
Bart zittert um das Gesicht, das er aufwärts richtet nach
Blinder Art – ganz das Gefühl in das Tasten der Hände
versammelt. Ein schlanker Knabe führt ihn um die Hüfte.

Die Krüppel stellen in der Mitte die Bahre auf den Boden.
Die Gewählten Bürger umdrängen dicht die Sechs.)

Der Vater des Eustache de Saint-Pierre
(aus seinem unaufhörlich geheim redenden Munde Worte
formend). Ich bin ein Becher – der überfließt – – *(Von*
dem Knaben vor die Sechs geleitet.) Stehen sie beisammen? – *(Er streift des ersten Gewand und Seil.)* Grobes
Kleid und glatter Strick – einer! – *(Vor dem nächsten*
ebenso.) Rauh und gerüstet – du! – *(Weiter.)* Du verschlossen in grober Haft –! – *(Fortschreitend.)* Du wie

diese vorbereitet –! – *(Zu den beiden übrigen.)* Mehr –
mehr – bei dir – der letzte! – *(Kopfnickend.)* Sechs, sagte
er, sind übrig – sie warten auf dem Markt – die Stunde
ihres Aufbruchs ist da – schaffe mich zu ihnen auf den
Markt. Sie müssen sich eilen – wenn sie mir folgen wollen – ich bin vorausgegangen! – *(Er wendet sich um,
sucht das Tuch über der Bahre und streift es zur Seite.)*
Mein Sohn!

*(Die Gewählten Bürger beugen sich über; von einigen her-
vorgestoßen: »Eustache de Saint-Pierre!«)*

D e r   V a t e r   E u s t a c h e   d e   S a i n t - P i e r r e s
(ohne dessen zu achten). Mein Mund ist gefüllt – es fließt
von ihm aus – – Meine Rede ist geschwunden – ver-
drängt von der Ausgießung dieser Nacht. Ich bin die
Schelle, von einem Klöppel geschlagen. Ich bin der Baum,
ein anderer das Sausen. Ich liege hingestreckt – der hier
liegt, steht auf meinen Schultern und über euren Schultern übereinander! – *(An die Sechs gekehrt.)* Trifft euch
die Stimme aus solcher Höhe – rieselt ihr heißer Druck
an euren Leibern – bloß in den Kutten? Raffen sich eure
haftenden Sohlen vom steinigen Boden und fliehen durch
die Öse eurer Schlingen aufwärts? – Fühlt ihr noch Pein
– und Dorn und Spitze einer Folter? – Er bog sie stumpf
– er heilte die Verletzung in eurem Fleisch vor dem
Stich!

(Die Sechs stehen allein nahe der Bahre.)

D e r   V a t e r   E u s t a c h e   d e   S a i n t - P i e r r e s.
Ihr steht nahe bei ihm – er ist entrückt – und dicht wie
keiner unter euch. Ihr seid, wo er rastet – euch winkt er
mit lockendem Finger. Ist es nicht leicht zu gehen, wohin
einer anruft? Blühen nicht die Ufer von einer Verheißung? Er jauchzt sie aus – er zieht den letzten von euch
in den Kahn. Sechs Ruder schaufeln – gerade furcht die
Bahn: – das Ziel lenkt genauer als das Steuer. Nun wartet er auf euch – ihr kommt später an! – Er ist euch vor-
ausgeschritten – wer dreht das Gesicht noch zurück? Wem

schaut ihr nach – wer geht von euch – und nimmt die
Helle mit sich – und überläßt die anderen dem Dunkel?
Wer streift das Licht von eurer Tat – und macht sie fin-
ster um euch? – Ihr tut sie verhüllt und dumpf! – – –
Hielt er euch nicht wach vor dieser Tat, um würdig zu
sein? Scheuchte er nicht den Schlaf von euren Lidern mit
Mühe und Mühe? Erfand er nicht Mittel und Mittel, mit
dem er euch dicht und dicht schob? Hielt er euch nicht bis
diesen Morgen hin? Ließ er euch einmal dem trägen Schlum-
mer verfallen? Entzog er euch die kleinste Frist? Wachte
er nicht über euch? Steht ihr jetzt nicht reif hier und
seht mit klaren Augen eure Tat an? – – – *(Er atmet tief.)*
Nun stieß er das letzte Tor vor euch auf. Nun hat er den
Schatten von Grauen gelichtet, ihr wallt hindurch – stut-
zig mit keinem Schritt – tastend mit keinem Fuß. Mit
reiner Flamme brennt um euch eure Tat. Kein Rauch ver-
düstert – keine Glut schwelt. Ihr dringt vor – hell umleuchtet und kühl bestrahlt. Fieber hetzt euch nicht, Frost
lähmt euch nicht. Ihr schüttelt frei eure Glieder in euren
Gewändern. Der Abschied trennt euch nicht: – wer scheidet sich von euch? Ist eure Zahl nicht rund und vollkommen eine Kugel, die ein Anfang ist und ein Ende
ohne Unterscheidung? Wer ist der erste – wer der siebente – wo peinigt Ungeduld – wo stachelt Ungewiß-
heit? – – Er schmolz sie zur runden Glätte – jetzt seid
ihr eins und eng ohne Mal und Marke! – *(Einen Arm
hoch gegen sie erhebend.)* Sucht eure Tat – die Tat sucht
euch: ihr seid berufen! – Das Tor ist offen – nun rollt die
Woge eurer Tat hinaus. Trägt sie euch – tragt ihr sie?
Wer schreit mit seinem Namen – wer rafft den Ruhm
an sich? Wer ist Täter dieser neuen Tat? Häuft ihr das
Lob auf euch – wühlt diese Begierde in euch? – Die
neue Tat kennt euch nicht! – Die rollende Woge eurer
Tat verschüttet euch. Wer seid ihr noch? Wo gleitet ihr
mit euren Armen – Händen? – – Die Welle hebt sich auf
– von euch gestützt – auf euch gewölbt. Wer wirft sich

über sie hinaus — und zerstört das glatte Rund? Wer ver-
wüstet das Werk? Wer schleudert sich höher und wütet
am Ganzen? Wer scheidet Glied von Glied und stört in
die Vollendung? Wer erschüttert das Werk, das auf allen
liegt? Ist euer Finger mehr als die Hand, euer Schenkel
mehr als der Leib? — Der Leib sucht den Dienst aller
Glieder — eines Leibes Hände schaffen euer Werk. Durch
euch rollt euer Werk — ihr seid Straße und Wanderer auf
der Straße. Eins und keins — im größten die kleinsten —
im kleinsten die wichtigsten. Teil mit eurer Schwäche an
jedem — stark und mächtig im Schwung der Vereinigung!
— *(Seine Worte hallen über den Markt hin. Seherisch belebt.)* Schreitet hinaus — in das Licht — aus dieser Nacht.
Die hohe Helle ist angebrochen — das Dunkel ist ver-
streut. Von allem Tiefen schließt das siebenmal silberne
Leuchten — der ungeheure Tag der Tage ist draußen! —
(Eine Hand über die Bahre streckend.) Er kündigte von
ihm — und pries von ihm — und harrte mit frohem Über-
mute der Glocke, die zu einem Fest schwang — — dann
hob er den Becher mit seinen sicheren Händen vom Tisch
und trank an ruhigen Lippen den Saft, der ihn ver-
brannte. — — — *(Er zieht den Knaben dichter zu sich.)* Ich
komme aus dieser Nacht — und gehe in keine Nacht
mehr. Meine Augen sind offen — ich schließe sie nicht
mehr. Meine blinden Augen sind gut, um es nicht mehr
zu verlieren: — ich habe den neuen Menschen gesehen — in
dieser Nacht ist er geboren! — — Was ist es noch schwer —
hinzugehen? Braust nicht schon neben mir der stoßende
Strom der Ankommenden? Wogt nicht Gewühl, das
wirkt — bei mir — über mich hinaus — wo ist ein Ende?
Ins schaffende Gleiten bin ich gesetzt — lebe ich — schreite
ich von heute und morgen — unermüdlich in allen — un-
vergänglich in allen — — — *(Er wendet sich um, der Knabe
führt ihn behutsam nach rechts, die Schritte hallen lange
in der Gasse.)*
(Zwei Gewählte Bürger treten zu Jean de Vienne, der sich

*vor den anderen der Bahre genähert hatte. Einer legt ihm
die Hand auf die Schulter; der andere zeigt hin, wie das
wachsende Licht nun fast die ganze Kirchentür erhellt.)*

J e a n d e V i e n n e *(sieht fragend nach ihnen auf –
dann rafft er sich auf, weist auf Eustache de Saint-Pierres Leiche).* Einer schritt vor euch hinaus – fällt es
schwer auf einen von euch ihm zu folgen? – *(Stärker.)*
Schwankt einer von euch – wenn ich die Last des Schlüs-
sels auf seine Hände lege?
      (Die Sechs strecken die Arme nach ihm aus.)

J e a n d e V i e n n e *(dem nächsten den Schlüssel über-
gebend).* Wer von euch ist der erste – der letzte? Wer un-
terscheidet zwischen euch? Eines Leibes Hände greifen –
tragen! – Der Morgen ist hell – nun schicken wir sechs
hinaus – der siebente liegt hier: – wir stehen bei diesem
aus eurer Schar – wie unter euch an eurem Ziel! – vor
diesem geduldig und still! – *(Er streift das Tuch ganz
von der Bahre.)*

*(In der lautlosen Stille um den Markt brechen die Sechs auf
– leise klatschen die nackten Sohlen auf den Steinen.
Die Gasse links hat sich vor ihnen weit geöffnet; aus ihr
nähern sich schnell klirrende Schritte.)*

D e r e n g l i s c h e O f f i z i e r *(prunkend gerüstet, von
einem Soldaten gefolgt – tritt den Sechs entgegen und
hebt seinen Arm auf).* Jean de Vienne – der König von
England schickt an diesem Morgen!

J e a n d e V i e n n e *(ihm zurufend).* Die Frist ist nicht
versäumt: mit dem frühen Morgen sollen sechs aus den
Gewählten Bürgern von der Stadt aufbrechen und sich
im Sande vor Calais überliefern. Wir stehen am frühen
Morgen hier!

D e r e n g l i s c h e O f f i z i e r *(zu den Sechs).* Verzö-
gert den Aufbruch! – *(Zu Jean de Vienne tretend.)* Der
König von England schickt an diesem Morgen diese Botschaft in die Stadt Calais: – in dieser Nacht ist dem König von England im Lager vor Calais ein Sohn geboren.

Der König von England will an diesem Morgen um des
neuen Lebens willen kein Leben vernichten. Calais und
sein Hafen sind ohne Buße von der Zerstörung gerettet!
(*Tiefes Schweigen herrscht.*)
Der englische Offizier. Der König von England
will an diesem Morgen in einer Kirche danken. Jean de
Vienne – öffne die Türen – die Glocken sollen läuten vor
dem König von England!
(*Aus der Gasse links dringt ein Strom englischer Soldaten –
prächtig gepanzert, an den Lanzen Fahnenstreifen; sie bilden rasch eine Gasse, die über den Markt die Stufen auf
nach der Kirchentür mündet.*)
Jean de Vienne (*richtet sich auf. Sein Blick schweift
nach den Sechs, die inmitten der Gasse sich ihm genähert
haben.*) Hebt diesen auf und stellt ihn innen auf die
höchste Stufe nieder: – der König von England soll –
wenn er vor dem Altar betet – vor seinem Überwinder
knien!
(*Die Sechs heben die Bahre auf und tragen Eustache de
Saint-Pierre auf ihren steil gestreckten Armen – hoch über
den Lanzen – über die Stufen in die weite Pforte, aus der
Tuben dröhnen.
Glocken rauschen ohne Pause aus der Luft.
Das Bürgervolk steht stumm.
Aus der Nähe scharfe Trompeten.*)
Der englische Offizier. Der König von England!
Jean de Vienne und die Gewählten Bürger (*stehen erwartend*).
(*Das Licht flutet auf dem Giebelfeld über der Tür: in sei-
nem unteren Teil stellt sich eine Niederlegung dar; der
schmale Körper des Gerichteten liegt schlaff auf den Tü-
chern – sechs stehen gebeugt an seinem Lager. – Der obere
Teil zeigt die Erhebung des Getöteten: er steht frei und be-
schwerdelos in der Luft – die Köpfe von sechs sind mit er-
staunter Drehung nach ihm gewendet.*)

WALTER HASENCLEVER

Am 8. Juli 1890 in Aachen geboren als Sohn eines Arztes; Studium von Rechts- und Literaturwissenschaft, Philosophie und Geschichte in Oxford, Lausanne, Leipzig. 1913 *Der Jüngling* (G.); 1914 *Der Sohn* (Dr.); 1915 *Der Retter* (Dr.); 1917 *Antigone* (Dr.); 1918 *Die Menschen* (Dr.); 1919 *Die Entscheidung* (K.). 1924–28 Korrespondent des *8-Uhr-Abendblattes* in Paris, seit 1933 in Italien und Frankreich im Exil; nahm sich am 21. Juni 1940 im Lager Les Milles das Leben.

Der Sohn

(2. Akt, 2. Szene)

»Dieses Stück [...] hat den Zweck, die Welt zu ändern«, heißt es in einem Manifest, das Walter Hasenclever zur Erstaufführung seines 1913/14 entstandenen Dramas »Der Sohn« verfaßte. Das Werk sei »die Darstellung des Kampfes durch die Geburt des Lebens, der Aufruhr des Geistes gegen die Wirklichkeit«. Und später sagt er: »Der Verfasser weiß, daß wir alle Söhne, daß wir mehr als Söhne: daß wir Brüder sind. Er hat in diesen Akten die Geschichte des Jünglings geschrieben, der von der Freiheit der anderen zu seiner Freiheit gelangt. Vor ihm liegt der Weg des Mannes; der Aufbruch des Gewissens in die Zeit.« Das monologische Protagonistendrama, in dem alle Figuren als Emanationen der zwanzigjährigen Hauptgestalt erscheinen, wurde zu einem Programm, der in ihm dargestellte Kampf zwischen Vater und Sohn, zweier Generationen, »zum Symbol der Revolte gegen überalterte Ideen, Konventionen und Methoden« (Pinthus). Doch die Revolution, die das Alte abschüttelt, zukunftsgerichtet ist und Erneuerung erstrebt, muß sich, da ihr zum Schrei, der pathetisch-rhetorischen Deklamation, zur großen ornamentalen Gebärde der eigentliche Inhalt fehlt, im Leeren, beim weltumspannenden, aber unverbindlichen Wort in der dekorativ-ornamentalen Pose verlieren. »Viel ist erfüllt – noch ist mir nichts vollendet«,

lautet einer der letzten Sätze des Einflüsse von Goethe und Hofmannsthal verarbeitenden Stückes vom Aufbegehren des Sohnes. Von hier, dem verbalen Protest, ist es nur ein Schritt bis zur aktivistischen Idee des Opfertodes, der Einlösung des Wortes, von Kampf und Untergang, an die sich jedoch unerbittlicher die Frage nach dem Sinn knüpft als im deklamatorischen Spiel vom »Sohn« und seiner ex machina angebotenen Lösung. Das Stück »Die Menschen« (1918) zeigt einen Hang zum Mystischen, geht aus davon, »daß Leben und Sterben jedes Menschen ebenso unverständlich ist wie die ganze Welt. [...] Die Welt vollzieht sich in jedem Betrachter anders. Der Sinn der Kunst ist nicht, Übereinstimmungen hervorzurufen, sondern zu erschüttern.« In dieser absurdistisch-existentialistischen Einstellung, die den Geist Emanuel Swedenborgs beschwört, das Spiel »Zauberspiel« sein läßt, deutet sich Distanzierung von den Idealen der Jugend an, den Ideen der Menschheitsverbrüderung, des Wandels durch Empörung und Opfertod. Tragödie schlägt um in Komödie. 1919 schreibt Hasenclever die Komödie »Die Entscheidung«, ein Satyrspiel zu der überstandenen Tragödie. »Ich habe geglaubt für den Geist zu wirken«, sagt der Held zu den die Diktatur des Proletariats repräsentierenden Revolutionären, »als ich das Wort vom politischen Dichter erfand. [...] Mein Glaube war trügerisch. Sie haben keinen Geist.« Er war, wie sein Schöpfer unter dem Eindruck des Kapp-Putsches 1920, »vom Bazillus des Volksbeglückers geheilt«.

Im ersten Akt des »Heute. In einem Verlaufe von drei Tagen« spielenden Stückes entscheidet sich der Sohn, der »die Matura nicht bestanden« hat und Selbstmordgedanken hegte, weiterzuleben und die Auseinandersetzung mit dem tyrannischen Vater zu suchen.

Umschlag von Hasenclevers Gedichtband »Der politische Dichter«
in der Reihe »Umsturz und Aufbau« mit einer Zeichnung des als
Redner talentierten Autors von Ludwig Meidner

Der Vater tritt ein.

Der Sohn *(geht ihm einen Schritt entgegen).* Guten Abend, Papa!

Der Vater *(sieht ihn an, ohne ihm die Hand zu reichen, eine Weile).* Was hast du mir zu sagen?

Der Sohn. Ich habe mein Examen nicht bestanden. Diese Sorge ist vorbei.

Der Vater. Mehr weißt du nicht? Mußte ich deshalb zurückkehren?

Der Sohn. Ich bat dich darum – denn ich möchte mit dir reden, Papa.

Der Vater. So rede!

Der Sohn. Ich sehe in deinen Augen die Miene des Schafotts. Ich fürchte, du wirst mich nicht verstehn.

Der Vater. Erwartest du noch ein Geschenk von mir, weil sich die Faulheit gerächt hat?

Der Sohn. Ich war nicht faul, Papa ...

Der Vater *(geht zum Bücherschrank und wirft höhnisch die Bücher um).* Anstatt diesen Unsinn zu lesen, solltest du lieber deine Vokabeln lernen. Aber ich weiß schon – Ausflüchte haben dir nie gefehlt. Immer sind andere schuld. Was tust du den ganzen Tag? Du singst und deklamierst – sogar im Garten und noch abends im Bett. Wie lange willst du auf der Schulbank sitzen? All deine Freunde sind längst fort. Nur du bist der Tagedieb in meinem Haus.

Der Sohn *(geht hin zum Schrank und stellt die Bücher wieder auf).* Dein Zorn galt Heinrich von Kleist *(er berührt das Buch zärtlich);* der hat dir nichts getan. – Welchen Maßstab legst du an!

Der Vater. Bist du schon Schiller oder Matkowsky[1]? Meinst du, ich hörte dich nicht? Aber diese Bücher und Bilder werden verschwinden. Auch auf deine Freunde

---

1. *Adalbert Matkowsky (1857–1909), als Schauspieler bedeutender Darsteller klassischer Rollen.*

werde ich ein Auge werfen. Das geht nicht so weiter. Ich habe kein Geld gespart, um dir vorwärtszuhelfen; ich habe dir Lehrer gehalten und Stunden geben lassen. Du bist eine Schande für mich!

D e r S o h n. Was hab ich verbrochen? Hab ich Wechsel gefälscht?

D e r V a t e r. Laß diese Phrasen. Du wirst meine Strenge fühlen, da du auf meine Güte nicht hörst.

D e r S o h n. Papa, ich hatte anders gedacht, heute vor dir zu stehn. Fern von Güte und Strenge, auf jener Waage mit Männern, wo der Unterschied unseres Alters nicht mehr wiegt. Bitte, nimm mich ernst, denn ich weiß wohl, was ich sage! Du hast über meine Zukunft bestimmt. Ein Sessel blüht mir in Ehren auf einem Amtsgericht. Ich muß dir meine Ausgaben aufschreiben – ich weiß. Und die ewige Scheibe dieses Horizontes wird mich weiterkreisen, bis ich mich eines Tages versammeln darf zu meinen Vätern.

Ich gestehe, ich habe bis heute darüber nicht nachgedacht, denn die Spanne bis zum Ende meiner Schule erschien mir weiter als das ganze Leben. Nun aber bin ich durchgefallen – und ich begann zu sehn. Ich sah mehr als du, Papa, verzeih.

D e r V a t e r. Welche Sprache!

D e r S o h n. Eh du mich prügelst, bitte, hör mich zu Ende. Ich erinnre mich gut der Zeit, als du mich mit der Peitsche die griechische Grammatik gelehrt hast. Vor dem Schlaf im Nachthemd, da war mein Körper den Striemen näher! Ich weiß noch, wie du mich morgens überhörtest, kurz vor der Schule; in Angst und Verzweiflung mußt ich zu Hause lernen, wenn sie längst schon begonnen hatte. Wie oft hab ich mein Frühstück erbrochen, wenn ich blutig den langen Weg gerannt bin! Selbst die Lehrer hatten Mitleid und bestraften mich nicht mehr. Papa – ich habe alle Scham und Not ausgekostet. Und jetzt nimmst du mir meine Bücher und meine Freunde, und in kein Theater darf ich gehn, zu keinem Menschen und in keine Stadt. Jetzt nimmst du mir von meinem Leben das Letzte und Ärmste, was ich noch habe.

Der Vater. Wer nicht arbeitet, soll auch nicht essen. Sei froh, daß ich dich nicht längst aus dem Hause gejagt.

Der Sohn. Hättest du es getan, ich wäre ein Stück mehr Mensch, als ich bin.

Der Vater. Du bist noch mein Sohn, und ich muß die Verantwortung tragen. Was du später mit deinem Leben tust, geht mich nichts an. Heute habe ich zu sorgen, daß ein Mensch aus dir wird, der sein Brot verdient, der etwas leistet.

Der Sohn. Ich kenne deine Sorge, Papa! Du bewahrst mich vor der Welt, weil es zu *deinem* Zwecke geschieht! Aber wenn ich das Siegel dieser geistlosen Schule, die mich martert, am Ende auf meinem Antlitz trage, dann lieferst du mich aus, kalt, mit einem Tritt deiner Füße. O Verblendung, die du Verantwortung nennst! O Eigennutz, Väterlichkeit!

Der Vater. Du weißt nicht, was du redest.

Der Sohn. Und trotzdem will ich versuchen, noch heute in dieser Stunde, mit aller Kraft, der ich fähig bin, zu dir zu kommen. Was kann ich denn tun, daß du mir glaubst! Ich habe nur die Tränen meiner Kindheit, und ich fürchte, das rührt dich nicht. Gott, gib mir die Begeisterung, daß dein Herz ganz von meinem erfüllt sei!

Der Vater. Jetzt antworte: was willst du von mir?

Der Sohn. Ich bin ein *Mensch*, Papa, ein Geschöpf, ich bin nicht eisern, bin kein ewig glatter Kieselstein. Könnt ich dich erreichen auf der Erde! Könnt ich näher zu dir! Weshalb diese schmerzliche Feindschaft, dieser in Haß verwundete Blick? Gibt es ein Nest, einen Aufstieg zum Himmel – ich möchte mich an dich ketten – hilf mir!

   (*Er fällt vor ihm nieder und ergreift seine Hand.*)

Der Vater (*entzieht sie ihm*). Steh auf und laß diese Mätzchen.

Ich reiche meine Hand nicht einem Menschen, vor dem ich keine Achtung habe.

Der Sohn *(erhebt sich langsam)*. Du verachtest mich – das ist dein Recht; dafür leb ich von deinem Gelde. Ich habe zum ersten Male die Grenzen des Sohnes durchbrochen mit dem Sturm meines Herzens. Sollt ich das nicht? Welches Gesetz zwingt mich denn unter dies Joch? Bist du nicht auch nur ein Mensch, und bin ich nicht deinesgleichen? Ich lag zu deinen Füßen und habe um deinen Segen gerungen, und du hast mich verlassen im höchsten Schmerz. Das ist deine Liebe zu mir. Hier endet mein Gefühl.

Der Vater. Hast du so wenig Ehrfurcht vor deinem Vater, daß du ihn zum Hehler deiner Schuld machst! Du Landstreicher auf der Straße des Gefühls – was hast du schon Großes getan, daß du von Liebe und von Haß hier redest? Bist du betrunken, was kommst du denn zu mir? Geh in dein Bett. Kein Wort mehr!

Der Sohn. So höre, Papa, noch *ein* Wort! Du sollst erfahren, daß ich gehungert habe in deinem Hause! Die Gouvernanten haben mich geschlagen, und trotzdem hast du ihnen geglaubt! Du hast mich auf den Speicher gesperrt. Ich bin oft schuldlos gestraft worden, keiner hatte Mitleid mit mir. Papa! Es gibt doch Freude – etwas, was golden an die Firmamente rollt – weshalb war ich verstoßen von allen wie ein Mensch mit der Pest? Weshalb muß ich weinen, wenn ein armer Affe im Zirkus aus einer künstlichen Tasse trinkt? Ich kenne die Qual der unfreien, der friedlosen Kreatur. Das ist gegen Gott! Du hast mir die Kleider verboten und mir die Haare geschoren, wenn ich aus glühender Eitelkeit sie anders wollte als du. Soll ich noch weiter in diesem Schlunde wühlen, wo doch an tausend Zacken mein Fleisch klebt! Sieh mich an – was hab ich getan? Kann es nicht bald genug sein. So hör doch und laß mich endlich einen Strahl des allerbarmenden Lichtes sehn. Es steht ja in deiner

Macht. Du hast dich verschlossen – tu dich mir auf! Gib
mir die Freiheit, um die ich dich grenzenlos bitte.

Der Vater. Welche Freiheit soll ich dir geben? Ich verstehe nicht, wovon du sprichst.

Der Sohn. Nimm mich von dieser Schule fort – gib mich
dem Leben. Sei gut zu mir, wie zu einem Kranken, der
vielleicht morgen schon sterben muß. Auch mir gib Wein,
den du für ihn aus dem Keller holst. Auch mich laß trinken, denn sieh, ich bin ganz vom Durste zerfressen.

Papa! Nie bist du zärtlich zu mir gewesen, wie zu dem
niedersten Wesen in deinem Spital. Nie hast du mich umarmt, wenn ich ängstlich dir am Schreibtisch gute Nacht
sagen kam. Und doch hab ich es gefühlt, und ich habe
unendlich begriffen, daß ich dein Sohn bin. Die Wüste
meines Bettes, wo jedes Körnchen gezählt war, ist nicht
so groß, wie dieses Wort der Verzweiflung. Und ich *will*,
ja ich will *etwas* von dir erreichen, und sei es nur eine
eine Wimper deines Auges – und wenn du mich wieder fort-
stößt: mein Wunsch ist doch größer als du in dieser Sekunde.

Der Vater. Erspar dir die Mühe, so fängst du mich
nicht. Welch ein greisenhaft trauriger Narr stehst du vor
mir! Ist das deine ganze Weisheit? Und so sprichst du
über deine Jugend, über die Erziehung in deinem Vater-
haus. Schämst du dich nicht? Wenn du mich verletzen
wolltest – jetzt hast du es erreicht.

Der Sohn. Nein, Papa. Uns trennt ein Andres. O
schrecklicher Zwiespalt der Natur! Soll es denn keine
Brücke mehr geben, wo doch zwischen Nordpol und Süd-
pol die Erde gebaut ist. Papa! Blut stürze neu aus dem
Raum! Ich will dein Feind nicht mehr sein. Nimm mich
an als Mann.

Der Vater. Ich brauche deine Belehrung nicht. Dir ist
nichts geschehen, was du nicht selber verschuldet hast.
Was weißt du von jenen in den Baracken, die leiden! Du,
ein Knabe, der noch keinen Ernst und keine Pflicht ge-

lernt hat. Wenn ich nicht doch noch hoffte, dich das zu lehren, wäre ich nicht wert, dein Vater zu sein. Ich hätte dich strenger erziehen sollen, das seh ich an den Folgen.

Der Sohn. Du entmutigst mich nicht! Ich werde immer wieder kommen und dich bitten. Bis du mich erhörst.

Der Vater. Hast du mich nicht verstanden? Was willst du denn noch von mir?

Der Sohn (feurig). Das Höchste! Zerreiße die Fesseln zwischen Vater und Sohn – werde mein Freund. Gib mir dein ganzes Vertrauen, damit du endlich siehst, wer ich bin. Laß mich sein, was du nicht bist. Laß mich genießen, was du nicht genossen hast. Bin ich nicht jünger und mutiger als du? So laß mich leben! Ich will reich und gesegnet sein.

Der Vater (hohnlachend). Aus welchem Buch kommt das? Aus welchem Zeitungshirn?

Der Sohn. Ich bin der Erbe, Papa! Dein Geld ist *mein* Geld, es ist nicht mehr dein. Du hast es erarbeitet, aber du hast auch gelebt. An dir ist es nun, zu finden, was nach diesem Leben kommt – freue dich deines Geschlechts! Was du hast, gehört mir, ich bin geboren, es einst für mein Dasein zu besitzen. Und ich bin da!

Der Vater. So. Und was willst du mit – meinem Gelde tun?

Der Sohn. Ich will in die Ungeheuerlichkeit der Erde eintreten. Wer weiß, wann *ich* sterben muß. Ich will, ein Gewitter lang, das Erdenkliche meines Lebens in den Fingern halten – dieses Glück werde ich nicht mehr erlangen. Im größten, ja im erhabensten Blitzesschein will ich über die Grenzen schauen, denn erst, wenn ich die Wirklichkeit ganz erschöpft habe, werden mir alle Wunder des Geistes begegnen. So will ich sein. So will ich atmen. Ein guter Stern wird mich begleiten. Ich werde an keiner Halbheit zugrunde gehn.

Der Vater. Weit ist es mit dir gekommen! Du läßt mich

deine ganze Niedrigkeit sehn. Danke deinem Schöpfer, daß ich dein Vater bin. Mit welcher Stirne hast du von mir und meinem Gelde gesprochen! Mit welcher Schamlosigkeit meinen Tod im Munde geführt. Ich habe mich in dir getäuscht – du bist schlecht – du bist nicht von meiner Art. Aber noch bin ich dein Freund und nicht dein Feind, deshalb züchtige ich dich für dieses Wort, wie du es verdient hast.

(Er tritt auf ihn zu und schlägt ihn kurz ins Gesicht.)

D e r S o h n *(nach einer langen Weile).* Du hast mir hier im Raum, auf dem noch der Himmel meiner Kindheit steht, das Grausamste nicht erspart. Du hast mich ins Gesicht geschlagen vor diesem Tisch und diesen Büchern – *und ich bin doch mehr als du!* Stolzer hebe ich mein Gesicht über dein Haus und erröte nicht vor deiner Schwäche. Du hassest ja nur den in mir, der du nicht bist. Ich triumphiere! Schlag mich weiter. Klarheit übermannt mich; keine Träne, kein Zorn. Wie bin ich jetzt anders und größer als du. Wo ist die Liebe, wo sind die Bande unseres Bluts hin! Selbst Feindschaft ist nicht mehr da. Ich sehe einen Herrn vor mir, der meinen Körper verletzt hat. Und doch war einst aus seinem Körper ein Kristall zu meinem Leben gestimmt. Das ist das unbegreiflich Dunkle. Unter uns trat Schicksal. Gut. Ich lebe länger als du! *(Er taumelt.)*

D e r V a t e r. Du zitterst. Nimm einen Stuhl. Ist dir nicht wohl? – Willst du etwas haben?

D e r S o h n *(einen Augenblick schwach in seinen Armen).* Ach, ich habe soviel auf dem Herzen.

D e r V a t e r *(in verändertem Ton).* Ich strafte dich, weil ich mußte. Das ist nun vorbei. Komm. Es geht dir nicht gut.

D e r S o h n. Als ich einmal von der Leiter fiel, und mein Arm war gebrochen, da hast du für mich gesorgt. Als mein kindliches Gewissen schlug, weil ich einen Schaffner betrog, hast du ihn beschenkt und mein strömendes Weinen geheilt. Heute kam ich zu dir in größerer Not, und du hast mich geschlagen. – Es ist wohl besser, du lässest mich nun aus deinem Arm. *(Er richtet sich auf.)*

Der Vater. Du kamst nicht in Not, du kamst in Ungehorsam. Deshalb schlug ich dich. Du kennst mich und weißt, was ich von meinem Sohne verlange.

Der Sohn. Wie kannst du ein Wort auf der Zunge bewegen und sagen: so ist es! Siehst du nicht stündlich den Tod in den Baracken und weißt nicht, daß alles anders ist in der Welt!

Der Vater. Ich bin ein Mann und habe Erfahrungen, die du nicht hast. Du bist noch ein Kind.

Der Sohn. Wenn Gott mich leben läßt, darf ich alles beginnen. Weshalb willst du mich darum verleugnen! Hast du nicht auch auf der blumigen Erde gespielt und manches geträumt, was dir nicht erfüllt ist?

Der Vater. Ich habe meine Pflicht getan, das war mir das Höchste. Und du machst hier einen Unhold aus mir und bedenkst nicht: ich habe an deiner Wiege gestanden, und du *warst* geliebt! Glaubst du nicht, daß ich auch heute noch manch schlaflose Nacht deinetwegen verbringe? Was soll aus dir werden! Wo sind deine Kinderworte geblieben, deine reine und unbefangene Brust? Du bist störrisch hingezogen, und verlacht hast du Rat und Hilfe. Und jetzt soll ich dir helfen, wo du zu mir kommst übernächtig und schlimm! Jetzt soll ich dir vertrauen?

Der Sohn. Du bist mir ein Fremder geworden. Ich habe nichts mehr gemein mit dir. Das Gute, von dem du glaubtest, es sei so leicht, hat mich nicht in deinen Zimmern erreicht. Du hast mich erzogen in den Grenzen deines Verstandes. Das sei deine Sache. Jetzt aber gib mich frei!

Der Vater. Wie sehr hat dich schon die Fäule dieser Zeit zerstört, daß du so trübe empfindest. Tat ich nicht recht, dich fernzuhalten von allem, was häßlich und ge-

mein ist! Du bist entzündet von Begierden, die ich mit
Schrecken erkenne. Wer hat dich so im Herzen verdorben? Ich habe dich als Arzt behütet vor dem Gift unserer
Zeit, denn ich weiß, wie gefährlich es ist. Dafür wirst du
mir später noch dankbar sein. Aber wie ist das gekommen – es hat dich doch erreicht! Aus welchem Kanal
brach diese Ratte in deine Jugend ein? Mein armer
Junge, wie verirrt du bist! Komm, laß uns das vergessen.
    (Er legt die Hand auf seine Schulter.)
Der Sohn *(weicht zurück)*. Nein, Papa. Ich liebe meine
Zeit und will dein Mitleid nicht. Ich verlange nur eins
noch von dir: Gerechtigkeit! Mach, daß ich nicht auch
darin an dir zweifle. Mein Leben komme nun über *mich*!
Es ist Zeit, Abschied zu nehmen, deshalb stehn wir hier
voreinander. Nein, ich schäme mich nicht der Sehnsucht
nach allem, was heute und herrlich ist. Hinaus an die
Meere der Ungeduld, des befreienden Lichts! Verlassen sei
die Öde deines Hauses und die Täglichkeit deiner Person.
Ich fühl's, ich geh einer glücklichen Erde entgegen. Ich
will ihr Prophet sein.
Der Vater. Sind das deine letzten Worte im Hause, das
dich genährt und beschützt hat viele Jahre? Wer bist du,
wenn du die edelste Schranke, Vater und Mutter, in Un-
keuschheit zerbrichst? Weißt du denn, *was* du verlässest
und wohin du gehst? Tor! Wer gibt dir morgen zu essen?
Wer hilft dir in Trübsal und Unverstand? Bin ich denn
schon tot, daß du so zu mir sprichst!
Der Sohn. Ja, Vater, du bist mir gestorben. Dein Name
zerrann. Ich kenne dich nicht mehr; du lebst nur noch im
Gebot. Du hast mich verloren in den Schneefeldern der
Brust. Ich wollte dich suchen im Wind, in der Wolke, ich
fiel vor dir auf die Knie, ich liebte dich. Da hast du in
mein flammendes Antlitz geschlagen – da bist du in den
Abgrund gestürzt. Ich halte dich nicht. Jetzt wirst du
bald mein einziger, mein fürchterlicher Feind. Ich muß
mich rüsten zu diesem Kampf: jetzt haben wir beide nur

den Willen noch zur Macht über unser Blut. Einer wird siegen!

Der Vater. Es ist genug. Noch einmal hör auf mich! Ist denn kein Atem des Dankes, keine Ehrfurcht mehr auf deinen schäumenden Lippen? Weißt du nicht, wer ich bin!?

Der Sohn. Das Leben hat mich eingesetzt zum Überwinder über dich! Ich muß es erfüllen. Ein Himmel, den du nicht kennst, steht mir bei.

Der Vater. Du lästerst!

Der Sohn *(mit zitternder Stimme)*. Ich will lieber Steine essen als noch länger dein Brot.

Der Vater. Erschrickst du nicht selber vor dem, was du sagst!

Der Sohn. Ich fürchte dich nicht! Du bist alt. Du wirst mich nicht mehr zertreten in eifernder Selbstigkeit. Wehe dir, wenn du deinen Fluch rufst in die Gefilde *dieses* Glücks – er fällt auf dich und dein Haus! Und wenn du mich mit Stockhieben von dir treibst – wie hab ich einst gebebt vor dir in armer und heimatloser Angst –, ich werde dich nicht mehr sehn, nicht deine Tyrannenhand und nicht dein graumeliertes Haar: nur die mächtige, die stürzende Helle über mir. Lerne begreifen, daß ich in eines andern Geistes Höhe entschwebt bin. Und laß uns in Frieden voneinandergehn.

Der Vater. Mein Sohn, es ist kein Segen über dir! ... Wie, wenn ich dich jetzt ziehn ließe in deiner Verblendung? Laß dich warnen vor den süßen Würmern dieser Melodie. Willst du mich nicht begleiten an die Betten meines Spitals – da krümmt die Röte deiner Jugend sich verdorben in Schaum und Geschwulst, und was aus deinem Mund sich beschwingt in die Lüfte erhob, bricht als Wahnsinn in des Verwesenden traurige Flur. So zerreißt Gott die Flügel dem, der in Trotz und Hochmut entrann! Stoß in dieser Stunde meine Hand nicht zurück, wer weiß, ob ich sie je dir so warm wieder biete.

Der Sohn. In deiner Hand ist mancher gestorben, dessen

Nähe uns umwittert. Aber was sind alle diese Toten gegen mich, der ich in Verzweiflung lebe! Wär ich vom
Krebse zerfressen, hättest du mir jeden Wunsch erfüllt.
Denn ein Kranker, dem niemand helfen kann, darf noch
im Rollstuhl an die Küste der blauen Meere fahren. Ihr
Lebenden, wer rettet *euch*! Du rufst das Grauen aus den
Gräbern auf; doch dem schönen Glücke mißtrauen darf
nur, auf wessen Haupt die Drommete des Todes erschallt ist. Aus zwanzig Jahren, aus zwanzig Särgen steig
ich empor, atme den ersten, goldenen Strahl – du hast die
Sünde gegen das Leben begangen, der du mich lehrtest,
den Wurm zu sehen, wo ich am herrlichsten stand –
Zerstäube denn in den Katakomben, du alte Zeit, du
morgende Erde! Ich folge dir nicht. In mir lebt ein Wesen, dem stärker als Zweifel Hoffnung geblüht hat.
Wohin nun mit uns? In welcher Richtung werden wir
schreiten?

D e r V a t e r *(geht nach links und verschließt die Türe).*
In dieser.

D e r S o h n. Was soll das bedeuten?

D e r V a t e r. Du wirst das Zimmer nicht verlassen. Du
bist krank.

D e r S o h n. Papa!

D e r V a t e r. Nicht umsonst hast du den Arzt in mir ge-
rufen. Dein Fall gehört in die Krankenjournale, du redest im Fieber. Ich muß dich so lange einschließen, bis ich
dich mit gutem Gewissen meinem Hause zurückgeben
kann. Man wird dir Essen und Trinken bringen. Geh
jetzt zu Bett.

D e r S o h n. Und was soll weiter mit mir geschehn?

D e r V a t e r. Hier gilt noch *mein* Wille. Du wirst dein
Examen machen, auf der Schule, wo du bist. Ich habe
deinen Hauslehrer entlassen. Von jetzt ab werde ich selber bestimmen. In meinem Testamente setze ich dir einen
Vormund, der in meinem Sinne wacht, wenn ich vorher
sterben sollte ...

D e r   S o h n. Also Haß bis ins Grab!

D e r   V a t e r. Du beendest deine Studien und nimmst
einen Beruf ein. Das gilt für die Zukunft. Fügst du dich
meinem Willen, wirst du es gut haben. Handelst du aber
gegen mich, dann verstoße ich dich, und du bist mein
Sohn nicht mehr. Ich will lieber mein Erbe mit eigner
Hand zerstören, als es dem geben, der meinem Namen
Schande macht. Du weißt nun Bescheid.
Und jetzt wollen wir schlafen gehn.

D e r   S o h n. Gute Nacht, Papa.

D e r   V a t e r *(geht zur Türe; kommt noch einmal zurück).*
Gib mir alles Geld, was du bei dir hast!

D e r   S o h n *(tut es).* Hier.

D e r   V a t e r *(von einem Gefühl übermannt).* Ich komme
morgen nach dir sehen. – Schlaf wohl! *(Er entfernt sich
und schließt die Türe.)*

D e r   S o h n *(bleibt unbeweglich).*

*Nach diesem Dialog entflieht der Sohn, vom Freund aufge-
fordert, durch das Fenster. Der dritte Akt zeigt ihn auf
einer Versammlung als revolutionären Redner: »Er hat den
Bund gegründet der Jungen gegen die Welt.« Den Entschluß zum »Vatermord« faßt der Sohn im vierten Akt
nach einer Nacht mit Adrienne und einem Gespräch mit
dem Freund. Gefesselt ins elterliche Haus zurückgebracht,
fordert der Sohn im fünften Akt den Vater auf: »Streich
mich in deinem Herzen als Sohn.« Des Vaters Schlaganfall
macht dem Dialog ein Ende. »Jetzt höchste Kraft im Menschen zu verkünden, zur höchsten Freiheit, ist mein Herz
erneut!« lauten die letzten Worte des Stückes.*

ERNST TOLLER

Am 1. Dezember 1893 in Samotschin (Provinz Posen) geboren als Sohn eines Kaufmanns; Studium der Rechtswissenschaft in Grenoble; Kriegsfreiwilliger, nach schwerer Verwundung Studium der Philosophie und Literaturwissenschaft in München und Heidelberg; 1919 Vorstandsmitglied des Zentralrats der Arbeiter-, Bauern- und Soldatenräte Bayerns, als Beteiligter an der Bayerischen Räterepublik wegen Hochverrats zu fünf Jahren Festungshaft verurteilt. 1917–19 *Die Wandlung* (Dr., Erstauff. 1919); 1919 *Masse Mensch* (Dr., Erstauff. 1921); 1920/21 *Die Maschinenstürmer* (Dr., Erstauff. 1922); 1924 *Hinkemann* (Dr., entst. 1921/22). 1933 Emigration über die Schweiz, Frankreich und England nach den USA; schwere Depressionen, nahm sich am 22. Mai 1939 in New York das Leben.

Die Wandlung
Das Ringen eines Menschen (Auszug)

Ernst Toller war bereit, für seine Ideen, die er im dramatischen Werk auf der Bühne plakativ propagierte, Beschränkung und Erniedrigung auf sich zu nehmen. Diese trotz Verzweiflung und Empörung echte Überzeugung, die die Glaubhaftigkeit seiner revolutionären Wandlung verbürgte, sichert ihm einen Platz im Expressionismus, für dessen Ideale er eintrat. Das Kriegserlebnis war entscheidend für ihn gewesen, der sich freiwillig zum »Waffendienst« gemeldet hatte: Wie viele seiner Schicksals- und Generationsgenossen machte es ihn zum Kriegsgegner, den Gewandelten zum Kämpfer für friedliche Wandlung, Volksversöhnung, sozialen Ausgleich. »Wandlung« ist sein erstes dramatisches Werk überschrieben (1919), das den Untertitel »Das Ringen eines Menschen« trägt. Ans Religiöse grenzende Begeisterung, Schrei nach Verwirklichung von Menschenliebe, oratorisches Verkündigungspathos kennzeichnen das Ideendrama. Bekehrung blieb aus, der Mensch erwies sich als unwandelbar, es zeigte sich, daß Ekstase, davonstürmende Emotion, rhetorischer Schwung diese Fakten nicht zu überdecken vermögen. Die Bereitschaft zu Kampf für Verbrüderung und

*Erneuerung, für eine neue Lebensordnung, wie sie seine er-
sten drei Dramen bestimmt, mündet in resignierende Klage.
Seine Tragödie »Hinkemann« (1923), in ihrer sozialen Pro-
plematik an Lenz oder Büchner erinnernd, ist Anklage und
Klage zugleich: »Wie müßt ihr anders werden, um eine
neue Gesellschaft zu bauen! Bekämpft den Bourgeois und
seid aufgebläht von seinem Dünkel, seiner Selbstgerechtig-
keit, seiner Herzensträgheit! Einer haßt den anderen, weil
er in 'ner anderen Parteisekte ist, weil er aufn andres Programm schwört! Keiner hat Vertrauen zum andern. Keiner
hat Vertrauen zu sich.« So ist Hinkemanns Tragödie die
Tragödie dessen, der sich einer ungewandelten, unveränder-
ten Gesellschaft preisgegeben sieht. »Jeder Tag kann das
Paradies bringen«, aber auch, »jede Nacht die Sintflut«. Im
Vorwort zur englischen Ausgabe seiner Dramen sagt Toller
(1935): »Die in diesem Band gesammelten Stücke sind soziale Schauspiele und Tragödien. Vom Leid des Menschen
zeugen sie, von sinnvollen und vergeblichen Kämpfen, dieses Leid zu überwinden. Denn nur das sinnlose Leid, das
aus der Unvernunft der Menschen, aus unzähligen Gesell-
schaftssystemen herrührt, ist überwindbar. Es bleibt ein
Rest notwendigen einsamen Leides, das Leben und Tod
dem Menschen setzen, und nur dieser Rest ist sinnvoll, ist
notwendig, ist das tragische Element des Lebens und seiner
Gestaltung: der Kunst.«*

*Die erste und zweite Station des ein Vorspiel und sechs
Stationen umfassenden, »in Europa vor Ausbruch der Wie-
dergeburt« spielenden Bühnenwerks zeigen, aus realem und
Traumgeschehen sich fügend, wie der junge jüdische Bild-
hauer Friedrich sich freiwillig zum Kriegsdienst meldet:
»Die große Zeit wird uns alle zu Großem gebären. [...]
Auferstehen wird der Geist, alle Kleinlichkeiten wird er zer-
stören, alle lächerlichen, künstlichen Schranken niederreißen.«
In der dritten Station ist Friedrich verwundet; das traum-
hafte sechste Bild versinnbildlicht Zweifel und Wandlung.*

3. STATION, 6. BILD

Hintere Bühne. Die Krüppel. *Gewaltiger, unübersehbarer Saal, dessen niedrige Decke schwer lastet. Reihenweise Betten, in denen die Krüppel, mit grauen Hemden bekleidet, liegen. Von irgendwo kommen Sanitätssoldaten.*

Die Sanitätssoldaten.
  Ausgerichtet sind die Betten –
  Wie eine Schnur
  Kein einziges stört die grade Linie
  Wir haben unsre Pflicht getan.
  Getrost – der Arzt kann kommen.
  Die Visite mag beginnen.

(Professor in weitem, geöffnetem Mantel, der eleganten, schwarzen Gehrock sehen läßt, kommt mit seinen Hörern herein. Auf seinem Hals sitzt ein Totenschädel – die Augenhöhlen glimmen durch goldeingefaßte Brille –)

Professor. Ja, meine Herren.
  Wir sind gewappnet gegen alle Schrecken.
  Wir könnten uns die positive Branche nennen,
  Die negative ist die Rüstungsindustrie.
  Mit andern Worten: Wir Vertreter der Synthese,
  Die Rüstungsindustrie geht analytisch vor –
  Die Herren Chemiker und Ingenieure
  Sie mögen ruhig Waffen schmieden
  Und unerhörte Gase fabrizieren,
  Wir halten mit.
  Das Kriegsverdienst wird ihnen angerechnet
  Wir aber, meine Herren, begnügen uns
  Und sind bescheiden:
  Dem Werk der Rettung gilt die Arztesarbeit.
  Doch eh wir zu den Patienten uns begeben,
  Will ich Errungenschaften Ihnen zeigen,
  Die meiner Mühe,
  Ich sags nicht ohne Stolz,
  Gelang.

Ach bitte, führen Sie
Die sieben Musterexemplare
Vor vor die weiße Leinwand.
(Sanitätssoldaten stellen eine weiße quadratische Leinwand-
tafel auf. Ein Sanitätssoldat winkt. Wie aufgezogene Ma-
schinen schreiten von irgendwo sieben nackte Krüppel. Ihre
Körper bestehen aus Rümpfen. Arme und Beine fehlen.
Statt ihrer bemerkt man künstliche schwarze Arme und
Beine, die sich automatisch schlenkernd bewegen. In Reih
und Glied marschieren sie vor die Leinwand.)
Ein Sanitätssoldat *(kommandiert).* Halt.
(Die sieben stehen still, ein vernehmliches Knacken wird da-
bei hörbar.)
Ein Sanitätssoldat *(kommandiert).* Links-um!
(Die sieben führen die Linkswendung aus. In diesem
Augenblick leuchtet eine Blendlampe auf, die weißglühende
Lichtgarben auf die sieben wirft, deren Gesichter alle den
gleichen stereotypen Ausdruck tragen.)
Professor. So, meine Herren, wenn ich bitten darf.
Dies ist der richtige Platz.
Wo sie am besten schaubar werden.
Die Leute sind durch unsre Wissenschaft
Zu neuem Leben auferweckt –
Fleischrümpfe waren sie,
Nun sind sie wieder Männer.
Sahn Sie, mit welcher Freude
Und Exaktheit
Die sieben dem Befehle folgten?!
Ja, meine Herren, nun sind sie wieder
Unserm Staate zugeführt
Und auch der Menschheit!
Wertvolle Glieder einer nützlichen Gemeinschaft!
Doch was mir jetzt gelang,
Heut will ichs Ihnen sagen.
Besondrer Mechanismus wurde konstruiert,
Die Leute können wieder ihrer höchsten Pflicht genügen.

Methode, sinnreich, ward geschaffen –
Fortpflanzungsmöglichkeit ist nun erreicht
Auch Ehefreuden warten dieser Männer.
(Ein Hörer – Antlitz Friedrichs – wird ohnmächtig. Sani-
tätssoldaten reichen dem Ohnmächtigen Wasser.)
P r o f e s s o r *(verbindlich, aber mitleidig lächelnd).*
Ohnmächtig, junger Mann, beim Werk der Liebe,
Wie wärs denn draußen, auf dem Feld der Schlacht.
(Der Hörer bedeckt sein Gesicht mit beiden Händen und
geht davon. Unwillkürlich bewegen sich seine Füße genauso
automatisch wie die künstlichen der Krüppel.
Die elektrische Lampe erlischt. Der Professor, die Hörer,
Krüppel und Sanitätssoldaten verblassen.
Aus einem Bett richtet sich ein blinder Krüppel auf.)
B l i n d e r. Sagt, Brüder, ward es Abend …
Ward es Nacht …
Die Nacht gibt Lindrung mir.
Die Nacht hat weiche, kühle Hände
Die streichen meine Augenhöhlen
Mit zärtlich blauenden Gebärden …
Der Tag ist grausam. Sonne sticht.
Ich fühle sie als Schwefelmeer.
Das mich mit Dämpfen ätzend beißt …
A r m l o s e r. Hört keiner mich …
Ich rufe doch
Und bitt euch, liebe Kameraden.
Nur eine kleine Notdurft möchte ich verrichten.
Wer hilft mir, schnell, ich bitt euch …
Im eignen Kot zu liegen, ist so jämmerlich.
R ü c k e n m a r k s v e r l e t z t e r.
Was macht das bißchen Kot bei dir –
Bei mir ward es Gewohnheit.
Ich weiß nicht, bin ich Mensch noch
Oder lebende Latrine.
Gelähmt ist mein Gedärm …
Und nur mein Herz muß schlagen …

Ist keiner hier, der es vermag,
Mein Herz zu lähmen.
Ich steck im eignen Kot –
Verpeste, mir und euch zum Ekel.
Ich fluch dem Herzen –
Meine Seele starb vor Ekel –
Und nur mein Herz ist ohne Mitleid –
Als ich erwachte, sagte mir der Arzt:
Die Kugel hat das Rückenmark gestreift,
Ihr Leben bleibt erhalten –
Hat dieser Mann gewußt,
Was mir erwächst –
Dann war es Spott,
Sonst hätt er mir ein Mittel geben müssen,
Daß ich verrecke.
Und hat ers nicht gewußt,
So sperr man ihn ins Irrenhaus.

Verwundeter *(dessen Körper ständig von entsetzli-
chen Zuckungen gepeitscht wird).*
Ins Irrenhaus – ja sperrt ihn nur
Ins Irrenhaus.
Nein, wißt ihr ...
Andres Mittel weiß ich.
Sperrt ihn in einen Unterstand,
Und schießt den Unterstand in Trümmern.
Ratsch – krepierte die Granate ...
Ich sah mich um ... kein Ausweg mehr.
Mit meinen Nägeln kratzt ich
An zerfetzten Brettern –
Mit meinem Munde fraß ich Erde
Um mir ein Loch ins Licht zu fressen.
O viele Erde habe ich gegessen –
Nie wußt ich, daß die Erde so gut schmeckt.
Dann schlief ich ein –
Erwachend lag ich hier.
Ist das die Erde, die ich aß,

Die mich so zucken läßt?
Wollt ich zu frühe Erde werden
Und muß ich dafür büßen jetzt?
Oder bin der Erde ich enflohn,
Verfolgt mich ihre Rache?
Was ich in Händen halte, das verschütt ich –
Verschüttete ich doch mein Blut –

G a s v e r g i f t e t e r. Mein Atem ist ein Spatz,
Macht immer Pip . . .
Meine Lunge ist ein Spatzennest . . .
Könnt ihrs mir sagen?
Auch Spatzen soll es geben,
Die hin zum Süden fliegen
Wenn der Winter kommt.
Pip . . . pip . . .

A l l e. So weiß ein jeder eignes Lied.
Wir sollten einen Mischchor singen.

(Von irgendwo kommt ein Pfarrer – Antlitz Friedrichs.
Seine beiden erhobnen Hände umschließen ein Kruzifix, das
er den Krüppeln entgegenstreckt.)

P f a r r e r. Den Heiland bring ich euch,
Ihr armen Kranken.
Er weiß um euer Müh und Leiden –
O kommt zu ihm, ihr tief Bedrückten,
Er gibt euch Heilung, gibt euch Liebe.

D i e K r ü p p e l. Ist Er so mächtig, warum ließ Ers zu?!
Und wenn Ers gut hieß,
Dieses große »Frag mich nicht wofür«.
Warum dann müssen wir noch leben?
Du sagst, er weiß um unser Leiden,
Dann ist er schlecht, wenn er uns nicht erlöst.

P f a r r e r. Ihr lästert.

D i e K r ü p p e l. Wags, uns Lästerer zu nennen,
Er lästerte an uns,
Wenn Er uns glauben machen will,
Daß Er um unser Léiden weiß!

Wags nur, uns Lästerer zu nennen,
Doch schau uns an zuvor.
Graut dich nicht deines Amtes?
Schau uns an. *(Die Krüppel erheben sich in ihren Betten.)*
(Der Pfarrer hebt langsam seinen Kopf... Seine Augen erweitern sich... erstarren. Seine erhobenen Hände zerbrechen langsam das Kreuz. Er sinkt in die Knie.)

Pfarrer.
Wie konnt ich's wagen, Priester mich zu dünken –
Berufen wir – welch töricht Hirngespinst.
Mich packt ein Graun vor denen, die uns feierlich beriefen.
Ich seh den Abgrund, den der Priester aufbeschwört
Und möchte schrein: Befreit euch von den unberufnen
                                        Priestern.
– O Jesus, deine Lehren sind verstümmelt –
Wie gings sonst zu, daß kraftlos sie zerbröckeln.
Da ist kein Heil...
Ich sehe keinen lichten Weg aus dieser Nacht,
Ich sehe nirgends eine lichte Hand.
Bereit euch zu erlösen...
Wie könnt ich, selber trostbedürftig, den Trost euch
                                        spenden,
Nach dem mich brennender denn euch verlangt?
Und wer sollts unternehmen, euch, vor deren Augen
Alle bloßen, schwachen Mitleidsschleier fielen,
Mit frommen Worten zu betrügen –
Ich kann es nicht.
Ich gehe euch voran...
            (Pfarrer verblaßt.)
Die Krüppel. Glückauf!
Beneidenswerter!
      (In langem Zuge kommen die Schwestern.)
Die Schwestern. Wir bringen Arzenei...
Ihr armen Kranken...
Getränke, stillend euren Durst...
Wir bringen kühle Tücher

Euren Schmerz zu lindern ...
Wir bringen gütige Tabletten,
Die geben sanften Schlaf.
D i e K r ü p p e l. Was nützt uns Schlaf, ihr Schwestern ...
Morgen ächzt ein neuer Tag ...
O brächtet Arzeneien ihr
Für eine lange, lange Nacht. Wir wollen nicht erwachen.
Wir wollen nicht erwachen!
D i e S c h w e s t e r n. Zu viel verlangt, ihr arme Kranke,
Heilung zu bringen, ist unser Amt,
Zu töten ist uns nicht erlaubt.
D i e K r ü p p e l. Zu spät, ihr Schwestern –
Arme Flickerkunst vollführt ihr da.
Warum nicht wehrtet ihr im Frieden!
Warum erst flicken,
Wenn ihr tanzen könnt
Mit Frohen und Gesunden?!
D i e S c h w e s t e r n. Ihr tut uns Unrecht.
D i e K r ü p p e l. O schaut uns an
Und sprecht noch einmal aus,
Daß wir euch Unrecht tun.
Ihr wißt nicht, wer ihr seid, ihr lieben Schwestern,
Zieht Trauerkleidung an, tragt schwarze Schleier –
Nennt euer Tun nicht Nächstenliebe,
Nennt euer Tun armselig, traurig Flickwerk.
*(Die Schwestern erheben ihre Köpfe. Ihren Lippen entringt
sich erschütternder Schrei. Sie brechen in sich zusammen.*
Verblassen.
Dunkel.
Aufflammt die Blendlampe.
*Vor der Leinwand stehen wieder die sieben Krüppel, davor
Professor, Hörer, Sanitätssoldaten.)*
P r o f e s s o r. Es ist ein ausnahmsweises Glück –
Daß wir die Fälle so beisammen haben.
Die Kranken sehn wir morgen an.
Ich wiederhol, was ich am Anfang sagte!

Wir sind gewappnet gegen alle Schrecken.
Wir könnten uns die positive Branche nennen,
Die negative ist die Rüstungsindustrie.
Mit andern Worten: Wir Vertreter der Synthese.
Die Rüstungsindustrie geht analytisch vor.
(Die Bühne schließt sich.)

Die Begegnung mit einem Kriegskrüppel läßt den Genese-
nen, der an einer Statue »Sieg des Vaterlands« arbeitet, sein
Werk zerstören und »den Menschen in sich finden«. Er geht
»ekstatisch zur Tür hinaus« »zu den Menschen«. Sein Le-
ben, dem er fast im Selbstmord ein Ende gesetzt hätte, ge-
winnt einen neuen Sinn: Er will kämpfen, »um den Men-
schen zu befreien«, um dessen »verzerrte Bilder« neu zu
schaffen. So wird der einstige Kriegsfreiwillige zum Revo-
lutionär.

6. STATION, 13. BILD

Vordere Bühne. Mittag. Platz vor der Kirche. Friedrich
kommt, lehnt am Portal der Kirche.

F r i e d r i c h. Sonne leuchtet auf den Dächern, streichelt
die erblindenden Fenster enger Mansarden. Meine Brust
weitet sich.
(Die Mutter kommt in Trauerkleidung über den Platz.)
Mutter!

M u t t e r *(kaum aufblickend)*. Du hast mich die Jahre nicht
gekannt, da fing ich an zu glauben, ich trüge dich wieder
unterm Herzen wie einst.

F r i e d r i c h. Alle meine Liebe bring ich dir, möchte dich
gütig umfassen, deine müden Runzeln küssen.

M u t t e r. Du lebst noch nicht! Du hast deine Familie verlassen, bist deinem Volk entfremdet.

F r i e d r i c h. Ich stehe ihm näher, als damals zu Haus.

M u t t e r. Zu den Fremden gehörst du.

F r i e d r i c h. Zu den Fremden, doch auch zu dir.

Mutter. Wer zu den Fremden hält, gehört nicht zu unserem Volk. Unser Volk ist ein stolzes Volk.

Friedrich. Mutter! Fühlst du es nicht, wie die Erde gärt. Wie die Erde ein einziger gewaltiger Schoß ward, der zuckt in Wehen. Denk an die Qual, da du mich gebären solltest, so wälzt sich heute die Erde ... Zerrissener, blutiger Schoß, um neu zu gebären die Menschheit.

Mutter. Ich bin zu alt, mein Lebensmut erlosch. Ich verstehe dich nicht.

Friedrich (birgt seinen Kopf in Händen). Mutter!

> (Mutter geht davon.
> Der Onkel kommt.)

Friedrich. Lieber Onkel!

Onkel. Was soll das! Hast du kein Geld mehr? Rechne nicht auf mich. Ich kenne dich nicht mehr.

Friedrich. Ich brauche dein Geld nicht, Onkel, aber ich will, daß du mich kennst.

Onkel. Laß das, wozu? Erkläre mir, hast du so viel verdient, daß du dich ernähren kannst? Nein, denn dein Anzug ist schäbig.

Friedrich. Onkel, du belügst dich.

Onkel. Belügen? Lügen mußte ich, du zwangst mich dazu. Mein Geschäft war durch dich beinah ruiniert. »Ihr Neffe ist ein Staatsfeind«, hieß es. Du brachtest Unglück über deine Familie.

Friedrich. Tat ich das, dann mußte ich es wohl.

Onkel. Du belästigst mich. Du hast kein Distanzgefühl.

Friedrich. Onkel, ich werde gegen dich kämpfen, weil ich muß. Aber ich kämpfe ja nicht gegen dich, ich kämpfe gegen die Dünkelmauer und Sperren, die um dich gebaut sind.

Onkel. Ich sah es voraus, du Verräter. Schamlos willst du dein eigenes Blut überfallen.

Friedrich. Längst überfiel ich es, Onkel.

Onkel. Du wirst mich gewappnet finden.

(Geht weiter.
Arzt kommt.)

F r i e d r i c h. Guten Tag, Herr Doktor, erinnern Sie sich
noch meiner?

A r z t. Ach ... Sie ... äh, ja, jenes uninteressante Fällchen
damals. Erschlaffung des Mastdarms. Nun geht's wieder?
Alles in Ordnung? ... Verdauung ungestört?

F r i e d r i c h. Herr Doktor, glauben Sie an den Menschen?

A r z t. Dumme Frage. Höchst einfältige Frage. Ich glaube,
daß die meisten Menschen eine gute Verdauung haben.
Denjenigen, bei denen sie schlecht ist, muß man Rizinus
geben, einen großen Löffel für Erwachsene, einen kleinen
Löffel für Kinder. Dumme Frage. Höchst einfältige
Frage. Muß mir den Fragesteller mal genau ansehen. –
Bleiben Sie still. – Sagen sie a – Schließen Sie die Augen
– – – Psychose in hohem Stadium.

F r i e d r i c h. Nicht durch Ihre Medizin gesundet der
Mensch. Er, von den Abfallgruben verpesteter Städte befreit, schreitet aufrecht durch erlöste Welt.

A r z t. Melden Sie sich bei mir. Noch heute. Ich habe eine
Heilanstalt gekauft. Vielleicht macht es noch eine Was-
serkur. Bilden Sie sich aber nichts ein. Typischer, ganz
alltäglicher Fall. Heute nachmittag kommen Sie, Zimmer 17, melden Sie sich beim Wärter.

(Geht eilig fort.
Der Kranke mit dem unruhigen Blick schiebt sich heran.)

K r a n k e r. Ja, Sie scheinen also wirklich daran zu glauben!

F r i e d r i c h. An wen?

K r a n k e r. An Sie und überhaupt an den Menschen. –

F r i e d r i c h. Ich glaube an ihn!

K r a n k e r. Hähähä – und an die Liebe.

F r i e d r i c h. Ich will sie leben.

K r a n k e r. Und das alles ...

F r i e d r i c h. Um die Menschen zu befreien.

K r a n k e r. Also nicht nur, um hygienische Orte zu er-
bauen. Denn wozu sonst? Ich will Ihnen etwas verraten,
lieber Herr. – Eine Zeitlang versuchte ich es auch mit
Liebe. Ich werde Ihnen gleich sagen wozu. – Um hygienische Orte einzurichten. Die Orte, die unsere Größe zeigen, liegen noch zu dunkel und versteckt. Zu welchem
Endziel wollen Sie wissen. Um die Menschheit zu lehren,
daß das wahre Heilmittel für sie allgemeiner Selbstmord
ist. Ich habe eingesehen, durch die Liebe erreiche ich es
nicht. Die verschleiert nur. Nun versuche ich es mit hy-
gienischen Orten.

F r i e d r i c h. Wollen Sie nicht einmal dem Arzt Ihren
Vorschlag machen?

K r a n k e r. Bei dem war ich ein paarmal. Er braucht meine
Pläne nicht, sagt er, denn er hat sie schon ausgeführt.
Sonst wäre ich ganz gesund, hätte die beste Verdauung.

F r i e d r i c h. Sie wollen also, daß alle Menschen sich
töten?

K r a n k e r. Ja!

F r i e d r i c h. Warum predigen Sie dann nicht den Krieg?

K r a n k e r. Nein, so nicht. So sollen sie sich nicht töten.
Freiwillig sollen sie es tun. Also, wie wär's? Ich rate
Ihnen, überlegen Sie es sich noch einmal. Bau von hygie-
nischen Orten zum Zweck der Selbstvernichtung.

F r i e d r i c h. Armer Mensch!

K r a n k e r. Sie haben Mitleid mit mir! Sie... haben...
Mitleid... mit...

F r i e d r i c h. Du bist krank. Dein Inneres gähnt tote
Höhlen.

K r a n k e r *(als ob er erwache, schreiend).* Ich kann ja an
die Liebe nicht glauben, immer nur Dirnen... immer nur
Dirnen... Nie hat mich jemand geliebt. *(Läuft ständig
den Kopf schüttelnd davon.)*

F r i e d r i c h. Ich werde ihn suchen müssen, noch heute –
meine Mutter will ich bitten, ihn zu pflegen... nein...
die Studentin.

(Dame, die während der letzten Szene gekommen ist, nähert sich, ihren Leib in den Hüften wiegend, Friedrich.)

D a m e. Mann, was tun Sie ... Sehen Sie wirklich nicht, daß Liebe durch zerklüfteten Abgrund von Güte getrennt schweißzittert, daß Liebe wie dämonischer Rothund mit Zungen lüstern spielt und sprungbereit lauert ... Daß sich Liebe und Güte wie Todfeinde anstarren ... haha ... Sie scheitern doch. Antworten Sie mir nicht. Ich verzichte auf Ihre Antwort. Ich verzichte auf Ihre Güte ... Liebe peitscht Leiber. Laß mich mit meinen Zähnen deine Brust blutig reißen, laß mich deine Schenkel küssen ... Deine Güte ... hah ... Du bist ein Narr. Ein gequälter Narr. An deiner Güte würde ich ersticken.

F r i e d r i c h. Und du?

D a m e. Weib!

(Dame geht davon.
Friedrich lehnt schweigend am Portal der Kirche.
Die Schwester kommt.)

S c h w e s t e r. Dein Auge ward licht, Friedrich.

F r i e d r i c h. Freundin.

S c h w e s t e r. Wirst du jetzt den Sieg der Menschheit gestalten, Friedrich?

F r i e d r i c h. Was braucht es dafür besonderen Symbols? Was braucht es eines Beweises? Die Menschen haben ihn in sich geschaut. Die Menschen sollen ihn schauen in allen meinen Werken.

S c h w e s t e r. Du bleibst hier?

F r i e d r i c h. Ich bleibe hier und werde doch meinen Weg weiter wandern. Durch verpestete Straßen und über Mohnfelder, auf sonnigen, schneeigen Gipfeln und durch Wüsten, wissend, daß ich nicht Entwurzelter bin, wissend, daß ich wurzle in mir.

S c h w e s t e r. So muß man sich töten und gebären, um seine Wurzeln zu finden.

F r i e d r i c h. Dieses Wissen ist nur ein Anfang.

S c h w e s t e r. Und wohin weist es?

Friedrich. Zum Menschen!

Schwester. Und weiter!

Friedrich. Weiter...? Ich sorg mich nicht drum. Mir ist's, als wäre ich in einem unendlichen Meer verwurzelt. Es ist so schön, zu wissen, daß man Wurzeln hat und sich doch treiben lassen kann.

Schwester. Leb wohl, Friedrich, ich will deinen Weg achten.

(Schwester geht davon.
Volk strömt aus der Kirche und aus den Straßen.)

Volk. Dort steht er, der mit uns sprechen will.

Er sagt, daß wir bis zum Mittag warten sollen.

Nun muß er doch sprechen.

Wir haben ja gewartet.

Friedrich. Ihr Brüder und Schwestern: Keinen von euch kenne ich und doch weiß ich um euch alle.

Du Kind gehst in die Schule und Angst befällt dich auf dem Weg. Das Schulzimmer sieht aus, als ob es Regentag wäre und dabei scheint doch die Sonne. Der Lehrer sitzt auf dem Katheder wie der böse Geist aus einem Märchen, das du heimlich lasest. Er blickt dich zornig an und schilt dich, weil du deine Aufgabe nicht behalten konntest. Und doch ist dein Herz so voll von seltsam Erlebten. Du möchtest ihn so gerne fragen, er aber herrscht dich an, und behauptet, du hättest keine Religionsgeschichte gelernt und wärest kein guter Christ. Ich kenne dich, Mädchen, feinknochig und märzzart... Vor ein paar Wochen verließest du die Schule froh, da du glaubtest, Jugend und Freiheit läuteten mit himmlischen Glokken... Aber nun stehst du in der Fabrik. Von morgens bis abends schlägst du immer wieder einen Hebel zurück. Immer wieder denselben Hebel. Und dein Atem wird schwer in der stickigen Luft und deine Augen füllen sich mit Tränen, wenn du durch die verstaubten Fenster das Licht ahnst, und die Freiheit und Blumen und Jugend. Ich kenne dich, Frau, verarbeitet und vergrämt, die du in enger Kammer mit deinen hungernden, frierenden Kindern hausest und mit dumpfer Seele und müden Händen deinem Manne die abendliche Türe öffnest.

Ich weiß auch um dich Mann, daß dich Grauen packt, nach Haus zu gehen, in die Stube, wo es übel riecht, und Elend hockt und Krankheit eitert. Weiß um deinen Haß gegen jene, die sich satt essen können und lachen, daß du ins Wirtshaus gehst und dich betrinkst sinnlos, sinnlos, um nichts mehr zu denken und zu sehen. –

Ich weiß um dich, du Mädchen, um deine wünscheheiße Nächte.

Ich weiß um euch junge Menschen, um euer Suchen nach Gott.

Um dich, du Reicher, der du Geld anhäufst, und alle verachtest, die andern und dich selbst.

Ich kenne dich Frau, fruchtbeladner Baum, den keiner kommt zu stützen, und der bricht und dorrt ob seiner Fülle.

Und du Soldat, eingezwängt in künstlichen Rock, der alles freudige Leben erstarren macht. Ich weiß um deinen erstaunten Blick, wenn du schreitenden Jüngling sahst, den ein Künstler geschaffen. –

Warum konnte der ihn gestalten?

Weil er da ist, wirklich da ist!

Und so seid ihr alle verzerrte Bilder des wirklichen Menschen!

Ihr Eingemauerte, ihr Verschüttete, ihr Gekoppelte und Atemkeuchende, ihr Lustlose und Verbitterte

Denn ihr habt den Geist vergraben ...

Gewaltige Maschinen donnern Tage und Nächte

Tausende von Spaten sind in immerwährender Bewegung, um immer mehr Schutt auf den Geist zu schaufeln.

Eure eignen Herzen sind auf Schusterleisten gespannt. Die Herzen eurer Mitmenschen sind für euch Klingelzüge an denen ihr nach Belieben ziehen könnt. Ihr werft glitzernde Goldstücke euch zu und redet euch ein, es wä-

ren Frühlingsvögel, die durch die Luft flögen und jubi-
lierten. Ihr pflastert eure Wege mit Goldstücken und redet euch ein, ihr ginget über Wiesen von bunten Blumen
überwachsen.
Eure Lippen murmeln erstarrte Gesetze, Eisenhäuser von
Rost zerfressen. Eure Hände bauen Mauern um euch auf,
und ihr sagt, jenseits wären die Wilden.
Ihr pflanzt Haß in eure Kinder, denn ihr wißt nicht
mehr um die Liebe. Ihr habt Jesus Christus in Holz ge-
schnitzt und auf ein hölzernes Kreuz genagelt, weil ihr
selbst den Kreuzweg nicht gehen wolltet der ihn zur Erlösung führte . . .
Ihr baut Zwingburgen und setzt Zwingherren ein, die
nicht Gott, nicht der Menschheit dienen, sondern einem
Phantom, einem unheilvollen Phantom.
Und was wißt ihr von den geahnten Tempeln?
Für die Gebärerinnen und ihre Kinder baut ihr raffi-
nierte Pranger – denn ihr versteht euch auf die Mechanik
des Folterns.
Ihr Frauen, die ihr Kinder gebärt und sie gleichgültig
oder aus falschem Stolz und eitlen Lügen Scheingebilden
opfert – ihr seid nicht mehr Mütter.
Ihr seid alle keine Menschen mehr, seid Zerrbilder eurer
selbst.
Und ihr könntet doch Menschen sein, wenn ihr den
Glauben an euch und den Menschen hättet, wenn ihr Er-
füllte wäret im Geist.
Aufrecht schrittet ihr durch die Straßen und heute
kriecht ihr gebückt. –
Froh leuchteten eure Augen und heute sind sie halb erblindet. Beschwingt wären eure Schritte und heute
schleppt ihr Eisenklötze hinter euch her. –
Oh, wenn ihr Menschen wäret – unbedingte, freie Men-
schen.
(Im Volk ist während der Rede immer stärker werdende
Bewegung eingetreten.

*Einige sind hingekniet. Andere vergraben weinend ihren
Kopf in Händen. Einige liegen gebrochen am Boden. – Die
recken sich freudig empor. Andere breiten die Hände zum
Himmel.
Ein Jüngling stürzt vor.)*

J ü n g l i n g. Daß wir es vergaßen! Wir sind doch Menschen!

E i n p a a r F r a u e n u n d M ä d c h e n *(halblaut).*
Wir sind doch Menschen!

A l l e *(aufschreiend).* Wir sind doch Menschen!

A l l e *(leis, als ob sie lächelten).* Wir sind doch Menschen!
(Stille.)

F r i e d r i c h. Nun, ihr Brüder, rufe ich euch zu: Marschiert! Marschiert am lichten Tag! Nun geht hin zu den
Machthabern und kündet ihnen mit brausenden Orgel-
stimmen, daß ihre Macht ein Truggebilde sei. Geht hin
zu den Soldaten, sie sollen ihre Schwerter zu Pflugscha-
ren schmieden. Geht hin zu den Reichen und zeigt ihnen
ihr Herz, das ein Schutthaufen ward. Doch seid gütig zu
ihnen, denn auch sie sind Arme, Verirrte. Aber zertrümmert die Burgen, zertrümmert lachend die falschen Burgen, gebaut aus Schlacke, aus ausgedörrter Schlacke. Marschiert – marschiert am lichten Tag. Brüder, recket zermarterte Hand
Flammender freudiger Ton!
Schreite durch unser freies Land
Revolution! Revolution!
*(Alle stehen nun aufrecht, die Hände gereckt.
Dann fassen sie sich an den Händen und schreiten davon.)*

A l l e. Brüder recket zermarterte Hand,
Flammender freudiger Ton!
Schreite durch unser freies Land
Revolution! Revolution!
(Die Bühne schließt sich.)

YVAN GOLL

Am 29. März 1891 in Saint Dié (Vogesen) geboren als Sohn eines
Kaufmanns; wuchs zweisprachig auf; 1912–14 Studium der Rechts-
wissenschaft in Straßburg, 1915–18 in Lausanne. 1914 *Films* (Verse),
Der Panamakanal (lyrische Dichtung); 1916 franz./1917 dt. *Requiem
für die Gefallenen von Europa*; 1918 *Dithyramben, Der neue Orpheus,
Eine Dithyrambe.* 1919 Übersiedlung nach Paris. 1920 *Die Unster-
lichen* (Possen). 1939 Emigration in die USA, 1947 Rückkehr nach
Paris, dort am 14. März 1950 gestorben.

Der Ungestorbene
Zwei Akte

*Der eingeschworene Pazifist Yvan Goll, geprägt von deut-
scher wie von französischer Kultur, gehörte zu den ersten,
die sich der neuen Richtung des Expressionismus verbanden.
Die mythische Gestalt des Orpheus wird ihm als »neuer
Orpheus«, der herabsteigt und sich in den Dienst der Menschen stellt, als Verkünder und Sänger der neuen Zeit Befreiung und Wandel verheißt, zum Symbol des »neuen«,
aus der ethisch-religiösen Wandlung hervorgegangenen
Menschen. Im Meere verbindenden Panamakanal findet
Goll ein Sinnbild für Menschheitsverbrüderung, die Konti-
nente übergreift. »Ich will mit sprudelndem Mund und la-
chenden Augen / Die große Liebe dieser Nacht vergeu-
den, / Mich geben und geben, da ich weiß: / Unversiegbar
sind die Gletscher der Erde, / Unversiegbar sind die Quellen
des Herzens!« schreibt Yvan Goll, um die »Vorstellung
einer in kosmischer und irdischer Einheit gegründeten Gemeinschaft aller Lebenden« (Dietrich Schaefer), Ziel menschheitlicher Erlösungssehnsucht, als »neues Reich« zu verwirklichen. Nach dem Sieg des Geistes und der Liebe führt Orpheus den Bruder aus der »Großstadt-Unterwelt« hinauf
in den Bereich der im Göttlichen geborgenen Natur, wo
ihm Erlösung und Wiedergeburt zuteil wird. Die Enttäuschung über das Scheitern der Revolution und den unver-*

änderten Gang der Dinge ließen den Dichter, der eigene Mission und Schicksal mit jenen Ahasvers, des ewig im Aufbruch Begriffenen, verglich, aufs neue auf Wanderschaft gehen. Obwohl er nach Paris übersiedelte, schöpfte sein Werk fast noch ein volles Jahrzehnt aus den Quellen, welche ihm die Teilnahme an der expressionistischen Wandlungsbewegung erschlossen hatte. Aus dem Sänger wurde schließlich der Clown, der Groteskkünstler, der mit dem distanzierenden Lachen, das er erzeugt, die eigene Bitterkeit und Trauer begräbt. Denn nun blickt Goll auf seine Vision zurück als auf einen »Lunapark aus Pappe und Stuck, mit Illusionspalästen und Menschenmenagerien«. Der einstige Künder, der die Menschheit zum Orphischen erwecken wollte, wird zum entlarvenden Kritiker der eigenen Botschaft. Ahasver-Orpheus tritt schließlich auf als Vortragsreisender, Karikatur und Denkmal seiner selbst. »Kampf ist zur Groteske geworden«, wie Goll 1921 in »Der Expressionismus stirbt« sagt, zur Groteske »zwischen Sehnsucht und Langeweile«, die hohles Pathos, zur leeren Phrase Erstarrtes verspottet und im bitteren Zerrbild noch einmal auf den unerfüllten Anspruch des Versäumten, den überhörten »Ruf für die kommende Zeit« aufmerksam macht.

HANDELNDE

Dr. Golfstrom
Veronika, *seine Frau*
Von Käse, *Journalist*
Herr Publikum
Fräulein Teetante
Ein Student
Kellner
Schutzmann
Das Plakat
Drei Litfasssäulen
Drei Hotelgäste

Die Morgenzeitung
Volk

ERSTER AKT

Vorraum zum Uraniasaal. Die »Kasse«, an der das Publikum vorbeigeht in den Vortragssaal. Hinter dem Kassentisch sitzt Veronika und zählt die Karten und das eingenommene Geld. Das Plakat, in Lebensgrösse, rosa und grün, steht steif an der Wand. Auf seinem Bauch steht geschrieben: VORTRAG DR. GOLFSTROM. DER ÜBERMENSCH VON MORGEN. ZUM EWIGEN FRIEDEN. ZUR FREIHEIT ALLER MENSCHEN.

Veronika: Dreizehn Mark fünfzig! Zwei erste Plätze verkauft. Gutes Geschäft. Die Menschheit ist ein fettes Säugetier. Das Plakat: Erster Platz. Nur weil Plüsch auf den Stühlen ist! Zum Lachen. Und so ein Quatsch. Was erwartet die Menschheit? Veronika *zählt immer wieder:* Dreizehn fünfzig. Schon ist die rote Bluse rausgeschlagen. Die war zwölf fünfundneunzig bei Tietz. *Die Litfasssäulen kommen zum Portal herein und beginnen einen Drehtanz. Sie kreisen um sich selber. Neben jeder eine hohe Laterne, die ihr Auge gelb auf- und zuschlägt. Sie rollen über die Bühne wie edle orientalische Damen, denen die Träger helle Sonnenschirme nachtragen.* Litfasssäule vom Potsdamerplatz: Der Erlöser ist niedergekommen! Berliner, ihr sollt wieder Menschen werden! Litfasssäule vom Halleschen Tor: Nieder die Malthusgötter! Die Massenmörder! Der Übermann mit dem läutenden Herzen. Neue Dome erheben sich heute Abend. Litfasssäule vom Alexanderplatz: Die elfte Stunde hat geschlagen! Gott ist auf seiner letzten Etappe zur grossen Befreiung! Von Käse *kommt eilig herein:* Schon angefangen? *Im Nu sind alle Litfasssäulen um ihn geschart und kreisen. Von Käse hält sich die Ohren zu.*

Von Käse: Zum Teufel Reklame! Weiss ich schon. Die Menschenbefreiung, muss die absolut heut sein? Hättet mich lieber Poker spielen lassen. Veronika *lächelnd:* Noch erste Plätze frei, mein Herr. Von Käse: Leider bin ich Journalist. *Zieht eine Karte heraus.* Veronika: So? *Sie lüftet ein wenig ihre Bluse.* Sie kennen sicher den Aufsatz meines Mannes. *Sie spielt mit ihrer Armbanduhr aus Email.* Gott, es ist schon spät. Hat vielleicht doch keinen Zweck, hineinzugehen. Von Käse: Sie hören auch nicht zu, Madame? Veronika: Ich bin schon befreit. Von Käse: Wenn ich recht verstehe... Nun ja, Doktor Golfstrom ist ein grosser Mann. Wie sollte er nicht eine grosse Frau haben. Veronika *lächelt von unten herauf:* Sie finden? Von Käse: Aber Sie sehen so traurig aus! Veronika *seufzt.* Von Käse: Sie lieben mich! Veronika: Mein Herr, ich glaube, Sie erlauben sich! Von Käse: Nun gut, fangen wir's anders an. Obschon, wenn man so eine rote Bluse hat... *Die Litfasssäulen beginnen wieder zu kreisen und stimmen einen Klagegesang an.* Litfasssäule vom Halleschen Tor: Kauft lieber Schuhcreme Lanolin! Litfasssäule vom Potsdamer Platz: Morgen Film vom lieben Augustin! *Die Litfasssäulen stürzen alle tot zusammen.* Das Plakat: Gebt mir schnell ein Aspirin! *Fällt gleichfalls zusammen.* Veronika: Nichts ohne Geduld, mein Herr. Von Käse *in Positur:* Ihr Gemahl, der verehrte Herr Goldfisch, eh vielmehr, Golfstrom, ist ein sehr... Veronika: Langweilig! Von Käse: Ja so. *Er nimmt eine andere Pose an.* Ich pfeife auf Menschenrechte. Alles ein Pack. Veronika *lächelnd:* Bitte, noch nicht. Das Plakat hört zu. Von Käse *ausser sich:* Ich werde einen dunkelroten Kuss in deinen Nacken setzen... Veronika: Sie empören mich! Von Käse: So sagte ich gestern abend dem Stubenmädchen vom Hotel Splendid. Veronika: Verzweiflung! *Sie weint und zerreisst ihr Taschentuch.* Von Käse *in Ekstase:* Heissgeliebte, ich entführe dich! Vero-

n i k a : Ist das Auto draussen? V o n K ä s e *fällt in die
Knie:* Das ist Befreiung! *Die Saaltür öffnet sich. Ein Gigant: Herr Publikum, gefolgt von Fräulein Teetante und
dem Student, strömt heraus. Er hat lange Dackelohren, herausstehende Froschopernglasaugen, und schwitzt in seinem
Smoking, der ihm immer zu eng ist.* H e r r P u b l i k u m :
Das ist wahres Karlsbad! F r l. T e e t a n t e : Genie! Kennen Sie Pascal? Ich las heut im Larousse dessen berühmten
Satz: Les maladies sont l'état naturel des hommes.[1] S t u d e n t *mit offenem Mund:* Was meinen Sie damit? F r l.
T e e t a n t e : Dass [S]ie ein Grünschnabel sind. H e r r
P u b l i k u m : Golfstrom! Golfstrom! Seit heut Abend
weiss ich: Der Krieg ist eine erhabene Sache! S t u d e n t :
Pardon, Herr, Golfstrom sagt genau das Gegenteil. Er behauptet doch, dass die Neger uns überlegen sind! H e r r
P u b l i k u m : Behauptet er das? So ist meine Behauptung
richtig: Krieg ist eine erhabene Sache! S t u d e n t : Dies ist
doch eine Sitzung gegen den Krieg! H e r r P u b l i k u m :
Gegen den Krieg: das heisst doch: Für den Krieg! Wer gegen den Krieg ist, leugnet doch von vornherein seine Existenz! Siehe Philosoph Salomo Eff. Also ist Golfstrom für
den Krieg! Verlassen Sie sich drauf! S t u d e n t *greift sich
an den Kopf und reisst sein Hirn unterm Hut hervor. Er
wirft es Herrn Publikum ins Gesicht.* Es ist doch nichts
mehr zu machen! *Dr. Golfstrom erscheint. Trägt einen
ofenrohrhohen Zylinder, einen Schwalbenschwanz-Gehrock,
wallenden schwarzen Magierbart, Krawatte, Hände und
Schuheinsatz weiss. Er schleppt neben sich eine zwei Meter
hohe Aktenmappe.* D r. G o l f s t r o m : Sieg! Der Mensch
liegt platt. Mit Telefunken meines Geistes erlegte ich seine
flüchtige Seele. H e r r P u b l i k u m : Ich bin gerührt! D r.
G o l f s t r o m : Das war der Rede Zweck keineswegs! Die
Eingeweide wollt' ich aus Ihnen reissen! H e r r P u b l i-
k u m : Sehr nett, mein Herr! D r. G o l f s t r o m : Ich bin

---

1. *Kranksein ist natürlicher Zustand der Menschen.*

Tuba der Zeit! Blasender Engel. Ich prophezeihe die Tat in zweitausend Jahren. S t u d e n t : Ja, aber ... ach so mein Hirn. *Er hebt es auf.* D r. G o l f s t r o m : Sind Sie nicht meiner Ansicht, Fräulein Teetante? F r l. T e e t a n t e : Wie soll ich das wissen? Die Kritik erscheint doch erst morgen früh im Morgenblatt! D r. G o l f s t r o m *wie sich erinnernd:* Ja, richtig, die Journalisten! *Mit Emphase.* Ich empfange. *Zu von Käse, als wäre ein ganzer Schwarm von Menschen um ihn:* Schreiben Sie, meine Herren, oder vielmehr, telegraphieren Sie. Der Eiffelturmdienst steht mir zur Verfügung. *Er stülpt sich einen Telegraphistenhelm um.* Ich würde also sagen: Der Übermensch von Morgen ist heute nacht erschienen. Zu Berlin im Uraniasaal. Er sprach die erlösenden Worte des neuen aufbauenden Geistes. Der Geist: das ist die grosse Erfindung unseres Jahrhunderts, ja so ungefähr drückte ich mich aus. *Er trocknet sich die Stirn mit einem gelbgestreiften Kinderbettlaken.* Ein Riese, der sein Herzblut für die leidende Menschheit ... Warum schreiben Sie nicht? V o n K ä s e : Verzeihung, ich wollte Sie en passant fragen, sind Sie lebensversichert? D r. G o l f s t r o m : Ich bin unsterblich, mein Herr! V o n K ä s e : Das ist eben die Frage! hängt ganz von mir ab, ob ich das Feuilleton für die Morgenzeitung schreibe oder nicht. Und das wissen Sie, wie für die Stimme der Schallraum, ist die Kritik die lebensnotwendige Atmosphäre des öffentlichen Menschen. Ohne mich kein Ruhm! D r. G o l f s t r o m : O Sie wollen mich berühmt machen! V o n K ä s e : Bin zwar nur ein armer Journalist. Im Nebenberuf, tagsüber, Lebensversicherungsagent. Sozusagen Ihr geschäftlicher Bruder. Was Sie mit der Idee bezwecken, mach ich mit einem Blatt Papier, das man Prämie nennt. Ich mache die gewagtesten Diagnosen. Sie, liebes Genie, dürfen sich nicht übermüden, Sie leiden an Herzschwund. Hat zwar jeder, der die Menschheit zu lieben vorgibt, aber bei Ihnen ... Also nehmen Sie sich in acht. Sie haben ein Weib und ... D r. G o l f s t r o m : Ach ja, meine Frau! Haben

Sie ihre rote Bluse gesehn? Zwölf fünfundneunzig bei
Tietz, herrlich, wie? Beste Reklame, unter vier Augen. Sagen Sie, wer käme in einen Vortrag über die Freiheit des
Menschen, wenn die Kassendame nicht ... *kichert* V o n
K ä s e : Immerhin, Sie riskieren Ihr Leben! D r. G o l f -
s t r o m *trällert nach einem Gassenhauer:* O Veronika, wär
ich mit dir in Verona! V o n K ä s e *händigt ihm ein Papier ein:* Also die Versicherung lautet auf fünfmalhundert-
tausend. Zufrieden? D r. G o l f s t r o m : Sehr gut. Sie
können an der Kasse den Vorschuss abheben. Ich glaube,
dreizehn Mark fünfzig sind vorhanden. V o n K ä s e : Ich
schreibe Ihnen auch den grössten Leitartikel. Überschrift:
Der Golfstrom aus seinem Lauf getreten. Der Golfstrom
umarmt die Welt! D r. G o l f s t r o m : Ich liebe Sie! V o n
K ä s e : Oder noch eine Idee: sterben Sie doch gleich heut
Abend. Das vertausendfacht Ihren Ruhm. Geschieht im
Felddienst der Menschheit. Ihre Frau wird dadurch glücklich
in den Besitz der Versicherungssumme kommen. Ihr Name
wird unsterblich. Was ist ein Menschenleben heutzutage
ohne den dazugehörigen Todesfall! Kein Mensch glaubt an
Sie, wenn Sie nicht dafür sterben können. Die Welt rekla-
miert Helden. Ich rate Ihnen freundschaftlich: sterben Sie!
Herr Publikum ist noch da. Er kann beiwohnen. Ein
Schlaganfall mitten im Trancezustand. Sie rufen: Menschheit! Das genügt. Man wird Ihnen Statuen setzen. D r.
G o l f s t r o m : Sie haben nicht unrecht! V o n K ä s e :
Reden Sie zuerst die ganze Nacht. Bekommen Sie Ihren
Schlaganfall im Augenblick, in dem die Morgenzeitung
morgen früh ausgetragen wird. Sie können dann erleben,
oder in diesem Fall, ersterben, dass in allen Postanstalten,
in allen Drogerien, Wirtschaften und Flughallen Ihr Name
ausgerufen wird. D r. G o l f s t r o m : Famos. Ich will ...
*Die Litfasssäulen rollen wieder über die Bühne und drehen
sich von neuem. Das Plakat richtet sich wieder auf und
schreit rosa und grün: ZWEITER VORTRAG DES DOK-
TOR GOLFSTROM, NACH DEM ER SICH ÖFFENT-*

*LICH FÜR DIE MENSCHHEITSIDEE ZU STERBEN
VERPFLICHTET. EINTRITT DOPPELT. NACHTSIT-
ZUNG. Die Saaltür öffnet sich. Herr Publikum steigt auf
die Bänke, um besser zu sehn.* Veronika *an der Kasse:*
Noch einige erste Plätze frei. S t u d e n t : Kann ich Sie in
zehn Minuten, nach Beginn, hier treffen? ... V e r o n i k a :
Nehmen Sie ein Billet? S t u d e n t : Nein, nachher, ich
möchte ... D r. G o l f s t r o m : Meine geliebte Veronika,
ich will Abschied ... V e r o n i k a : Was wünschen Sie,
mein Herr? Sie stehn dem Publikum im Weg. Nicht soviel
Umstände. D r. G o l f s t r o m : Ach so. Publikum! Geschäft! Herrliches Weib! *(zu ihr gewendet)* Aber ich werde
jetzt doch sterben! H e r r P u b l i k u m *im Saal, scharrt
und murrt* D r. G o l f s t r o m : Man ruft mich! Mein
Ruhm! Für die Menschheit! In den Tod! *Golfstrom nimmt
mit heroischer Geste seine Aktenmappe und schreitet in den
Saal. Die Türen schliessen sich hinter ihm. Das Plakat fällt
zu Boden.* V o n K ä s e *hinter der Kasse:* Das blaue Auto
wartet. V e r o n i k a *wirft sich an seinen Hals* Ins Splendid, schnell, mein geliebter Goldkäfer du!
Vorhang.

ZWEITER AKT

*Vestibül im Hotel Splendid. Sechs Uhr früh. Die Stühle
stehn auf den Tischen. Der Kellner fährt in Pantoffeln umher. Dr. Golfstrom erscheint, übernächtig, ganz durchnässt
vom Regen, den Zylinder halbiert und aufgerissen.*

D r. G o l f s t r o m : Ich bin nicht gestorben! D e r K e l l -
n e r : Das merkt man. Ick ooch nich. *Er trällert:* O wär'
ich im Schauhaus und nicht in diesem Schauerhaus! D r.
G o l f s t r o m : Ich komme direkt aus Todesgefahr, mein
Bruder! K e l l n e r : Da habense Glück. Das ist doch 's
Radikalleben! Das ist doch 's Umgekehrte von Lebensge-
fahr, wie? D r. G o l f s t r o m : Bei Kellnern Logik lernen!
K e l l n e r : Und denn, seit wann bin ich Ihr Bruder, Sie?

Das ist eine Gemeinheit, eine Beleidigung. Ich rufe die
Polizei! D r. G o l f s t r o m : Schikanieren Sie doch die
Polizei nicht. Sie sind doch ein anständiger Bürger. Wozu
den Schutzmann bemühn! K e l l n e r *schreit immer auf-*
gebrachter: Ich ein Bürger? So eine Beschimpfung! Da soll
Sie *Er dringt auf Golfstrom ein. Bei dem Geschrei öffnen*
sich langsam alle Türen rings im Hotel. Zimmer 7: R o t e s
P y j a m a : Wer schreit? Ist das Revolution? *Zimmer 34:*
W e i s s e   H e m d h o s e : Hat mich mein Mann entdeckt?
Zimmer 13: B l a u e r   S c h l a f r o c k : Lasst mich doch
brommen, brommen, brommen! D r. G o l f s t r o m *steigt*
auf einen Tisch: Meine Damen und Herrn, genieren Sie
sich nicht. Sie haben gut geschlafen, ich aber bin nicht gestorben, wissen Sie das schon? R o t e s   P y j a m a : Hätten
Sie sich vorher überlegen sollen! W e i s s e   H e m d h o s e :
Mein Beileid! Mein Beileid! B l a u e r   S c h l a f r o c k :
Sommen! Schnarchen! Sommen! Schnarchen! *Er schlägt die*
Tür zu. D r. G o l f s t r o m : Gewiss ist es schade. Ich hatte
eine ethische Sendung. Ich hab es nicht übers Herz gebracht,
denn meine Frau ... R o t e s   P y j a m a : Sonst ist nich[t]s
geschehen? Sie sind langweilig. O wieder Milchkaffee mit
Butter und Honig trinken müssen! Noch immer keine Revo-
lution! *Sie schlägt ihre Tür zu.* W e i s s e   H e m d h o s e :
Sie sind ja gar nicht mein Mann. Er wird mich nie finden!
Und der andere schnarcht da! O ich verlassene, unglückliche
Frau! *Sie schlägt die Tür hinter sich zu.* D r. G o l f -
s t r o m : Kellner! K e l l n e r : Ich bin doch Ihr Bruder!
Was herrschen Sie mich so an? D r. G o l f s t r o m : Bruder! K e l l n e r : Ich danke für die Ehre. Warum soll die
moderne Anrede Bruder! besser sein. Wo zwei Brüder sind,
ist doch immer ein Kain! Also! Und die Feindschaft ist nicht
aus der Welt! D r. G o l f s t r o m : Mensch, du machst
mich tot! K e l l n e r : Wärst lieber gleich gestorben! D r.
G o l f s t r o m : Alles kommt jetzt auf die Morgenzeitung
an. Wenn die mich totsagt ... D i e   M o r g e n z e i t u n g ,
ein in Papier gehülltes Gestell, schreit herein: Extrablatt!

Seltsamer Fall des Doktor Golfstrom. Er war der Übermensch von morgen und ist gestern gestorben! D r . G o l f - s t r o m : Gestorben! Steht das da? D i e M o r g e n z e i - t u n g : Koof mich, Oller. Lesen kannste selber. D r . G o l f s t r o m *sucht in seiner Tasche:* Keinen Nickel! D i e M o r g e n z e i t u n g : Da wärste selber hingegangen! D r . G o l f s t r o m : War ich auch! Alles Lüge, Blasphe- mie! D i e M o r g e n z e i t u n g : Meenste? Det tut dem Papier nich weh! *Ab.* K e l l n e r : Sie haben nich mal 'nen Nickel? Sie entehren das Hotel! V o n K ä s e *kommt in gelbem Pyjama:* Ah, guten Morgen! Nicht tot? D r . G o l f s t r o m : Ich weiss noch nicht. Hab die Morgenzei- tung nicht bekommen. V o n K ä s e : Na, ich kann's Ihnen sagen! Sie sind regelrecht tot! Wir haben Sie schon beerbt! D r . G o l f s t r o m : Wer, wir? V o n K ä s e : Veronika, meine Frau, ich! Erinnern Sie sich doch aus dem Jenseits! Ich glaube, es war gestern abend. Sie haben Ihr Leben zu- gunsten Ihrer Ehegattin versichert. Nicht wahr? Sie haben die Prämie bezahlt! Alles in Ordnung. Dann versprachen Sie zu sterben. Alles in Ordnung. Ich schrieb dafür Ihren Ewigkeitsnekrolog für die Morgenzeitung. Wir sind quitt! D r . G o l f s t r o m : Aber ich lebe! *Pustet.* Ich atme! *Fühlt an seinem Mantel herab.* Ich bin nass! Lieber von Käse, Sie sind ein patenter Philosoph, aber Sie müssen sich gewiss irren! V o n K ä s e : Keine Rede! Sie sind für mich jetzt eine transzendental metaphysische Persönlichkeit! Sie sind ein Stück Ruhm, etwas, von dem heute morgen je- der Deutsche ein Schlückchen bei seinem Milchkaffee schmeckt. Was aber geht mich Ihre materielle Person an. Was irgendein Mensch mit einer reellen Stirn, der eventuell eine Frau mit zwei oder mehr Brüsten zu lieben vorgibt! Sie sind viel mehr für mich! Sie sind ein Monument an die- sem Tag! Alles betet Sie an. Und das ist mein Werk. Das macht einzig mein Artikel aus. Dass Sie jetzt doch noch zu leben behaupten, ist ein moralischer Fauxpas mir gegenüber. Meine journalistische Persönlichkeit steht auf dem Spiel.

D r. G o l f s t r o m : Was soll ich denn tun? Vo n K ä s e :
Sterben Sie weiter! *Herr Publikum kommt, hinter sich die*
ganze Strasse: Kutscher, Schutzmann, Schulkinder, Barone,
Kokotten, Laternen, Spitzhunde. H e r r P u b l i k u m :
Der Übermensch ist tot! Verlust von Jahrtausenden. Wir
werden ihm das erste Denkmal setzen! *Alle scharen sich um*
den verdutzten Dr. Golfstrom. Einige legen Kränze ab.
Der Schutzmann grüsst militärisch. Ein Hund macht an sei-
nem Bein sein Bedürfnis. D r. G o l f s t r o m *wütend:* Ich
bin ja nicht tot! S c h u t z m a n n : Stören Sie die natio-
nale Zeremonie nicht! D r. G o l f s t r o m : Die Presse
hat eine schlechte Fresse! L e u t n a n t : Ich mache Sie
darauf aufmerksam, dass solche Worte in Deutschland mit
der Guillotine bestraft werden. D r. G o l f s t r o m : Beweise! Beweise! *Alle strecken ihm die Morgenzeitung ent-*
gegen. A l l e : Du bist tot, unser Held! Du musst tot sein!
Befreier der Menschheit! Vo n K ä s e *zuckt die Achseln:*
Nichts zu machen, mein Lieber. Wir beerben dich. D r.
G o l f s t r o m : Mörder! S c h u t z m a n n : Wenn Sie
sich weiter widersetzen, muss ich in Ihre Unsterblichkeit
eingreifen! D r. G o l f s t r o m *greift sich an die Stirn:* So
lasst mich wenigstens eine Kollekte zugunsten des National-
denkmals machen! *Dr. Golfstrom nimmt seinen Hut ab und*
macht die Runde. Die Leute werfen ihm goldene und sil-
berne Geldstücke hinein. Aber da der Hut unten ein Loch
hat, fallen die Münzen auf den Teppich und von Käse geht
hinterher und sammelt sie. Vo n K ä s e : Nichts zu machen. Wir erben! *(Inzwischen kommt Veronika im Strassen-*
kleid aus demselben Zimmer wie vorher [v]on Käse) Ve -
r o n i k a : O Geliebter, wo bist du! Vo n K ä s e : Hier,
mein Täubchen! Ve r o n i k a : Was unterstehn Sie sich,
mein Herr! *Zu Golfstrom.* O Gatte, Geliebter, wo bleibst
du so lange? Vo n K ä s e : Du bist meine Frau! Ve r o -
n i k a : Wieso? Weil wir zusammen in einem blauen Auto
sassen und in der gleichen Schüssel aus Saargemünder Por-
zellan die Zähne putzten? *Zu Golfstrom.* Liebling, dreizehn

Mark fünfzig haben wir eingenommen! D r. G o l f -
s t r o m : Und ich habe eine fabelhafte Kritik in der Mor-
genzeitung! Ich stelle dir meine sämtlichen Anbeter vor. Die
Vertreter Deutschlands. Ich bin die Statue der Menschen-
freiheit! V e r o n i k a : Dreizehn Mark fünfzig für einen
Vortragsabend. Wir können uns eine Villa kaufen! D r.
G o l f s t r o m : Am besten, ich sage gleich einen neuen
Vortrag für heute Abend an! *Das Plakat tritt auf, diesmal
braun und rot und trägt auf dem Bauch die Inschrift: EIN-
WOHNER VON BERLIN! Dr. GOLFSTROM. DER
GROSSE ÖKONOM. VORTRAG ÜBER DIE HYGIE-
NISCHEN VERHÄLTNISSE DER WANZEN IN DEN
FREMDENHOTELS. EINTRITT ZEHN MARK!* H e r r
P u b l i k u m : Herr Doktor, ich lade Sie ins Café ein. Für
heute ist Europa gerettet. V o n K ä s e : Werden Sie mir
ein Interview gönnen? D r. G o l f s t r o m : Ja, bitte,
telegraphieren Sie: der Wanzenbändiger von Berlin . . . usw.
Vorhang.

Dadaismus

Einleitung

Es liegt nahe, im Dadaismus, verstanden als künstlerische Bestätigung der Sinnlosigkeit der Kunst, die Fortsetzung oder den Ausklang des Expressionismus zu sehen. Was sich wie ein Hintereinander, wie eine Folge darzustellen scheint, ist in Wirklichkeit jedoch ein Nebeneinander – die Erhebung der auch dem Expressionismus innewohnenden Tendenz zur Destruktion oder Deformation zum richtungsbildenden Prinzip. Der Expressionismus »wollte« etwas, »wollte die Verinnerlichung, er faßte sich als Reaktion gegen die Zeit auf«, schreibt Richard Huelsenbeck im *Dada-Almanach*, »während der Dadaismus nichts anderes als ein Ausdruck der Zeit ist«. 1916 notiert sich Hugo Ball zur gerade erschienenen Publikation *Cabaret Voltaire*: als ein »Brennpunkt ›jüngster Kunst‹« gedacht, biete sie »auf zwei Bogen die erste Synthese der modernen Kunst- und Literaturrichtungen. Die Gründer des Expressionisme, Futurisme und Kubisme sind mit Beiträgen darin vertreten«. Die Gruppe der Dadaisten – Hugo Ball, Emmy Hennings, Hans Arp, Tristan Tzara, Marcel Janco, Richard Huelsenbeck u. a. – war alles andere als ein geschlossener avantgardistischer Stoßtrupp, geeint in der Opposition gegen die feierlichmüde Verinnerlichung des Expressionismus, der sein revolutionäres Bemühen auf ein konkretes Ziel, auf eine neue, »von den Explosionen [...] der Zeit« geworfene Kunst richtete. Wenn Arp sich erinnert: »Wir wollten etwas machen. Etwas Neues, Nichtdagewesenes. Aber wir wußten nicht, was!«, so heißt das, daß am Anfang lediglich der herausfordernde Wille zur Veränderung stand. »Wir wollen nichts als frech bei jeder Gelegenheit sein!« heißt es im *Manifest des Impertinentismus* – erst später kamen Theorie und Programm hinzu.
In der Entwicklung der dadaistischen Bewegung lassen sich

drei Phasen unterscheiden (Reinhard Döhl). Am Anfang (1915/16) standen Gründung und vielgestaltiger Betrieb der »Künstlerkneipe im Simplicissimus-Stil, aber künstlerischer und mit mehr Absicht«; aus der »Laune« wurde eine Kunstrichtung, der Titelvorschlag für eine Zeitung zum einprägsamen Symbol der Freundesgruppe. »Dada heißt im Rumänischen Ja, Ja, im Französischen Hotto- und Steckenpferd. Für Deutsche ist es ein Signum alberner Naivität und zeugungsfroher Verbundenheit mit dem Kinderwagen«, sagt Ball zur Erklärung des Begriffs. Ob die Wahl des Wortes »Dada« wirklich auf wägende Überlegung zurückgeht oder andere Versionen der Entstehungsgeschichte zutreffen, muß offen bleiben. Der Rückblick aus zeitlicher Distanz läßt die Dinge verschwimmen und zur Frage des Urheberrechts an diesem Suggestivbegriff viele Antworten sich anbieten. Auf das »Durcheinander der Stilarten und der Gesinnung«, wie es die erste Phase des literarischen Cabarets kennzeichnet, in dem »das Publikum mit künstlerischen Dingen«, Experimenten, unterhalten wurde, folgt eine Phase der Bemühung, gegenüber anderen Künstlergruppen, ihren »Stilarten und Gesinnungen« einen scharfen Trennungsstrich zu ziehen (1916). Die Neigung dominierte jetzt, wie Huelsenbeck berichtet, »der abstrakten ungegenständlichen Kunst den Vorzug zu geben«. Erst in der dritten Phase formte sich das, was als Dadaismus in die Literaturgeschichte einging. Konsequente Ausfaltung des als das Eigene Erkannten, seine Steigerung und Radikalisierung, das Bekenntnis zu den Prinzipien der abstrakten Kunst verbanden sich jetzt mit offenem Kampf gegen die überkommenen Bildungs- und Kunstideale, als ästhetische Negation der bürgerlichen Gesellschaft, deren Wesensmerkmale in Nationalismus, Patriotismus und Kriegsneigung gesehen wurden. »Da der Bankerott der Ideen das Menschenbild bis in die innersten Schichten zerblättert hat«, schrieb Hugo Ball 1916 in sein Tagebuch, »treten in pathologischer Weise die Triebe und Hintergründe hervor. Da keinerlei

Kunst, Politik oder Bekenntnis diesem Dammbruch gewachsen scheinen, bleibt nur die Blague und die blutige Posse.« Und einige Tage später ergänzt er: »Die Bildungs- und Kunstideale als Varietéprogramm: das ist unsere Art von ›Candide‹ gegen die Zeit. [...] Die grellsten Pamphlete reichten nicht hin, die allgemein herrschende Hypokrisie gebührend mit Lauge und Hohn zu begießen.« Kunst wird zum Protest gegen Kunst – als eine Art von Anti-Kunst, die sich in einer provozierten und kalkulierten Interaktion mit dem Publikum (vgl. Happening) entfaltet. Nicht Normen will sie setzen, sondern Normen aufheben, als Schock, als Provokation und Entlarvung. Befreiung im Spiel, Entkrampfung im Gelächter, Einbeziehung des Zufalls als Offenbarung des Unbewußten in der automatischen Niederschrift. Verflüssigung durch Sprengung, aber die Sprengung bleibt Selbstzweck, ist nicht, wie im Expressionismus, auf ein neues Ideal gerichtet. Man erfand das poème gymnastique (Huelsenbeck), verband Gedichtlesung mit Körperbewegung, kombinierte wesensfremde Elemente wie Evangelium und bruitistische Musik[1], um eine groteske, schockierende Wirkung zu erzielen. Im poème simultan, dem Simultangedicht, das jetzt vorgetragen wird, mischen sich drei oder mehr Stimmen, verbinden sich mit Geräuschen. Es will »die Verschlungenheit des Menschen in den mechanistischen Prozeß verdeutlichen. In typischer Verkürzung zeigt es den Widerstreit der vox humana mit einer sie bedrohenden, verstrickenden und zerstörenden Welt, deren Takt und Geräuschablauf unentrinnbar sind«, kommentiert Hugo Ball. In dem Maße freilich wie der Dadaismus sich politisierte, nicht mehr mit der Parole »Dem Kosmos einen Tritt! Vive Dada!!!« (Walter Serner) begnügte, sondern Aktion wurde, sich aktiv jener »verstrickenden und zerstörenden Welt« zuwandte und sich ihr in der konkreten, inhaltsbezogenen Auseinandersetzung »hingab«, intensivierte sich andererseits

---

1. Tongebilde aus simultan erfaßten Umweltgeräuschen.

der Rückzug auf den Bereich der Seele im automatischen Gedicht und auf die »innerste Alchemie des Wortes« im Klang- oder Lautgedicht. Radikalisierung auf der einen Seite und Mystifizierung auf der anderen gingen Hand in Hand. Die dadaistische Aktion ersetzte schließlich die Kunst, eine Entwicklung, die auch am Weg von Expressionismus und Surrealismus abzulesen ist. Während Ball sich dem Christentum zuwandte, Tzara und Schwitters nach wie vor für »abstrakte ungegenständliche Kunst« eintraten, sah Huelsenbeck in der Kunst schließlich nur noch ein »Propagandamittel für eine revolutionäre Idee«. So wäre zusammenfassend zu sagen, daß der Dadaismus, der, wie Huelsenbeck summierte, sich der »drei Prinzipien des Bruitismus, der Simultaneität und des neuen Materials in der Malerei« bediente, »sowohl die Tendenz zu einer abstrakten Kunst wie die Tendenz zur politischen Provokation [enthielt], er ließ die Überzeugung einer Veränderbarkeit der Welt durch die Kunst ebenso zu wie eine Kunst, die nur ästhetisches Mittel zum politischen Zweck war; er hatte es verstanden, in seinem Auftreten Tendenz und Experiment zu verbinden« (Döhl). Der Dadaismus mag tot sein, aber er ist ständige Möglichkeit, dauerhafte und als Un-Form bis heute lebendige Kunstform. Er ist auf das Nichts gegründete Grundmöglichkeit der Kunst überhaupt. Da er das Absolute von seiner inhaltlichen Fixierung befreit und in die reine Kunst zurücknimmt, als »Idee der kreativen Irrationalität« des »schöpferischen Spiels« (Richard Huelsenbeck), tritt das Absolute im Nichts in Erscheinung; in der Verneinung öffnet sich höchste Freiheit. Darin liegt die, allerdings vielfältig vorbereitete, folgenreiche Leistung der dadaistischen Bewegung. Sie sichert dem Dadaismus sein Fortbestehen, als Reinigungsbad, als Ende und Anfang.

I. Theorie

Dadaistisches Manifest

Die Kunst ist in ihrer Ausführung und Richtung von der Zeit abhängig, in der sie lebt, und die Künstler sind Kreaturen ihrer Epoche. Die höchste Kunst wird diejenige sein, die in ihren Bewußtseinsinhalten die tausendfachen Probleme der Zeit präsentiert, der man anmerkt, daß sie sich von den Explosionen der letzten Woche werfen ließ, die ihre Glieder immer wieder unter dem Stoß des letzten Tages zusammensucht. Die besten und unerhörtesten Künstler werden diejenigen sein, die stündlich die Fetzen ihres Leibes aus dem Wirrsal der Lebenskatarakte zusammenreißen, verbissen in den Intellekt der Zeit, blutend an Händen und Herzen.

Hat der Expressionismus unsere Erwartungen auf eine solche Kunst erfüllt, die eine Ballotage unserer vitalsten Angelegenheiten ist?

NEIN! NEIN! NEIN!

Haben die Expressionisten unsere Erwartungen auf eine Kunst erfüllt, die uns die Essenz des Lebens ins Fleisch brennt?

NEIN! NEIN! NEIN!

Unter dem Vorwand der Verinnerlichung haben sich die Expressionisten in der Literatur und in der Malerei zu einer Generation zusammengeschlossen, die heute schon sehnsüchtig ihre literatur- und kunsthistorische Würdigung erwartet und für eine ehrenvolle Bürger-Anerkennung kandidiert. Unter dem Vorwand, die Seele zu propagieren, haben sie sich im Kampfe gegen den Naturalismus zu den abstrakt-pathetischen Gesten zurückgefunden, die ein inhaltsloses, bequemes und unbewegtes Leben zur Voraussetzung haben. Die Bühnen füllen sich mit Königen, Dichtern und fausti-

schen Naturen jeder Art, die Theorie einer melioristischen
Weltauffassung[1], deren kindliche, psychologisch-naivste Manier für eine kritische Ergänzung des Expressionismus signi-
fikant bleiben muß, durchgeistert die tatenlosen Köpfe. Der
Haß gegen die Presse, der Haß gegen die Reklame, der
Haß gegen die Sensation spricht für Menschen, denen ihr
Sessel wichtiger ist als der Lärm der Straße und die sich
einen Vorzug daraus machen, von jedem Winkelschieber
übertölpelt zu werden. Jener sentimentale Widerstand gegen die Zeit, die nicht besser und nicht schlechter, nicht re-
aktionärer und nicht revolutionärer als alle anderen Zeiten
ist, jene matte Opposition, die nach Gebeten und Weihrauch schielt, wenn sie es nicht vorzieht, aus attischen Jamben ihre Pappgeschosse zu machen – sie sind Eigenschaften
einer Jugend, die es niemals verstanden hat, jung zu sein.
Der Expressionismus, der im Ausland gefunden, in
Deutschland nach beliebter Manier eine fette Idylle und Erwartung guter Pension geworden ist, hat mit dem Streben
tätiger Menschen nichts mehr zu tun. Die Unterzeichner
dieses Manifests haben sich unter dem Streitruf

DADA!!!!

zur Propaganda einer Kunst gesammelt, von der sie die
Verwirklichung neuer Ideale erwarten. Was ist nun der
DADAISMUS?
Das Wort Dada symbolisiert das pimitivste Verhältnis zur
umgebenden Wirklichkeit, mit dem Dadaismus tritt eine
neue Realität in ihre Rechte. Das Leben erscheint als ein si-
multanes Gewirr von Geräuschen, Farben und geistigen
Rhythmen, das in die dadaistische Kunst unbeirrt mit allen
sensationellen Schreien und Fiebern seiner verwegenen All-
tagspsyche und in seiner gesamten brutalen Realität über-
nommen wird. Hier ist der scharf markierte Scheideweg,
der den Dadaismus von allen bisherigen Kunstrichtungen
und vor allem von dem FUTURISMUS trennt, den kürzlich

---

1. *Optimismus; Auffassung, daß die Menschheit besseren Zeiten ent-*
gegengeht.

Schwachköpfe als eine neue Auflage impressionistischer Realisierung aufgefaßt haben. Der Dadaismus steht zum erstenmal dem Leben nicht mehr ästhetisch gegenüber, indem er alle Schlagworte von Ethik, Kultur und Innerlichkeit, die nur Mäntel für schwache Muskeln sind, in seine Bestandteile zerfetzt.

Das BRUITISTISCHE GEDICHT
schildert eine Trambahn wie sie ist, die Essenz der Trambahn mit dem Gähnen des Rentiers Schulze und dem Schrei der Bremsen.

Das SIMULTANISTISCHE GEDICHT
lehrt den Sinn des Durcheinanderjagens aller Dinge, während Herr Schulze liest, fährt der Balkanzug über die Brücke bei Nisch, ein Schwein jammert im Keller des Schlächters Nuttke.

Das STATISCHE GEDICHT
macht die Worte zu Individuen, aus den drei Buchstaben Wald, tritt der Wald mit seinen Baumkronen, Försterlivreen und Wildsauen, vielleicht tritt auch eine Pension heraus, vielleicht Bellevue oder Bella vista. Der Dadaismus führt zu unerhörten neuen Möglichkeiten und Ausdrucksformen aller Künste. Er hat den Kubismus zum Tanz auf der Bühne gemacht, er hat die BRUITISTISCHE Musik der Futuristen (deren rein italienische Angelegenheit er nicht verallgemeinern will) in allen Ländern Europas propagiert. Das Wort Dada weist zugleich auf die Internationalität der Bewegung, die an keine Grenzen, Religionen oder Berufe gebunden ist. Dada ist der internationale Ausdruck dieser Zeit, die große Fronde der Kunstbewegungen, der künstlerische Reflex aller dieser Offensiven, Friedenskongresse, Balgereien am Gemüsemarkt, Soupers im Esplanade etc. etc. Dada will die Benutzung des

neuen MATERIALS IN DER MALEREI.
Dada ist ein CLUB, der in Berlin gegründet worden ist, in den man eintreten kann, ohne Verbindlichkeiten zu übernehmen. Hier ist jeder Vorsitzender und jeder kann sein

Wort abgeben, wo es sich um künstlerische Dinge handelt.
Dada ist nicht ein Vorwand für den Ehrgeiz einiger Literaten (wie unsere Feinde glauben machen möchten), Dada ist
eine Geistesart, die sich in jedem Gespräch offenbaren kann,
so daß man sagen muß: dieser ist ein DADAIST – jener
nicht; der Club Dada hat deshalb Mitglieder in allen Teilen der Erde, in Honolulu so gut wie in New-Orleans und
Meseritz. Dadaist sein kann unter Umständen heißen, mehr
Kaufmann, mehr Parteimann als Künstler sein – nur zufällig Künstler sein – Dadaist sein, heißt, sich von den Dingen werfen lassen, gegen jede Sedimentsbildung sein, ein
Moment auf einem Stuhl gesessen, heißt, das Leben in Gefahr gebracht haben (Mr. Wengs zog schon den Revolver
aus der Hosentasche). Ein Gewebe zerreißt sich unter der
Hand, man sagt ja zu einem Leben, das durch Verneinung
höher will. Ja-sagen – Nein-sagen: das gewaltige Hokus-
pokus des Daseins beschwingt die Nerven des echten Dadaisten – so liegt er, so jagt er, so radelt er – halb Panta-
gruel, halb Franziskus und lacht und lacht. Gegen die
ästhetisch-ethische Einstellung! Gegen die blutleere Abstraktion des Expressionismus! Gegen die weltverbessernden
Theorien literarischer Hohlköpfe! Für den Dadaismus in
Wort und Bild, für das dadaistische Geschehen in der Welt.
Gegen dies Manifest sein, heißt Dadaist sein!

Tristan Tzara. Franz Jung. George Grosz. Marcel Janco.
Richard Huelsenbeck. Gerhard Preiß, Raoul Hausmann.
O. Lüthy. Fréderic Glauser. Hugo Ball. Pierre Albert Birot.
Maria d'Arezzo. Gino Cantarelli. Prampolini. R. van Rees.
Madame van Rees. Hans Arp. G. Thäuber. Andrée Moro-
sini. François Mombello-Pasquati.

II. Autoren und Texte

RICHARD HUELSENBECK

Am 23. April 1892 in Frankenau (Hessen) als Sohn eines Apothekers geboren; Studium der Medizin, Germanistik, Philosophie und Kunstgeschichte; ging als überzeugter Pazifist 1916 nach Zürich: dort Teilnahme an der Gründung des Dada. 1916 *Schalaben, Schalomai, Schalamezomai* (G.), *Phantastische Gebete* (G.). 1918 rief er mit Raoul Hausmann und Walter Mehring den Berliner Dadaismus ins Leben, der betont politisch aggressiv ausgerichtet war. 1920 *Dada siegt* (Schr.). Tätigkeit als Schiffsarzt, Auslandskorrespondent und als freier Schriftsteller, vorwiegend in Berlin; 1936 Emigration in die USA; lebte zuletzt als Arzt und Psychoanalytiker in New York. Am 20. April 1974 in Minusio bei Locarno gestorben.

Richard Huelsenbeck war Mitbegründer und eifrigster Propagator der Dada-Bewegung. Auf ihn (und Hugo Ball) soll die Entdeckung des Wortes »Dada« zurückgehen (»von Hugo Ball und mir zufällig in einem deutsch-französischen Diktionär entdeckt«). Huelsenbeck, dessen spätere Arbeiten sich freilich kaum mit jenen seiner Anfänge vergleichen lassen, sah in der Literatur primär ein Mittel zur Verwirklichung politischer Ziele und stand dem Aktivismus nahe. Zur Radikalisierung der Programme des Cabaret Voltaire, dem er »Veränderung« zum Ziel setzte, hat er nicht wenig beigetragen. »Huelsenbeck ist angekommen«, notiert sich Ball 1916. »Er plädierte dafür, daß man den Rhythmus verstärkt (den Negerrhythmus). Er möchte am liebsten die Literatur in Grund und Boden trommeln.« Gemeint war die Literatur der Väter, die »bürgerliche Literatur«, als deren typischster Vertreter Goethe galt. Huelsenbeck, Erfinder des poème gymnastique und Liebhaber des »Negergedichts«, ging später (1918) nach Deutschland und rief dort den Berliner Dadaismus, eine Spielart des politischen Dadaismus, ins Leben. Der »Geschichtsschreiber der Bewe-

*gung«, dem Kunst ein »Propagationsmittel« für »revolutionäre Aktion« war, formulierte als sein Ziel: »Wir suchten die Kunst- und Kulturideologie einer beruhigten Klasse mit ihren eigenen Mitteln zu zerstören. Wir suchten den Begriff der Leistung innerhalb des geistigen Ressorts einer müden Bourgeoisie mit allen Mitteln der Groteske, des Witzes und der Satire in geschlossener Phalanx zu zerschlagen.«
Vom »künstlerischen Spiel« des Züricher Dadaismus, das »Buffonade« mit »Totenmesse« verband, unterschied sich das Programm der Berliner Gruppe durch ihr aktiv-politisches Engagement, in dem eine anarchistische und eine kommunistische Komponente zu einer Art Radikal-Aktivismus verschmolzen. In seinen Gedichten, den 1916 entstandenen »Phantastischen Gebeten« vor allem, tritt Verzweiflung aggressiv als chaotisch-groteske Sinnlosigkeit in Erscheinung. Als Montage von suggestiven Bild- und Lautelementen fügen sie sprachliche Materialien nach klanglichen und rhythmischen Gesichtspunkten zu sinnfreier und dennoch tendenziöser Unsinnspoesie, in der artistisch schöpferisches Spiel und Katastrophenvision sich auf groteske Weise verbinden. Ihre Beschwörungsgebärde ist nicht weniger Ausdruck von »schöpferischer Irrationalität« wie von »Empfindung der Angst« und »Angriffslust«.*

Baum

Langsam öffnete der Häuserklump seines Leibes Mitte dann
schrien die geschwollenen Hälse der Kirchen nach den Tiefen
über ihnen
hier jagten sich wie Hunde die Farben aller je gesehenen
Erden
alle je gehörten Klänge stürzten rasselnd in den Mittelpunkt.
es zerbrachen die Farben und Klänge wie Glas und Zement
und weiche dunkle Tropfen schlugen schwer herunter.

im Gleichschritt schnarren die Gestirne nun und recken hoch
die Teller in ihrer Hand.
O Allah Cadabaudahojoho O hojohojolodomodoho
O Burrubu hihi o Burrubu hihi o hojolodomodoho
und weiß gestärkte Greise ho
und aufgeblasene Pudel ho
und wildgeschwungne Kioske ho
und jene Stunden die gefüllt sind mit der Baßtrompeten
Schein Fagotte weit bezecht die auf den Gitterspitzen wandeln und Tonnen rot befrackt gequollne Dschunken ho
Oho oho o mezza notte die den Baum gebar
die Schattenpeitschen schlagen nun um deinen Leib
weiß ist das Blut das du über die Horizonte speist
zwischen den Intervallen deines Atems fahren die bewim-
pelten Schiffe
Oho oho über den Spiegel deines Leibes saust der Jahr-
hunderte Geschrei
in deinen Haaren sitzen die geputzten Gewitter wie Papageien
Luftschlangen und Flittergold sind in den Runzeln deiner
Stirne
alle Arten des Verreckens liegen vor dir begraben oho
sieh Millionen Grabkreuze sind dein Mittagsmahl
die Kadenz deines Kleides ist wie Ebbe und Flut
und wenn du singst tanzen die Flüsse vor dir
Oho joho also singst du also geht deine Stimme
O Alla Cadabaudahojoho O hojohojolodomodoho
O Burrubuh hibi o burrubuh hihi o hojohojolodomodoho

Flüsse

Aus den gefleckten Tuben strömen die Flüsse in die Schatten
der lebendigen Bäume
Papageien und Aasgeier fallen von den Zweigen immer auf
den Grund

Bastmatten sind die Wände des Himmels und aus den Wolken kommen die großen Fallschirme der Magier

Larven von Wolkenhaut haben sich die Türme vor die blendenden Augen gebunden

O ihr Flüsse Unter der ponte dei sospiri fanget ihr auf Lungen und Lebern und abgeschnittene Hälse

In der Hudsonbay aber flog die Sirene oder ein Vogel Greif oder ein Menschenweibchen von neuestem Typus

mit eurer Hand greift ihr in die Taschen der Regierungsräte die voll sind von Pensionen allerhand gutem Willen und schönen Leberwürsten

was haben wir alles getan vor euch wie haben wir alle gebetet

vom Skorpionstich schwillet der Hintern den heiligen Sängern und Ben Abka der Hohepriester wälzt sich im Mist

eure Adern sind blau rot grün und orangefarben wie die Gesichte der Ahnen die im Sonntagsanzuge am Bord der Altäre hocken

Zylinderhüte riesige o aus Zinn und Messing machen ein himmlisches Konzert

die Gestalten der Engel schweben um eueren Ausgang als der Widerschein giftiger Blüten

so formet ihr euere Glieder über den Horizont hinaus in den Kaskaden

von seinem Schlafsofa stieg das indianische Meer die Ohren voll Watte gesteckt

aus ihren Hütten kriechen die heißen Gewässer und schrein

Zelte haben sie gespannet von Morgen bis Abend über eurer Brunst und Heere von Phonographen warten vor dem Gequäck eurer Lüste

ein Unglück ist geschehen in der Welt

die Brüste der Riesendame gingen in Flammen auf und ein Schlangenmensch gebar einen Rattenschwanz

Umba Umba die Neger purzeln aus den Hühnerställen und der Gischt eueres Atems streift ihre Zehn

eine große Schlacht ging über euch hin und über den Schlaf
eurer Lippen
ein großes Morden füllete euch aus

HUGO BALL

Am 22. Februar 1886 in Pirmasens geboren als Sohn eines Schuhfabri-
kanten; Gymnasium, kaufmännische Lehre, nachgeholte Reifeprüfung;
1906–10 Studium der Philosophie und der Soziologie in München, Heidelberg und Basel; Regieausbildung bei Max Reinhardt; 1911–14 Dra-
maturg in Plauen und München. 1911 *Die Nase des Michelangelo* (Dr.).
1914 Kriegsfreiwilliger, alsbald Kriegsgegner, 1915 Emigration in die
Schweiz, Mitbegründer der Dada-Bewegung; 1917–19 politischer Journalist in Bern, Abwendung vom Dadaismus, 1920 Bekenntnis zum Katholizismus, am 14. September 1927 in Sant'Abbondio (Tessin) gestorben.

*Hugo Ball, Theoretiker der Züricher Dadaisten, stand zu-
nächst dem Expressionismus nahe, angeregt wahrscheinlich
von Lichtenstein und van Hoddis. Das Erlebnis der Kriegs-
katastrophe ließ den Anhänger Nietzsches dessen Irrationalismus in einem neuen Lichte sehen. An die Stelle der kon-
struktiven Hoffnung auf Wandlung trat die Intention de-
struktiver Entlarvung einer von Kräften des unfaßbar Ir-
rationalen beherrschten Gesellschaft. »Die Künstler in dieser Zeit«, sagte er in einem Vortrag über Kandinsky, »wenden sich gegen sich selbst und gegen die Kunst. Auch die
letzte, bisher unerschüttertste Basis wird ihnen zum Problem. Wie können sie noch nützlich sein, oder versöhnlich
oder beschreibend oder entgegenkommend.« Kandinskys Begriff vom Gesamtkunstwerk aufnehmend, verstand er das
Gedicht als Mittel der Aggression zur persongerichteten
Veränderung. Ästhetik erfährt Rechtfertigung allein um
ethisch-kritischer Zielsetzung willen. Verfremdende, de-
struierende Montage wird zum Ausdruck von Spiel mit
dem Unbewußten wie von kritischer Opposition. Indem der
Autor frei über sein Sprachmaterial verfügt und es zu*

scheinbar logischer Aussage verbindet, sucht er Schockwir-
kung durch grotesken Effekt zu erreichen. Carl Einsteins
Ansicht, daß das Kunstwerk »Sache der Willkür« sei, 1912
geschrieben, wird Ball zum Stilprinzip: Die Kunst, lautet
seine damalige Forderung, habe sinnfrei zu sein, der Dich-
ter ein »Gaukler«, Provokateur (»Intermezzo«). Wenn, wie
Einsteins Bebuquin sagt, die »materielle Welt und unsere
Vorstellung« sich nicht decken, so findet der Dadaismus, zu
dessen Mitbegründern Ball gehörte, im negativen, vom In-
halt gelösten Gedicht ein Mittel, gegen die Gesellschaft auf-
zubegehren, deren Vorstellungen und Schein-Ideale zu iro-
nisieren und als »Varietéprogramm« zu parodieren. Rück-
zug »in die innerste Alchimie des Wortes«, auf das »Klang-
gedicht«, »eine neue Gattung von Versen [...], ›Verse
ohne Worte‹ oder Lautgedichte, in denen das Balancement
der Vokale nur nach dem Werte der Ansatzreihe erwogen
und ausgeteilt wird« (z. B. »Karawane«), Zerstörung des
syntaktischen Gefüges öffnen dem Dichter einen Weg, neue,
inhaltlich nicht definierte individuell-anarchische Freiheit zu
begründen. So schrieb Hugo Ball, dessen Idee eines »litera-
rischen Cabarets« sich inzwischen verwirklicht hatte und als
Experimentierbühne mit aktivistischen Tendenzen zu einem
Begriff geworden war: »Unser Kabarett ist eine Geste. Je-
des Wort, das hier gesprochen und gesungen wird, besagt
wenigstens das eine, daß es dieser erniedrigenden Zeit nicht
gelungen ist, uns Respekt abzunötigen. Was wäre auch re-
spektabel und imponierend an ihr?« Seine Konklusion:
»Die grellsten Pamphlete reichten nicht hin, die allgemein
herrschende Hypokrisie gebührend mit Lauge und Hohn zu
begießen.« Aggression und Sprachentsagung entfalteten sich
nebeneinander, als Angriff und Rückzug. Der Verzicht auf
das Wort, um der Dichtung ein Letztes zu bewahren, führte
den Autor schließlich in die Welt der Mystik, zu Novalis'
Deutung der »Sprachlehre« als »Dynamik des Geister-
reichs«. Balls »Bekehrung«, seine Hinwendung zum Chri-
stentum war nur ein letzter Schritt.

Karawane

jolifanto bambla o falli bambla
großgiga m'pfa habla horem
egiga goramen
higo bloiko russula huju
hollaka hollala
anlogo bung
blago bung blago bung
bosso fataka
ü üü ü
schampa wulla wussa olobo
hej tatta gorem
eschige zunbada
wulubu ssubudu uluwu ssubudu
tumba ba-umf
kusa gauma
ba – umf

Intermezzo

Ich bin der große Gaukler Vauvert.
In hundert Flammen lauf ich einher.
Ich knie vor den Altären aus Sand,
Violette Sterne trägt mein Gewand.
Aus meinem Mund geht die Zeit hervor,
Die Menschen umfaß ich mit Auge und Ohr.

Ich bin aus dem Abgrund der falsche Prophet,
Der hinter den Rädern der Sonne steht.
Aus dem Meere, beschworen von dunkler Trompete,
Flieg ich im Dunste der Lügengebete.
Das Tympanum schlag ich mit großem Schall.
Ich hüte die Leichen im Wasserfall.

Ich bin der Geheimnisse lächelnder Ketzer,
Ein Buchstabenkönig und Alleszerschwätzer.
Hysteria clemens hab ich besungen
In jeder Gestalt ihrer Ausschweifungen.
Ein Spötter, ein Dichter, ein Literat
Streu ich der Worte verfängliche Saat.

HANS ARP

Am 16. September 1887 in Straßburg geboren; 1904 Studium an der
Kunstgewerbeschule in Straßburg, 1905–07 an der von Weimar; 1908
Académie Julian Paris; 1912/13 Anschluß an den »Blauen Reiter« und
Mitarbeit am *Sturm*, 1916–19 Beteiligung an Gründung und Entwick-
lung der Dada-Bewegung in Zürich. 1920 *der vogel selbdritt* (G.), *die
wolkenpumpe* (G.); 1924 *Der Pyramidenrock* (G.). Im gleichen Jahr
Übersiedlung nach Paris, seit 1926 in Meudon bei Paris; führender Sur-
realist. 1930 *weißt du schwarzt du* (G.). Starb am 7. Juni 1966 in Basel.

*Lösung der gewohnten Bindung von Sache und Sinn zur
Sinnoffenheit und Alogik kennzeichnet Hans Arps Gedichte, die eigentlich eher Bild-Montagen sind. Da das
Wort, befreit von Bezügen, heraustritt aus dem syntaktischen Sinngeflecht, nur mehr seinen eigenen Bedeutungsge-
halt jeweils trägt, gewinnt es eigenes Gewicht, eine fast ba-
rocke Schwere; allseits sichtbar jetzt, nicht aufgehoben in
übergreifender (Sinn-)Einheit, entfaltet es sich mit runder
Gebärde und wird zum Reizmittel der Phantasie. Dennoch
sind die Gedichtzeilen, die Arp mit Scheinsätzen füllt, mehr
als klingende Wortketten: denn die Lösung des Wortes aus
der Gedankenverspannung zur Bildfolge geschieht in einem
Prozeß, den man im Anklang an den Surrealismus semi-
automatisch nennen könnte. Bei der Wortbefreiung mit an-
schließender a-logischer Fügung sind Kräfte des Unbewußten am Werk und verbinden sich mit Prinzipien höchsten
Kunstverstands, die den sprachlichen Fluß manipulieren*

*und in einer von A-Sinn (nicht: Anti-Sinn) bestimmten
Form auffangen. »Wer hat den Brunnen aufgeschlossen nun
fließen die Vögel aus den kühlen Röhren«, endet ein Gedicht Arps. Das Wort, seiner Aufgabe ledig, verweisender
Gedankenträger zu sein, beginnt zu schillern, in der Freiheit der Willkür phantastische Farben zu zeigen und neue
vorstell-, aber nicht denkbare Zusammenhänge sichtbar zu
machen. Überraschung, nicht Schock ist die Folge, wie das
Gedicht »klum bum bussine« beispielsweise zeigt. Die Absurdität gibt sich gefällig, konsumierbar, wird zum spieleri-
schen Klang- und Wortzauber. Doch auch Arps antiratio-
naler Humor, der mit »der vogel selbdritt« und »die wolkenpumpe« die Welt in Wortsymbole auflöst und neu zu-
sammensetzt, schlug sich schließlich, wund geworden in der
verletzenden Berührung mit der Umwelt, als Groteske nieder. Die Gedichtbände »Der Pyramidenrock« (darin: »Der
gebadete Urtext«) und »weißt du schwarzt du« radikali-
sieren das Spiel zur destruktiven Demonstration, die unverhüllter für den Schiffbruch der Vernunft steht, die schmerz-
hafte Absurdität menschlichen Denkens enthüllt und die
Welt als einen ausweglosen »labyrinthischen Irrgarten«
(Fritz Usinger) spiegelt.*

klum bum bussine

1

ton gking gking ton gking gking ertönt hamilton der besitzer der tonfischerei
klingende grünlinge in seidenen spitzen kommen und gehen
und blättern unermüdlich dazu denn kleinodien auf hundert zehenspitzen die fäden ziehen und nur selten lachen
aber dagegen oft bellen zweibeinige sträuße blutjunge funken knorbelige Saftgebilde
der löwe aber vermag nur mit hilfe eines zirkels zu träumen
nun aber heißt es die ohren spitzen

2

das totem der hefenden tiere erfüllt sich und wird die bahn
der automobilen vögel gestört so verstummt das ländliche
mimi lai gu emi kum kum salem aikum gummi ara und das
schiff der wüste zerbricht
demnach bebrüten meine augen meine augen im spiegel
sattelt die orgel
schraubt die todesseufzerschläuche an die häuser
laßt die spaniolischen klapperbretter los
schnallt die windzylinder an die wolken
zieht die dampfsirenen und hammerwerke in euern sogenannten tiefen auf und werft die beschriebenen schiefer-
tafeln in die singende flamme des nichts
denn a denn in euern zellen rufen schwärende vögel an
euern rinden äsen spitzfindige sterne und euere kinder verwandeln sich in schiffumklammernde medusen
ara alai bi bi kum kum ummi gu gu

3

die große nymphe aber hat keinen sockel oder doppelten
boden
in einer eventuellen arche wird sie bestimmt mitgeführt
werden
sie heißt klum bum bussine und kommt auf einem blitzend
vernickelten meervelo dahergefahren
an jeder ihrer schwänze deren sie zahllose ihr eigen nennt
hat sie eine poltertrommelrumpeltreppenschleppe befestigt
und an der rosigen mündung ihres darmes trillern kolibris
ich kenne meine pen papa ei endeckel ei ei eimer papa pap-
pendeckeleimer und warne euch in euerm herzen das uhr-
werk der spaßfische und trauervögel aufzuziehen

4

auf euern singenden zungen bleischwalben zu nageln und
särge und grabkammern wie eier auszublasen denn eure
schwestern leben unter uns als enten mägde bräute luft-

ballons und schwenken in ihren zierlichen händen kleine
gläser voll sonnen
hier ist der eingang hier ist der hirodulengang gangbar sind
auch die alliterierenden fische unter den brennenden eiskan-
delabern
hier ist gang und gäng und gabe und gängelband
hier ist der ausgang der beseelten hirten
hier bellt es wie abgeschieden und stellt die sensenfrage laut
und deutlich
den morgenwinden nach des esels gescheiteltem schatten
nach nachdem die wolken über und über mit küssen bedeckt
worden waren ließen sich die üppigen schönen nicht nur
lautlos aus dem himmelblauen serail entführen sondern
sogar wie pflanzen zwischen löschblättern pressen

Der gebadete Urtext

1

Der Zwerge dünnes Horn erschallt.
Die Schiffe reiten auf den Ratten.
Das Wasser hat sich losgeschnallt.
Der Blitz will jede Laus begatten.

Die Luft gerinnt zu schwarzem Stein.
Zermalmt wird Schnabel Braut und Rose.
Es reißt der Sterne Ringelreihn.
Der Zirkus stürzt ins Bodenlose.

2

Den Schornstein hält er in der Hand.
An beiden Backen trägt er Flossen
und nach dem Barometerstand
steigt er auf Leitern ohne Sprossen.

So steigt er lange Leitern lang
mit Wolken in dem Mantelfutter.

Nach einem Leben wird ihm bang.
Ihn überkommt die Wankelmutter.

3
Einmal umsonst einmal für nichts
ein Watercorset zum Vergnügen.
Beim dritten Male es zerbrichts
trotz parkettierten Flaschenzügen.

Die Muskeln in der Rebusuhr
umschnurren ihre Knochenachsen.
Dabei zerkratzt die Politur
und die Atlantenbärte wachsen.

4
Durch Gummibänder an der Uhr
schnellt er zurück in seine Tasche.
Vom Abundzuort bleibt als Spur
der Tannenzapfen in der Flasche.

Wie hat er das hineingehext
da er doch Trebertrommeln schlug
und nur das Fenster war bekleckst
das er vor seinem Schweißtuch trug.

KURT SCHWITTERS

Am 20. Juni 1887 in Hannover geboren als Sohn eines Kaufmanns; 1908/09 Besuch der Kunstgewerbeschule Hannover, 1909–14 der Kunstakademie Dresden; 1919 erste Ausstellung und Publikation von Merz-Bildern und -Dichtungen, *Anna Blume*; seit 1921 Vortragsreisen und »Dada-Feldzüge«. 1922 *Memoiren Anna Blumes in Bleie, Die Blume Anna* (G.); 1923–32 Herausgeber der Zeitschrift *Merz*. 1937 Flucht nach Norwegen, 1940 nach England; am 8. Januar 1948 in Kendal gestorben.

»*Ich begann in der Dichtung* [...] *mit einer Gestaltung, ähnlich der äußeren Form August Stramms. Bald gewann ich eine eigene Form, in meiner dadaistischen Zeit. Sie kennen ja alle mein Gedicht an Anna Blume.*« Diese Äußerung von Kurt Schwitters in der Zeitschrift »Merz« (Nr. 20, 1927) dokumentiert den Einfluß des »Sturm« und über diesen hinaus des Futurismus auf sein dichterisches Werk. 1918 war Schwitters in enge Beziehung zu Herwarth Walden und seinen »Sturm«-Kreis getreten. Etwa zur gleichen Zeit dürfte er mit den Dichtungen Stramms in Berührung gekommen sein, dessen Bemühung um das »einzige allessagende Wort« er in seinem Sinne weiterführte. Doch an die Stelle von Stramms Sinnballung durch abstrahierende Reduktion tritt, diese überwindend, Sinnauflösung, Willkür, »denn es gibt keinen Sinn mehr«, nur dessen sinnstiftende Parodie. Einzig die abstrakte Kunst spiegele unsere Zeit, »denn sie ist die letzte logische Phase in der Entwicklung der Kunst in der ganzen uns bekannten Zeit«. Unsinn soll künstlerisch geformt werden; die Kunst, die entsteht, zweckelos, gewinnt einen Zweck: sie will »befreien, vom Leben, von allen Dingen, die den Menschen belasten«. Sie nennt sich »Merzdichtung« und arbeitet mit Mitteln umkehrender Verfremdung. Der Autor montiert, führt dabei umgangssprachliche Elemente ein, sucht die syntaktische Brechung und kontrastierende Verbindung von Heteronomen. »Die Merzdichtung ist abstrakt«, schreibt Schwitters. »Sie verwendet analog der Merzmalerei als gegebene Teile fertige Sätze aus Zeitungen, Plakaten, Katalogen, Gesprächen usw., mit und ohne Abänderungen« (1919). »Merzdichtung« und »Merzbild« waren ihm nur Vorstufe zum utopischen »Merzgesamtkunstwerk«, das dem Gesamt-Künstler demiurgische Verfügungsgewalt über »alle Kunstarten« gibt, sie auf der »Merzbühne« verbindet. »MERZ will Befreiung von jeder Fessel, um künstlerisch formen zu können«, sagt Schwitters, und in seinen Prosagrotesken entsteht aus dieser parodistischen Fessellosigkeit der tragi-

Altes Lautgedicht.

HHH HH HH HHH
HHH
HHH   HHH
AAA
O la la la O A O A la la

Neue Untertaille.

(zu Art. DADA
complet in
Merz 5.)

Plinius (i. J. 1847.)

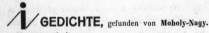

GEDICHTE, gefunden von **Moholy-Nagy.**

Vergangenheit:

Ich hatte, Du hattest, er sie es hatte, wir hatten, Ihr hattet, sie hatten.

Zukunft:

Ich werde haben, Du wirst haben, er sie es wird haben, wir werden haben, Ihr werdet haben, sie werden haben.

RIRA BIEN QUI RIRA LE DERNIER

T. FRAENKEL.

MPD Mancher hat noch nichts von der Merzpartei Deutschland gehört. Begreiflich, da sie nur aus einem Mitgliede, aus mir, besteht. Näheres siehe Merz 5.   MERZ

Wohl ihm, den sein Geschick liebend auf beiden geführt.
Wer einmal Ssachse ist, der bleibt auch Ssachse.

DIE ZUTE TUTE.

En as hja yn de poede seach,
Dan wieren d'r reade kjessen yn.
Und als sie in die Tüte sah,
Da waren rote Kirschen drin.
Dan makke hja de poede ticht,
Dan wier de poede ticht.
Da war die TUTE zu.   K. S.

37

komische Effekt. Auch hier verwendet er für die Komposition »gern die Brocken des täglichen Abfalls«, setzt sie zu Collagen zusammen, in denen das eingleisige Denkgefälle verkehrt, verfremdet ist. Ähnliche Verwirklichung fand das Collageprinzip im Gedicht, dem »Merzgedicht«, das »aus Worten und Sätzen so zusammengeklebt [ist], daß die Anordnung rhythmisch eine Zeichnung ergibt. Ich habe«, schreibt der Autor, »umgekehrt Bilder und Zeichnungen geklebt, auf denen Sätze gelesen werden sollen. [...] Dies geschah, um die Grenzen der Kunstarten zu verwischen.« Prosa-Groteske, Merz-Gedicht, Alphabet-Gedicht, »i-Gedicht« – sie alle stehen für die Bemühung, aus »Gegenüberstellung und Wertung« von aufgefundenen und an sich banalen Sätzen »Kunst« zu schaffen. Diese gilt als Ergebnis nicht der Mittel und des Materials, sondern der Verwirklichung des »Selbstbestimmungsrechts der Künstler« durch künstlerische Schöpfung aus »unkünstlerischen Komplexen in der unkünstlerischen Welt«. Schwitters markiert durch seine nichtpolitische, nichttendenziöse Kunst eine Position, die jener etwa Huelsenbecks diametral entgegengesetzt ist.

Du

Meine Singe ist leer.
Schreien gähnt,
Schreien weitet,
Brüllt gähnen weitet;
Ich herbe Du.
Ich herbe Deinen Hauch,
Ich singe Deine Augen,
Dein Schreiten sehnt meine Augen,
Dein Plaudern sehnt mein Ohr.
Ich lechze Duft die Stunden.
Du bist mein Sehnen

Du bist Dein Schreiten, Deine Augen, Dein Gebet.
Dein Lachen betet,
Dein Plaudern betet,
Dein Auge betet.
Mein Sehnen fernt Dein Beten Schrei.
Ich
Ferne Du

An Anna Blume
Merzgedicht 1

O du, Geliebte meiner siebenundzwanzig Sinne, ich liebe
    dir! – Du deiner dich dir, ich dir, du mir. – Wir?
Das gehört [beiläufig] nicht hierher.
Wer bist du, ungezähltes Frauenzimmer? Du bist – – bist
    du? – Die Leute sagen, du wärest, – laß sie sagen,
    sie wissen nicht, wie der Kirchturm steht.
Du trägst den Hut auf deinen Füßen und wanderst auf die
    Hände, auf den Händen wanderst du.
Hallo, deine roten Kleider, in weiße Falten zersägt.
Rot liebe ich Anna Blume, rot liebe ich dir! – Du deiner
    dich dir, ich dir, du mir. – Wir?
Das gehört [beiläufig] in die kalte Glut.
Rote Blume, rote Anna Blume, wie sagen die Leute?
Preisfrage: 1. Anna Blume hat ein Vogel.
           2. Anna Blume ist rot.
           3. Welche Farbe hat der Vogel?
Blau ist die Farbe deines gelben Haares.
Rot ist das Girren deines grünen Vogels.
Du schlichtes Mädchen im Alltagskleid, du liebes grünes
    Tier, ich liebe dir! – Du deiner dich dir, ich dir, du
    mir, – Wir?
Das gehört [beiläufig] in die Glutenkiste.
Anna Blume! Anna, a-n-n-a, ich träufle deinen Namen.
    Dein Name tropft wie weiches Rindertalg.

Weißt du es, Anna, weißt du es schon?
Man kann dich auch von hinten lesen, und du, du Herr-
  lichste von allen, du bist von hinten wie von vorne:
  »a-n-n-a«.
Rindertalg träufelt streicheln über meinen Rücken.
Anna Blume, du tropfes Tier, ich liebe dir!

Weiterführende Leseliste

Die ausgewählten Textbeispiele sind zentralen Werken entnommen, deren vollständige Lektüre empfohlen wird. Sie werden deshalb in dieser Rubrik nicht mehr einzeln aufgeführt. Genaue bibliographische Angaben hierzu im Quellenverzeichnis.

Theorie

Sammlungen

Expressionismus. Der Kampf um eine literarische Bewegung. Hrsg. von Paul Raabe. München 1965.

Ich schneide die Zeit aus. Expressionismus und Politik in Franz Pfemferts ›Aktion‹. Hrsg. von Paul Raabe. München 1964.

Theorie des Expressionismus. Hrsg. von Otto F. Best. Stuttgart 1976. (Reclams UB Nr. 9817.)

Einzelwerke

Gottfried Benn: Epilog und lyrisches Ich; Schöpferische Konfession; Einleitung zu Lyrik des expressionistischen Jahrzehnts. In: G. B., Gesammelte Werke in vier Bänden. Hrsg. von Dieter Wellershoff. Bd. 4. Wiesbaden 1961.

Gottfried Benn: Expressionismus. Ebenda, Bd. 1. Wiesbaden 1959.

Alfred Döblin: Von der Freiheit eines Dichtermenschen; Bemerkungen zum Roman. In: A. D., Ausgewählte Werke in Einzelbänden. In Verbindung mit den Söhnen des Dichters hrsg. von Walter Muschg. Aufsätze zur Literatur. Olten u. Freiburg i. Br. 1963.

Carl Einstein: Anmerkungen über den Roman. In: C. E., Gesammelte Werke. Hrsg. von Ernst Nef. Wiesbaden 1962.

Georg Kaiser: Vision und Figur. In: G. K., Stücke. Erzählungen. Aufsätze. Gedichte. Hrsg. von Walther Huder. Köln u. Berlin 1966.

Wassily Kandinsky: Über Bühnenkomposition. In: Der Blaue Reiter. Hrsg. von Wassily Kandinsky u. Franz Marc. Dokumentarische Neuausgabe von Klaus Lankheit. München 1965.

Herwarth Walden: Das Begriffliche in der Dichtung. In: Expressionismus. Die Kunstwende. Hrsg. von Herwarth Walden. Berlin 1918.

Lyrik

Sammlungen

Gedichte des Expressionismus. Hrsg. von Dietrich Bode. Stuttgart 1966 u. ö. (Reclams UB Nr. 8726 [3].)

Die Lyrik des Expressionismus. Voraussetzungen. Ergebnisse und Grenzen. Nachwirkungen. Hrsg. von Clemens Hesselhaus. Tübingen 1956.

Lyrik des expressionistischen Jahrzehnts. Von den Wegbereitern bis zum Dada. Eingeleitet von Gottfried Benn. Wiesbaden 1955.

Menschheitsdämmerung. Ein Dokument des Expressionismus. Mit Biographien und Bibliographien neu hrsg. von Kurt Pinthus. Hamburg 1959.

131 expressionistische Gedichte. Hrsg. von Peter Rühmkorf. Berlin 1976.

Lyrik des Expressionismus. Hrsg. u. eingel. von Silvio Vietta. Tübingen 1976.

Einzelwerke

Ernst Blaß: Die Straßen komme ich entlang geweht. Heidelberg 1912.

Theodor Däubler: Gedichte. Auswahl und Nachwort von Werner Helwig. Stuttgart o. J. (Reclams UB Nr. 8933.)

Albert Ehrenstein: Gedichte und Prosa. Hrsg. von Karl Otten. Neuwied 1961.

Iwan Goll: Dichtungen. Hrsg. von Claire Goll. Darmstadt 1960.

Yvan Goll: Ausgewählte Gedichte. Hrsg. und eingeleitet von Georges Schlocker. Stuttgart 1962 u. ö. (Reclams UB Nr. 8671.)

Max Herrmann-Neiße: Lied der Einsamkeit. Gedichte 1914 bis 1941. München 1961.

Georg Heym: Dichtungen. Auswahl und Nachwort von Walter Schmähling. Stuttgart 1964 u. ö. (Reclams UB Nr. 8903.)

Arno Holz: Phantasus. In: A. H., Werke. 7 Bde. Hrsg. von Wilhelm Emrich u. Anita Holz. Bd. 1–3. Neuwied 1961–64.

Klabund (Alfred Henschke): Morgenrot! Klabund! Die Tage dämmern. Berlin 1912.

Klabund (Alfred Henschke): Die Himmelsleiter. Berlin 1916.

Alfred Mombert: Dichtungen. Hrsg. von Elisabeth Herberg. Bd. 1 Gedicht-Werke. München 1963.

Alfred Mombert: Gedichte. Auswahl und Nachwort von Elisabeth Höpker-Herberg. Stuttgart o. J. (Reclams UB Nr. 8760.)

Ernst Stadler: Der Aufbruch und ausgewählte Gedichte. Auswahl und Nachwort von Heinz Rölleke. Stuttgart 1967. (Reclams UB Nr. 8528.)

Alfred Wolfenstein: Die gottlosen Jahre. Berlin 1914.

Alfred Wolfenstein: Die Freundschaft. Berlin 1917.

Alfred Wolfenstein: Menschlicher Kämpfer. Berlin 1919.

Epik

Sammlungen

Ahnung und Aufbruch. Expressionistische Prosa. Hrsg. von Karl Otten. Neuwied 1957.

Prosa des Expressionismus. Hrsg. von Fritz Martini. Stuttgart 1970 u. ö. (Reclams UB Nr. 8379 [4].)

Einzelwerke

Gottfried Benn: Gehirne, Novellen. In: G. B., Gesammelte Werke in vier Bänden. Hrsg. von Dieter Wellershoff. Bd. 2 Prosa und Szenen. Wiesbaden 1958.

Gottfried Benn: Gehirne. Novellen. Textkritisch hrsg. von Jürgen Fackert. Stuttgart 1974. (Reclams UB Nr. 9750.)

Alfred Döblin: Die Ermordung einer Butterblume. In: A. D., Ausgewählte Werke in Einzelbänden. In Verbindung mit den Söhnen des Dichters hrsg. von Walter Muschg. Die Ermordung einer Butterblume. Ausgewählte Erzählungen 1910 bis 1950. Olten u. Freiburg i. Br. 1962.

Kasimir Edschmid: Die frühen Erzählungen. Die sechs Mündungen. Das rasende Leben. Timur. Neuwied u. Berlin 1965.

Kasimir Edschmid: Die sechs Mündungen. Novellen. Nachwort von Kurt Pinthus. Stuttgart 1967. (Reclams UB Nr. 8774 [2].)

Albert Ehrenstein: Tubutsch. Erzählung. In: A. E., Gedichte und Prosa. Hrsg. u. eingel. von Karl Otten. Neuwied u. Berlin 1961.

Georg Heym: Novellen (Der Dieb; Das Schiff u. a.). In: G. H., Dichtungen und Schriften. Gesamtausgabe. Hrsg. von Karl Ludwig Schneider. Bd. 2 Prosa und Dramen. Hamburg u. München 1962.

Georg Heym: Dichtungen (Gedichte. Der fünfte Oktober. Eine

Fratze. Der Wahnsinn des Herostrat. Aus den Tagebüchern und Traumaufzeichnungen). Auswahl und Nachwort von Walter Schmähling. Stuttgart 1964 u. ö. (Reclams UB Nr. 8903.)

Alfred Lichtenstein: Geschichten (Café Klößchen u. a.). In: A. L., Gesammelte Prosa. Kritisch hrsg. von Klaus Kanzog. Zürich 1966.

Mynona (Salomo Friedländer): Grotesken. In: Mynona, Rosa, die schöne Schutzmannsfrau und andere Grotesken. Hrsg. von Ellen Otten. Zürich 1965.

Gustav Sack: Ein verbummelter Student, Roman; Ein Begräbnis, Erzählung. In: G. S., Prosa Briefe Verse. Mit einem Nachwort von Dieter Hoffmann. München 1962.

Kurt Schwitters: Anna Blume und ich, Die gesammelten ›Anna Blume‹-Texte. Hrsg. von Ernst Schwitters. Zürich 1965.

Carl Sternheim: Novellen (Busekow u. a.). In: C. St., Gesamtwerk. Hrsg. von Wilhelm Emrich. Bd. 4 Prosa I. Neuwied u. Berlin 1964.

Drama

Sammlungen

Einakter und kleine Dramen des Expressionismus. Hrsg. von Horst Denkler. Stuttgart 1968 u. ö. (Reclams UB Nr. 8562 [3].)

Schrei und Bekenntnis. Expressionistisches Theater. Hrsg. von Karl Otten. Neuwied ²1959.

Einzelwerke

Ernst Barlach: Die echten Sedemunds, Drama. In: E. B., Das dichterische Werke in drei Bänden. Bd. 1 Die Dramen. In Gemeinschaft mit Friedrich Droß hrsg. von Klaus Lazarowicz. München 1956.

Ernst Barlach: Der arme Vetter. Drama. Nachwort von Walter Muschg. Stuttgart 1958 u. ö. (Reclams UB Nr. 8218.)

Gottfried Benn: Ithaka, Dramatische Szene. In: G. B., Gesammelte Werke in vier Bänden. Hrsg. von Dieter Wellershoff. Bd. 2 Prosa und Szenen. Wiesbaden 1958.

Reinhard Goering: Seeschlacht, Tragödie. Nachwort von Otto F. Best. Stuttgart 1972. (Reclams UB Nr. 9357.)

Walter Hasenclever: Antigone, Tragödie. In: W. H., Gedichte Dramen Prosa. Unter Benutzung des Nachlasses hrsg. u. eingel. von Kurt Pinthus. Reinbek 1963.

Georg Kaiser: Von morgens bis mitternachts; Gas; Gas. Zweiter Teil, Dramen. In: G. K., Stücke Erzählungen Aufsätze Gedichte. Hrsg. von Walther Huder. Köln u. Berlin 1966.

Georg Kaiser: Von morgens bis mitternachts. Stück in zwei Teilen. Fassung letzter Hand. Mit einem Nachwort hrsg. von Walther Huder. Stuttgart o. J. (Reclams UB Nr. 8937.) Dazu: Erläuterungen und Dokumente. Hrsg. von Ernst Schürer. Stuttgart 1975. (Reclams UB Nr. 8131 [2].)

Georg Kaiser: Die Koralle. In: G. K., Gesammelte Werke. Hrsg. von Walther Huder. Bd. 1 Stücke 1895–1917. Berlin 1971.

Wassily Kandinsky: Der gelbe Klang. In: Einakter und kleine Dramen des Expressionismus. Hrsg. von Horst Denkler. Stuttgart 1968 u. ö. (Reclams UB Nr. 8562 [3].)

Oskar Kokoschka: Hiob, Drama. In: O. K., Schriften 1907 bis 1955. Hrsg. von Hans Maria Wingler. München 1956.

Paul Kornfeld: Himmel und Hölle, Tragödie. Berlin 1919.

Reinhard Johannes Sorge: Der Bettler, Eine dramatische Sendung, Drama. In: R. J. S., Werke. Hrsg. von Hans Gerd Rötzer. Bd. 2. o. O. [Nürnberg] u. J.

Carl Sternheim: Bürger Schippel. In: C. St., Gesamtwerk. Hrsg. von Wilhelm Emrich. Bd. 1 Dramen. Neuwied u. Berlin 1964.

Carl Sternheim: Don Juan. Ebenda, Bd. 4 Frühwerk. Neuwied u. Berlin 1967.

Carl Sternheim: 1913. Schauspiel. Nachwort von Heinrich Vormweg. Stuttgart o. J. (Reclams UB Nr. 8759.)

Ernst Toller: Die Maschinenstürmer; Hinkemann. In: E. T., Prosa, Briefe, Dramen, Gedichte. Mit einem Vorwort von Kurt Hiller. Reinbek 1961.

Ernst Toller: Hinkemann. Tragödie. Hrsg. von Wolfgang Frühwald. Stuttgart 1971 u. ö. (Reclams UB Nr. 7950.)

Fritz von Unruh: Offiziere. In: F. v. U., Dramen. Nürnberg 1960.

Franz Werfel: Spiegelmensch, Magische Trilogie. In: F. W., Die Dramen. Hrsg. von Adolf D. Klarmann. Bd. 1. Frankfurt a. M. 1959.

Briefe

Sammlungen

Briefe der Expressionisten. Hrsg. von Kasimir Edschmid. Frankfurt a. M. u. Berlin 1964.

Ausgewählte Forschungsliteratur

Expressionismus

Anz, Thomas: Literatur der Existenz. Literarische Psychopathographie und ihre soziale Bedeutung im Frühexpressionismus. Stuttgart 1977.

Arnold, Armin: Die Literatur des Expressionismus. Sprachliche und thematische Quellen. Stuttgart 1966.

Brinkmann, Richard: Expressionismus. Forschungs-Probleme. 1952 bis 1960. Stuttgart 1961.

Bruggen, M. F. E. van: Im Schatten des Nihilismus. Die expressionistische Lyrik im Rahmen und als Ausdruck der geistigen Situation Deutschlands. Amsterdam 1946.

Denkler, Horst: Drama des Expressionismus. Programm-Spieltext-Theater. München 1967.

Eykmann, Christoph: Denk- und Stilformen des Expressionismus. München 1974.

Eykmann, Christoph: Die Funktion des Häßlichen in der Lyrik Georg Heyms, Georg Trakls und Gottfried Benns. Zur Krise der Wirklichkeitserfahrung im deutschen Expressionismus. Bonn 1965.

Hain, Mathilde: Studien über das Wesen des frühexpressionistischen Dramas. Hildesheim 1973. (Reprogr. Nachdr. der Ausg. Frankfurt a. M. 1933.)

Hamann, Richard u. Jost Hermand: Epochen deutscher Kultur von 1870 bis zur Gegenwart. Bd. 5 Expressionismus. Frankfurt a. M. 1977.

Heselhaus, Clemens: Deutsche Lyrik der Moderne. Von Nietzsche bis Yvan Goll. Die Rückkehr zur Bildlichkeit der Sprache. Düsseldorf ²1962.

Hohendahl, Peter Uwe: Das Bild der bürgerlichen Welt im expressionistischen Drama. Heidelberg 1967.

Kaes, Anton: Expressionismus in Amerika. Rezeption und Innovation. Tübingen 1975.

Killy, Walther: Der Tränen nächtige Bilder. Trakl und Benn. In: W. K., Wandlungen des lyrischen Bildes. Göttingen ²1958.

Knobloch, Hans-Jörg: Das Ende des Expressionismus. Von der Tragödie zur Komödie. Bern u. Frankfurt a. M. 1975.

Kolinski, Eva: Engagierter Expressionismus. Politik und Literatur zwischen Weltkrieg und Weimarer Republik. Eine Analyse expressionistischer Zeitschriften. Stuttgart 1970.

Kraft, Herbert: Kunst und Wirklichkeit im Expressionismus. Mit einer Dokumentation zu Carl Einstein. Bebenhausen 1972.

Lukács, Georg: ›Größe und Verfall‹ des Expressionismus. In: G. L., Schicksalswende. Berlin 1948, und G. L., Probleme des Realismus. Berlin 1955; auch: Deutsche Literaturkritik der Gegenwart, hrsg. von Hans Mayer. Stuttgart 1971.

Martens, Gunter: Vitalismus und Expressionismus. Ein Beitrag zur Genese und Deutung expressionistischer Stilstrukturen und Motive. Stuttgart u. a. 1971.

Martini, Fritz: Was war Expressionismus? Deutung und Auswahl seiner Lyrik. Urach 1948.

Muschg, Walter: Von Trakl zu Brecht. Dichter des Expressionismus. München 1961.

Paulsen, Wolfgang: Expressionismus und Aktivismus. Eine typologische Untersuchung. Bern u. Leipzig 1935.

Paulsen, Wolfgang (Hrsg.): Aspekte des Expressionismus. Periodisierung, Stil, Gedankenwelt. Die Vorträge des 1. Kolloquiums in Amherst (Mass). Heidelberg 1968.

Perkins, Geoffrey: Contemporary Theory of Expressionism. Vorw. von Hans Reiss. Bern u. Frankfurt a. M. 1974.

Raabe, Paul: Die Zeitschriften und Sammlungen des literarischen Expressionismus. Repetitorium der Zeitschriften, Jahrbücher, Anthologien, Sammelwerke, Schriftenreihen und Almanache 1910–1921. Stuttgart 1964.

Raabe, Paul u. Heinz Ludwig Greve (Hrsg.): Expressionismus. Literatur und Kunst. 1910–1923. Eine Ausstellung des Deutschen Literaturarchivs im Schiller-Nationalmuseum Marbach a. N. 8. Mai bis 31. Oktober 1960. Stuttgart 1960.

Riedel, Walter: Der neue Mensch. Mythos und Wirklichkeit. Bonn 1970.

Rötzer, Hans Gerd (Hrsg.): Begriffsbestimmung des literarischen Expressionismus. Darmstadt 1976.

Rothe, Wolfgang (Hrsg.): Expressionismus als Literatur. Gesammelte Studien. Bern u. München 1969. (Der Band enthält u. a. die Aufsätze: W. H. Sokel: Die Prosa des Expressionismus; Edgar Lohner: Die Lyrik des Expressionismus; Rudolf Haller: August Stramm; Werner Kohlschmidt: Ernst Stadler; F. W. Wodtke: Gottfried Benn; Heinrich Küntzel: Alfred

Lichtenstein; Adolf D. Klarmann: Franz Werfel; Dietrich Schaefer: Iwan Goll; Wolfgang Wendler: Carl Sternheim, Ernst Weiß; Hans Schumacher: R. J. Sorge; Heinz Graber: Carl Einstein; Reinhard Döhl: Dadaismus.)

Rothe, Wolfgang: Der Expressionismus. Theologische, soziologische und anthropologische Aspekte einer Literatur. Frankfurt a. M. 1977.

Runge, Erika: Vom Wesen des Expressionismus im Drama und auf der Bühne. München 1963.

Samuel, Richard u. R. Hinton Thomas: Expressionism in German life, literature, and theatre (1910–1924). Cambridge 1939. .

Schmitt, Hans-Jürgen (Hrsg.): Die Expressionismusdebatte. Materialien zu einer marxistischen Realismuskonzeption. Frankfurt a. M. 1973.

Schneider, Karl Ludwig: Der bildhafte Ausdruck in den Dichtungen Georg Heyms, Georg Trakls und Ernst Stadlers. Studien zum lyrischen Sprachstil des Expressionismus. Heidelberg 1954.

Schneider, Karl Ludwig: Zerbrochene Formen. Wort und Bild im Expressionismus. Hamburg 1967.

Soergel, Albert: Dichtung und Dichter der Zeit. Neue Folge: Im Banne des Expressionismus. Leipzig 1925.

Sokel, Walter H.: Der literarische Expressionismus. Der Expressionismus in der deutschen Literatur des zwanzigsten Jahrhunderts. München o. J. [1960.]

Steffen, Hans (Hrsg.): Der deutsche Expressionismus. Formen und Gestalten. Göttingen 1965.

Sydow, Eckart von: Die deutsche expressionistische Kultur und Malerei. Berlin 1920.

Viviani, Annalisa: Das Drama des Expressionismus. Kommentar zu einer Epoche. München 1970.

Ziegler, Jürgen: Form und Subjektivität. Zur Gedichtstruktur im frühen Expressionismus. Bonn 1972.

Aufzeichnungen, Erinnerungen, Materialsammlungen

Denkler, Horst (Hrsg.): Gedichte der ›Menschheitsdämmerung‹. Interpretationen expressionistischer Lyrik. Mit einer Einleitung von Kurt Pinthus. München 1971.

Edschmid, Kasimir: Lebendiger Expressionismus, Auseinandersetzungen. Gestalten. Erinnerungen. Wien, München u. Basel 1961.

Edschmid, Kasimir: Frühe Manifeste. Epochen des Expressionismus. Hamburg 1957.

Pörtner, Paul (Hrsg.): Literatur-Revolution 1910–1925. Dokumente. Manifeste. Programme. Bd. 1 Zur Ästhetik und Poetik; Bd. 2 Zur Begriffsbestimmung der ›Ismen‹. Neuwied u. Berlin 1960/61.

Raabe, Paul (Hrsg.): Expressionismus. Aufzeichnungen und Erinnerungen der Zeitgenossen. Olten u. Freiburg i. Br. 1965.

Schreyer, Lothar: Expressionistisches Theater. Aus meinen Erinnerungen. Hamburg 1948.

Walden, Nell u. Lothar Schreyer (Hrsg.): Der Sturm. Ein Erinnerungsbuch an Herwarth Walden und die Künstler aus dem Sturmkreis. Baden-Baden 1954.

Dadaismus

Huelsenbeck, Richard (Hrsg.): Dada-Almanach. Im Auftrag des Zentralamts der deutschen Dada-Bewegung. Berlin 1920.

Huelsenbeck, Richard: Mit Witz, Licht und Grütze. Auf den Spuren des Dadaismus. Wiesbaden 1957.

Huelsenbeck, Richard (Hrsg.): Dada. Eine literarische Dokumentation. Reinbek 1964.

Motherwell, Robert (Hrsg.): The Dada painters and poets. An anthology. New York 1951.

Schifferli, Peter (Hrsg.): Dada. Die Geburt des Dada. Dichtung und Chronik der Gründer. Mit Photos und Dokumenten. In Zusammenarbeit mit Hans Arp, Richard Huelsenbeck u. Tristan Tzara. Zürich 1957.

Stein, Gerd: Die Inflation der Sprache. Dadaistische Rebellion und mystische Versenkung bei Hugo Ball. Frankfurt a. M. 1975.

Verkauf, Willy (Hrsg.): Dada. Monograph of a movement. Monographie einer Bewegung. Monographie d'un Mouvement. New York u. Teufen 1957.

Synoptische Tabelle

Literatur	Geschichte	Künste, Wissenschaft und Technik
1910 Th. Däubler: Das Nordlicht (Epos)	Elsaß-Lothringen wird den deutschen Bundesstaaten verfassungsrechtlich gleichgestellt	Erstes abstraktes Gemälde von W. Kandinsky
G. Hauptmann: Der Narr in Christo Emmanuel Quint (R.)	»Fortschrittliche Volkspartei« unter F. Naumann gegründet	I. Strawinsky: Der Feuervogel (Ballett)
P. Heyse erhält Literatur-Nobelpreis	In Paris wird internationales Abkommen zur Bekämpfung unzüchtiger Bilder und Schriften getroffen	E. Cassirer: Substanzbegriff und Funktionsbegriff
R. M. Rilke: Aufzeichnungen des Malte Laurids Brigge (R.)		W. Dilthey: Der Aufbau der geschichtlichen Methode in den Geisteswissenschaften
P. Zech: Waldpastelle (G.)		L. Klages: Prinzipien der Charakterologie
Futuristisches Manifest		F. L. Kirchner: Gutshof (Gem.)
1911 H. Ball: Die Nase des Michelangelo (Dr.)	Zweite Marokkokrise	F. Marc: Rote Pferde (Gem.)
A. Ehrenstein: Tubutsch (E.)	G. Landauer: Aufruf zum Sozialismus	G. Mahler gest.
G. Hauptmann: Die Ratten (Dr.)	K. Liebknecht: Militarismus und Antimilitarismus	A. Schönberg: Harmonielehre
G. Heym: Der ewige Tag (G.)	Unruhen in Wien	W. Dilthey gest.
H. v. Hofmannsthal: Der Rosenkavalier (K.); Jedermann (Sp.)	Revolution in China unter Führung von Sun Yat-sen	R. Eucken: Können wir noch Christen sein?
G. Kaiser: Die jüdische Witwe (Dr.)		
E. Lasker-Schüler: Meine Wunder (G.)		

	A. Mombert: Aeon (Dr.) F. Pfemfert gibt »Die Aktion« heraus C. Sternheim: Die Hose (K.) F. v. Unruh: Offiziere (Dr.) F. Werfel: Der Weltfreund (G.)		Blauer Reiter A. Macke: Zoologischer Garten (Gem.) E. Munch: Pferd in wildem Galopp (Gem.) A. Schönberg: Fünf Orchesterstücke H. Driesch: Ordnungslehre C. G. Jung: Wandlungen und Symbole der Libido A. Weber: Religion und Kultur R. Steiner gründet »Anthroposophische Gesellschaft«
1912	E. Barlach: Der tote Tag (Dr.) G. Benn: Morgue und andere Gedichte A. Ehrenstein: Selbstmord eines Katers (E.) C. Einstein: Bebuquin (R.) G. Hauptmann erhält Literatur-Nobelpreis G. Heym: Umbra Vitae (G.) R. Huch: Der große Krieg in Deutschland E. Lasker-Schüler: Mein Herz (R.) R. A. Schröder: Gesammelte Gedichte R. J. Sorge: Der Bettler (Dr.) A. Strindberg gest. A. Zweig: Novellen um Claudia	Erneuerung des Dreibundes zwischen Deutschland, Österreich und Italien (1882 geschlossen) Sozialdemokraten gehen als stärkste Partei aus den Reichstagswahlen hervor Beginn des Balkankriegs Endgültige Trennung von Bolschewisten und Menschewisten	
1913	G. Benn: Söhne (G.) A. Döblin: Die Ermordung einer Butterblume (En.)	A. Bebel gest. F. Ebert Vorsitzender der Sozialdemokratischen Partei	O. Kokoschka: Selbstbildnis (Gem.)

	W. Hasenclever: Der Jüngling (G.) F. Kafka: Betrachtung (En.); Der Heizer (E.) E. Lasker-Schüler: Hebräische Balladen A. Lichtenstein: Die Dämmerung (G.) Th. Mann: Der Tod in Venedig (N.) Mynona (Salomo Friedländer): Rosa, die schöne Schutzmannsfrau (Grotesken) C. Sternheim: Bürger Schippel (K.) A. Stramm: Gedichte G. Trakl: Gedichte E. Weiß: Die Galeere (R.) F. Werfel: Wir sind (G.)	R. Luxemburg: Die Akkumulation des Kapitals. Ein Beitrag zur ökonomischen Erklärung des Imperialismus Zweiter Balkankrieg W. Wilson (Demokrat) Präsident der USA (bis 1921)	I. Strawinsky: Le sacre du printemps (Ballett) E. Husserl: Ideen zu einer reinen Phänomenologie und phänomenologischen Philosophie K. Jaspers: Allgemeine Psychopathologie M. Scheler: Zur Phänomenologie der Sympathiegefühle Einführung des Fließbandes bei Ford
1914	J. R. Becher: Verfall und Triumph (G.) L. Frank: Die Räuberbande (R.) St. George: Der Stern des Bundes (G.) Y. Goll: Films; Der Panamakanal (G.) W. Hasenclever: Der Sohn (Dr.)	Deutsch-Englisches Bagdadabkommen Ermordung des österr.-ungar. Thronfolgers in Sarajevo Beginn des Ersten Weltkriegs (bis 1918)	M. Chagall: Der grüne Jude (Gem.) A. Macke gest. F. Marc: Turm der blauen Pferde (Gem.) E. Spranger: Lebensformen Eröffnung des Panamakanals

	H. Johst: Die Stunde der Sterbenden (Dr.) G. Kaiser: Die Bürger von Calais (Dr.) E. Stadler: Der Aufbruch (G.) E. Stadler gest. A. Stramm: Sancta Susanna (Dr.); Rudimentär (G.) G. Trakl: Sebastian im Traum (G.) G. Trakl gest. F. v. Unruh erhält Kleistpreis A. Wolfenstein: Die gottlosen Jahre (G.)		
1915	G. Benn: Gehirne (Nn.) A. Döblin: Die drei Springe des Wang-lun (R.) K. Edschmid: Die sechs Mündungen (Nn.) A. Stramm: Du (G.) F. Werfel: Die Troerinnen (Dr.)	Kriegserklärung Italiens an Österreich-Ungarn (an das Deutsche Reich erst am 28. August 1916)	M. Chagall: Der Geburtstag (Gem.) H. Wölfflin: Kunstgeschichtliche Grundbegriffe
1916	J. R. Becher: An Europa (G.) Th. Däubler: Der neue Standpunkt (Ess.) A. Ehrenstein: Der Mensch schreit (G.) Y. Goll: Requiem	Kämpfe um Verdun Anwendung von Gelbkreuz-Gas Seeschlacht vor dem Skagerrak K. Liebknecht aus der SPD ausgeschlossen Verschärfter U-Boot-Krieg	F. Marc gest. F. Busoni: Entwurf einer neuen Ästhetik der Tonkunst M. Reger gest. M. Buber: Vom Geist des Judentums

	H. Johst: Der junge Mensch (Dr.) F. Kafka: Das Urteil (E.); Die Verwandlung (E.) G. Kaiser: Von morgens bis mitternachts (Dr.) O. Kokoschka: Mörder, Hoffnung der Frauen (Dr.)		M. Scheler: Der Formalismus in der Ethik und die materiale Wertethik
1917	G. Benn: Fleisch (G.) Th. Däubler: Hymne an Italien (G.) R. Goering: Seeschlacht (Dr.) W. Hasenclever: Antigone (Dr.) K. Heynicke: Rings fallen die Sterne (G.) G. Kaiser: Die Koralle (Dr.) P. Kornfeld: Die Verführung (Dr.) E. Lasker-Schüler: Die gesammelten Gedichte G. Sack: Ein verbummelter Student (R.) F. v. Unruh: Ein Geschlecht (Dr.) A. Wolfenstein: Die Freundschaft (G.)	Hungersnot in Deutschland Kriegserklärung der USA an Deutschland Meuterei im deutschen (Marine) und französischen Heer Bildung der USPD Abdankung des Zaren	S. Freud: Vorlesungen zur Einführung in die Psychoanalyse H. Pfitzner: Palestrina (O.) M. Reinhardt, H. v. Hofmannsthal und R. Strauss gründen die Salzburger Musikfestspiele A. Rodin gest. Deutscher Normenausschuß (DIN) gegründet
1918	E. Barlach: Der arme Vetter (Dr.) G. Benn: Diesterweg (N.) M. Dauthendey gest.	Friedensvertrag von Brest-Litowsk Ende der Donaumonarchie Abdankung Wilhelms II.	K. Schmidt-Rottluff: Christus-Mappe C. Debussy gest.

C. Einstein: Der unentwegte Platoniker (R.)
L. Frank: Der Mensch ist gut
Y. Goll: Der neue Orpheus (G.)
M. Herrmann-Neiße: Empörung, Andacht, Ewigkeit (G.)
K. Heynicke: Gottes Geigen (G.)
J. van Hoddis: Weltende (G.)
H. Mann: Der Untertan (R.)
Th. Mann: Betrachtungen eines Unpolitischen
E. Stucken: Die weißen Götter (R.)
F. Wedekind gest.
E. Weiß: Tiere in Ketten (R.)
R. Huelsenbeck bringt »Dadaismus« nach Berlin

Revolution in Berlin und München
K. Liebknecht ruft deutsche Räterepublik aus
Ph. Scheidemann ruft deutsche Republik aus
H. Preuß entwirft Weimarer Verfassung

I. Strawinsky: Die Geschichte vom Soldaten (Melodrama)
A. Adler: Praxis und Theorie der Individualpsychologie
B. Russell: Mystizismus und Logik
G. Simmel: Der Konflikt der modernen Kultur
E. Bloch: Geist der Utopie (entst. 1915–17)
Gesetzlicher Achtstunden-Arbeitstag in Deutschland

1919

J. R. Becher: Gedichte für ein Volk; An Alle! (G.)
H. Hesse: Demian (R.)
F. Kafka: Ein Landarzt (En.)
O. Kokoschka: Orpheus und Eurydike (Dr.)
K. Kraus: Die letzten Tage der Menschheit (Dr.)
H. Mann: Der Sohn (N.)
K. Schwitters: Anna Blume (G.)

R. Luxemburg, K. Liebknecht und K. Eisner ermordet
F. Ebert erster Reichspräsident
Unterzeichnung des Friedensvertrages von Versailles
Deutsche Arbeiterpartei (spätere NSDAP) gegründet
B. Mussolini, zunächst Sozialdemokrat, gründet ersten faschistischen Kampfverband

E. Barlach: Moses (Holzplastik)
Gründung des »Staatlichen Bauhauses« in Weimar durch W. Gropius, L. Feininger, J. Itten, G. Marcks
W. Lehmbruck gest.
P. Klee: Traumvögel (Gem.)
A. Renoir gest.
A. Tairow: Das entfesselte Theater

		Trennung von Staat und Kirche in Deutschland	
	C. Spitteler erhält Literatur-Nobelpreis A. Stramm: Tropfblut (G.); Gesammelte Dichtungen E. Toller: Die Wandlung (Dr.) F. v. Unruh: Opfergang (E.) F. Werfel: Der Gerichtstag (Dr.) A. Wolfenstein: Menschlicher Kämpfer (G.)		K. Barth: Der Römerbrief H. Blüher: Die Rolle der Erotik in der männlichen Gesellschaft J. Huizinga: Herbst des Mittelalters K. Jaspers: Psychologie der Weltanschauungen H. Poelzig: Großes Schauspielhaus in Berlin
1920	H. Arp: der vogel selbdritt; die wolkenpumpe (G.) E. Barlach: Die echten Sedemunds (Dr.) J. R. Becher: Ewig im Aufruhr (G.) A. Bronnen: Vatermord (Dr.) R. Dehmel gest. K. Edschmid: Die adatnen Kugeln (R.) Y. Goll: Die Unsterblichen (Dr.) G. Kaiser: Gas II (Dr.) K. Pinthus (Hrsg.): Menschheitsdämmerung (G.) F. Werfel: Der Spiegelmensch (Dr.) P. Zech: Golgatha; Das Terzett der Sterne (G.)	Kapp-Putsch Kommunistische Unruhen im Ruhrgebiet Hitler gibt im Münchner Hofbräuhaus sein 25-Punkte-Programm bekannt	K. Kollwitz: Nachdenkende Frau E. W. Korngold: Die tote Stadt (O.) F. Malipiero: Pantea; L'Orfeide (O.) I. Strawinsky: Pulcinella (Ballett) Jazzmusik kommt aus den USA nach Deutschland G. Sombart: Der moderne Kapitalismus M. Weber gest. L. Ziegler: Gestaltwandel der Götter

1921	J. R. Becher: Arbeiter, Bauern, Soldaten (Dr.) H. v. Hofmannsthal: Der Schwierige (Lsp.) E. Toller: Masse Mensch (G.)	M. Erzberger ermordet Erstes Auftreten der SA Matrosenaufstand in Kronstadt (gegen Sowjetregierung)	G. Braque: Stilleben mit Gitarre (Gem.) C. G. Jung: Psychologische Typen E. Kretschmer: Körperbau und Charakter M. Scheler: Vom Ewigen im Menschen Achtung der Giftgasverwendung im Krieg durch Washingtoner Abkommen
1922	E. Barlach: Der Findling (Dr.) G. Benn: Die Gesammelten Schriften B. Brecht: Baal; Trommeln in der Nacht (Dr.) C. Einstein: Afrikanische Plastik Y. Goll: Methusalem oder Der ewige Bürger (Dr.) H. v. Hofmannsthal: Das Salzburger große Welttheater (Mysterienspiel) J. Joyce: Ulysses (R.) E. Toller: Die Maschinenstürmer (Dr.)	Anerkennung der UdSSR durch Deutschland Vertrag von Rapallo W. Rathenau ermordet B. Mussolini italienischer Ministerpräsident	M. Beckmann: Vor dem Maskenball (Gem.) A. Schönberg: Entwicklung der Methode, mit 12 Tönen zu komponieren O. Spengler: Der Untergang des Abendlandes M. Weber: Wissenschaftslehre (posthum) L. Wittgenstein: Tractatus logico-philosophicus Nansen-Paß für staatenlose Flüchtlinge
1923	H. v. Hofmannsthal: Der Unbestechliche (K.)	Besetzung des Ruhrgebiets durch franz. Truppen	E. Barlach: Der Rächer; Weinende Frau (Plastiken)

	R. M. Rilke: Sonette an Orpheus; Duineser Elegien E. Toller: Hinkemann (Dr.); Das Schwalbenbuch (G.) Ausklang der »Dada«-Bewegung	Hitler-Ludendorff-Putsch in München Höhepunkt der Inflation in Deutschland G. Stresemann Reichsaußenminister (bis 1929)	M. Beckmann: Das Trapez (Gem.) E. Heckel: Allgäu (Gem.) S. Freud: Das Ich und das Es A. Moeller van den Bruck: Das dritte Reich
1924	H. Arp: Der Pyramidenrock (G.) E. Barlach erhält Kleistpreis G. Benn: Schutt (G.) A. Döblin: Berge Meere und Giganten (R.) Y. Goll: Der Stall des Augias (Dr.) F. Kafka: Ein Hungerkünstler (E.) F. Kafka gest. Th. Mann: Der Zauberberg (R.) E. F. T. Marinetti: Futurismus und Faschismus A. Schnitzler: Fräulein Else (N.); Komödie der Verführung	Vorzeitige Entlassung Hitlers aus der Festung Landsberg W. I. Lenin gest. L. Trotzki in den Kaukasus verbannt, Kämpfe um die politische Führung in der UdSSR	Expressionistische Künstlergruppe »Die Blauen Vier« (L. Feininger, A. Jawlensky, W. Kandinsky, P. Klee) G. Braque: Zuckerdose (Gem.) E. L. Kirchner: Paar von den Menschen (Gem.) F. Masereel: Gier (Zeichnung) A. Berg: Kammerkonzert F. Busoni gest. G. Puccini gest. G. Gershwin: Rhapsody in Blue K. Barth: Die Aufforderung der Toten K. Hiller: Verwirklichung des Geistes im Staat
1925	G. Benn: Spaltung (G.) A. Breton: Surrealistisches Manifest H. v. Hofmannsthal: Der Turm (Dr.)	F. Ebert gest. Hindenburg Reichspräsident (bis 1934) Neugründung der NSDAP durch Hitler	O. Kokoschka: Tower Bridge in London; Verkündigung (Gem.) A. Berg: Wozzeck (O.) N. Hartmann: Ethik

F. Kafka: Der Prozeß (R., post-
hum)
H. Mann: Der Kopf (R.)
C. Zuckmayer: Der fröhliche
Weinberg (Lsp.)

Bildung der SS aus SA
Hitler: Mein Kampf
Vertrag von Locarno

Internationale Konvention gegen
Rauschgiftunwesen

Quellenverzeichnis

Hans Arp
klum bum bussine. In: Dada. Die Geburt des Dada. Dichtung und Chronik
der Gründer. In Zusammenarbeit mit Hans Arp, Richard Huelsenbeck und
Tristan Tzara hrsg. von Peter Schifferli. Zürich: Verlag Die Arche, 1957.
S. 34–36.
© 1957 Verlags AG Die Arche, Zürich.
Der gebadete Urtext. In: H. A.: Gesammelte Gedichte I. Gedichte 1903 bis
1939. Zürich: Verlag Die Arche / Wiesbaden: Limes Verlag, 1963. S. 115 f.
© 1963 Verlags AG Die Arche, Zürich.

Hugo Ball
Karawane. In: H. B.: Gesammelte Gedichte. Zürich: Verlag Die Arche, 1963.
S. 28.
Intermezzo. Ebenda. S. 40.
© 1963 Verlags AG Die Arche, Zürich.

Johannes R. Becher
Der Dichter meidet strahlende Akkorde. In: J. R. B.: An Europa. Leipzig:
Wolff, 1916. S. 1.
Der Mensch steht auf! In: J. R. B.: Um Gott. Leipzig: Insel Verlag, 1921.
S. 13–18.
© Aufbau-Verlag, Berlin und Weimar.

Gottfried Benn
Kleine Aster. In: G. B.: Gesammelte Werke in vier Bänden. Hrsg. von Dieter
Wellershoff. Bd. 3: Gedichte. Wiesbaden: Limes Verlag, 1960. S. 7.
Mann und Frau gehn durch die Krebsbaracke. Ebenda. S. 14 f.
Untergrundbahn. Ebenda. S. 31.
Ein Trupp hergelaufener Söhne schrie. Ebenda. S. 378 f.
Gehirne. Ebenda. Bd. 2: Prosa und Szenen. 1958. S. 13–19.
© Klett-Cotta, Stuttgart.

Dadaistisches Manifest
Dada. Eine literarische Dokumentation. Hrsg. von Richard Huelsenbeck.
Reinbek bei Hamburg: Rowohlt, 1964. S. 27–29.

Theodor Däubler
Expressionismus. In: Th. D.: Dichtungen und Schriften. Hrsg. von Friedhelm
Kemp. München: Kösel, 1956. S. 853 f., 856, 859.
Purpurschwere, wundervolle Abendruhe. Ebenda. S. 71 f.
Die Erde treibt im Norden. Ebenda. S. 545.

Alfred Döblin
Die Segelfahrt. In: A. D.: Ausgewählte Werke in Einzelbänden. In Verbindung mit den Söhnen des Dichters hrsg. von Walter Muschg.
Die Ermordung einer Butterblume. Ausgewählte Erzählungen 1910–1950.
Olten / Freiburg i. Br.: Walter, 1962. S. 7–16.

Kasimir Edschmid
Über den dichterischen Expressionismus. In: K. E.: Frühe Manifeste. Epochen des Expressionismus. Hamburg: Wegner, 1957. S. 31–34.
© Elisabeth Edschmid, Darmstadt.
Der tödliche Mai. In: K. E.: Das rasende Leben. Zwei Novellen. Leipzig: Wolff, 1915. S. 25–44.
© Elisabeth Edschmid, Darmstadt.

Carl Einstein
Bebuquin. In: C. E.: Gesammelte Werke. Hrsg. von Ernst Nef. Wiesbaden: Limes Verlag, 1962. S. 192–202.

Yvan Goll
Der Ungestorbene. In: Einakter und kleine Dramen des Expressionismus. Hrsg. von Horst Denkler. Stuttgart: Reclam, 1968 [u. ö.]. (Reclams Universal-Bibliothek. Nr. 8562 [3].) S. 212–222.
© Fondation Goll, St-Dié.

Walter Hasenclever
Der Sohn. In: W. H.: Gedichte, Dramen, Prosa. Hrsg. von Kurt Pinthus. Reinbek bei Hamburg: Rowohlt, 1963. S. 116–123.

Georg Heym
Wolken (Letzte Fassung). In: Dichtungen und Schriften. Gesamtausgabe. Hrsg. von Karl Ludwig Schneider. Bd. 1: Lyrik. Hamburg/München: Ellermann, 1964. S. 51 f.
Die Gefangenen I. Ebenda. S. 122.
Der Gott der Stadt. Ebenda. S. 192.
Die Hölle I. Ebenda. S. 327 f.

Jakob van Hoddis
Weltende. In: J. v. H.: Weltende. Gesammelte Dichtungen. Hrsg. von Paul Pörtner. Zürich: Verlag Die Arche, 1958. S. 28.
Der Visionarr. Ebenda. S. 68.
Nachtgesang. Ebenda. S. 74.
© 1958 Verlags AG Die Arche, Zürich.

Richard Huelsenbeck
Baum. In: R. H.: Phantastische Gebete. Zürich: Verlag Die Arche, 1960. S. 20 f.

Flüsse. Ebenda. S. 21 f.
© 1960 Verlags AG Die Arche, Zürich.

Georg Kaiser
Die Bürger von Calais. Hrsg. von Walther Huder. München: Keimer, 1972.
S. 63–84. © Dr. Herbert Kessler, Mannheim 32. Auch in: G. K.: Werke. Hrsg.
von Walther Huder. Bd. 1: Stücke 1895–1917. Frankfurt a. M. / Berlin / Wien:
Propyläen Verlag, 1971.

Oskar Kokoschka
Mörder, Hoffnung der Frauen. In: Einakter und kleine Dramen des Expressionismus. Hrsg. von Horst Denkler. Stuttgart: Reclam 1968 [u. ö.]. (Reclams
Universal-Bibliothek Nr. 8562 [3].) S. 47–53.
Mit freundlicher Genehmigung von Herrn Professor Oskar Kokoschka, Villeneuve, Vaud.
© 1983 COSMOPRESS, Genf.

Else Lasker-Schüler
Weltflucht. In: E. L.-Sch.: Gesammelte Werke. Bd. 1: Gedichte 1902–1943.
Hrsg. von Friedhelm Kemp. München: Kösel, 1959. ²1961. S. 80.
Mein Volk. Ebenda. S. 137.
Ein alter Tibetteppich. Ebenda. S. 164.
Jakob. Ebenda. S. 297.
Mein blaues Klavier. Ebenda. S. 337.

Alfred Lichtenstein
Die Dämmerung. In: A. L.: Gesammelte Gedichte. Hrsg. von Klaus Kanzog.
Zürich: Verlag Die Arche, 1962. S. 44.
Das Konzert. Ebenda. S. 49.
Die Fahrt nach der Irrenanstalt II. Ebenda. S. 54.

Heinrich Mann
Drei Minuten-Roman. In: H. M.: Novellen. Hamburg: Claassen, 1963.
S. 570–575.

Kurt Schwitters
Du. In: K. Sch.: Anna Blume und ich. Die gesammelten »Anna Blume«-Texte.
Hrsg. von Ernst Schwitters. Zürich: Verlag Die Arche, 1965. S. 175.
An Anna Blume. Merzgedicht 1. Ebenda. S. 46.
© 1965 Verlags AG Die Arche, Zürich

Reinhard Johannes Sorge
Odysseus. In: Einakter und kleine Dramen des Expressionismus. Hrsg. von
Horst Denkler. Stuttgart: Reclam 1968 [u. ö.]. (Reclams Universal-Bibliothek
Nr. 8562 [3].) S. 101–134.
© Glock & Lutz, Nürnberg.

Ernst Stadler
Der Spruch. In: E. St.: Dichtungen. Eingeleitet, textkrit. durchges. und erl.
von Karl Ludwig Schneider. Bd. 1. Hamburg: Ellermann, 1954. S. 110.
Form ist Wollust. Ebenda. S. 127.
Irrenhaus. Ebenda. S. 158.
Fahrt über die Kölner Rheinbrücke bei Nacht. Ebenda. S. 161 f.

Carl Sternheim
Vanderbilt. In: C. St.: Gesamtwerk. Hrsg. von Wilhelm Emrich. Bd. 4:
Prosa I. Neuwied/Berlin: Luchterhand, 1964. S. 245–265.

August Stramm
Untreu. In: A. St.: Das Werk. Wiesbaden: Limes Verlag, 1963. S. 16.
Trieb, Ebenda. S. 34.
Patrouille. Ebenda. S. 86.
Wache. Ebenda. S. 99.

Ernst Toller
Die Wandlung. In: E. T.: Prosa, Briefe, Dramen, Gedichte. Mit einem Vorw.
von Kurt Hiller. Reinbek bei Hamburg: Rowohlt, 1961. S. 256–261, 280–285.
© Sidney Kaufman und Carl Hanser Verlag, München.

Georg Trakl
Verfall. In: G. T.: Dichtungen und Briefe. Hrsg. von Walther Killy u. Hans
Szklenar. Salzburg: Otto Müller [o. J.]. [Text der hist.-krit. Ausgabe 1969.]
S. 33 f.
Menschheit. Ebenda. S. 24.
Der Herbst des Einsamen. Ebenda. S. 61.
Klage. Ebenda. S. 94.
Grodek (2. Fassung). Ebenda. S. 94.

Ernst Weiß
Der Arzt. In: Die Erhebung. Jahrbuch für neue Dichtung und Wertung. Hrsg.
von Alfred Wolfenstein. Berlin: S. Fischer, 1919. S. 251–259.
© Dr. Ruth Liepman, Zürich.

Franz Werfel
An den Leser. In: F. W.: Gedichte. Im Auftrag von Alma Mahler-Werfel hrsg.
von Adolf D. Klarmann. Frankfurt a. M.: S. Fischer, 1953. S. 10.
Vater und Sohn. Ebenda. S. 26 f.
Der gute Mensch. Ebenda. S. 47.
© 1946 by Bermann-Fischer Verlag, Stockholm.